山东省社会科学规划研究项目文丛·重点项目

本书为国家社科基金一般项目（17BTY108）阶段研究成果

本研究受鲁东大学引进人才科研启动基金资助

传统体育社团的
福利功能研究

尹海立 著

中国社会科学出版社

图书在版编目（CIP）数据

传统体育社团的福利功能研究／尹海立著．—北京：中国社会
科学出版社，2017.10
ISBN 978-7-5161-9362-4

Ⅰ.①传… Ⅱ.①尹… Ⅲ.①体育组织—社会团体—研究—
中国 Ⅳ.①G812.1

中国版本图书馆 CIP 数据核字（2016）第 280725 号

出 版 人　赵剑英
责任编辑　王莎莎
责任校对　张爱华
责任印制　张雪娇

出　　版　中国社会科学出版社
社　　址　北京鼓楼西大街甲 158 号
邮　　编　100720
网　　址　http://www.csspw.cn
发 行 部　010-84083685
门 市 部　010-84029450
经　　销　新华书店及其他书店

印　　刷　北京君升印刷有限公司
装　　订　廊坊市广阳区广增装订厂
版　　次　2017 年 10 月第 1 版
印　　次　2017 年 10 月第 1 次印刷

开　　本　710×1000　1/16
印　　张　18.5
插　　页　2
字　　数　300 千字
定　　价　78.00 元

序一

《传统体育社团的福利功能研究》是尹海立教授在其博士论文的基础上修改完成的。我是他毕业论文的答辩主席，认真阅读过这篇博士论文，并且提出过评论意见，可算对它有所了解，在该著即将出版之际，能为其写篇序言，也是分内之事。更重要的是，该著对福利功能问题的深入讨论和主要观点与我自己长期以来的学术研究有诸多契合之处，遂欣然应之。在这篇"序言"中，我就从自己较为熟悉的福利研究领域展开，谈一些想法。

十几年前，我在社会福利研究中，提出"底线公平"的福利模式。所谓"底线"，是指政府责任和市场作用的边界。每个公民"起码的、不可缺少的"基本需求，包括解决温饱的需求（生存需求）、基础教育的需求（发展需求）和公共卫生和基本医疗的需求（健康需求）等，这些需求是社会公认的"底线"。这是每一个公民的生活和发展中共同具有的部分——起码必备的部分，其基本权利必不可少的部分。一个公民如果缺少了这一部分，那就保证不了生存，保证不了为谋生和发展所必需的基本条件。所有公民在这条"底线"面前所具有的权利的一致性，就是"底线公平"。这是政府和社会必须保障的、必须承担的责任，它是责任的"底线"。在这条"底线"以上或以外的部分可以由市场、企业和社会组织，甚至由个人去承担，这是灵活的、反映差别的部分。2007年，我进一步提出，构建"底线公平"的福利模式是适合我国国情的社会保障制度，它具有适度性（成本较低，效益最大）、适当性（覆盖面广，促进公平）、适用性（机制灵活，持续性强）的特点。"底线公平"的福利模式与福利国家模式不同，它不以追求福利最大化为目标，而以经济发展与社会福利的均衡为目标，它是一个福利水平适当、机制灵活、责任共担、切实可行、持续性强的福利模式，这是一种"中国特色的福利社会"。"底线公平"保障了全体人民"学有所教、劳有所得、病有所医、老有所养、住有所居"。我将"底线公平"福利模式概括出五个基本特征：第一，理念特征：底线公平。所有公民在"底线"面前所具有的权利是无差别的。第二，制度特征：分层体系。包括基础性的福利制度和非基础性的福利制度两个层次构成。第三，机制特征：刚柔相济。"刚性机制"强调政府负有不可推卸的"首要责任"，"柔性机制"强调非底线福利责任主体的多元化，充分发挥市场机制、慈善机制、互助机制、自助机制在福利供给中的作用。第四，目标特征：水平适中。在福利社会上，"底线公平"福利模式既反对自由主义，也反对"高福利"和"福利依赖"。第五，功能特征：雪中送炭。"底线公平"福利模式在社会成员中强调"社会弱者优先"，在社会成员的福利需求中强调"底线福利优先"。这些特征也是"底线公平"福利模式的优点。

那么，要实现"底线公平"，靠的是什么？我当时提出，中国的社会保障制度建设不能只走政府办社会保险这一座"独木桥"，而要走多元主体协调互动之路，这就是后来我多次讨论的"大福利"亦即普遍福利。2009 年之后，我开始使用"大福利"概念，将"底线公平"等基本内涵都纳入其中，主张福利多元化的"大福利"理念，是实现"底线公平"福利模式的正确道路。"大福利"概念包括以下四层含义：第一，"大福利"是以全体社会成员为对象的社会福利。从发展的角度看，社会福利最终要覆盖到所有的社会成员。如我国医疗保障体系已经基本实现了"全民医保"，满足全民的健康需求。第二，大福利是以社会成员的基本福利需求为本的社会福利。针对社会成员的基本福利需求主要包括教育福利需求、工作福利需求、健康福利需求、养老福利需求和居住福利需求，"大福利"概念中的福利内容主要包括教育福利、就业福利、健康福利、养老福利和住房福利等。第三，"大福利"是多元主体共同提供福利支持的社会福利。"大福利"概念中的福利供给主体包括政府组织、市场组织和社会组织（即民间组织）这一现代社会中的三大部门，其中最重要的是政府组织。第四，"大福利"是包括社会救助、社会保险、公共福利和社会互助等四种供给方式的社会福利。在"大福利"概念中，社会成员获得福利的途径既有缴费性方式也有免费性方式，既有强制性方式也有自愿性方式。上述四层含义清楚地说明，"大福利"之所以为"大福利"，正是因为它具有对象的广泛性、内容的基本性、主体的多元性和方式的多样性四大特征，而这恰恰是实现"底线公平"所需要的。相对于小福利概念，这些既是"大福利"概念的特点，也是"大福利"概念的优点。

统观尹海立教授的著作，不难发现，他对现实社会的理论关怀正是"底线公平"的福利模式，关注个人的生命质量，关注整体的社会质量，关注人际之间的社会资源，这些都属于我所说的底线福利范畴，是人们的基本需求。同时，尹博士把传统体育社团看成最重要的福利主体之一，作为"大福利"主张多元主体共同提供福利支持的一个重要来源，从这个意义上来看，毫无疑问，传统体育社团的社会功能与"大福利"概念和"底线公平"的理念是完全吻合的。事实上，以"大福利"为研究视角透视传统体育社团的福利功能，在这个从"小福利"迈向"大福利"的时代，在中国特色福利制度发展的新阶段，具有很强的时代性与现实意义。以福利视角统御传统体育社团及其功能研究，表征的既是观念上对"小福利"即"补救性"福利的突破与摒弃，更是理念上对"国家福利"单向度惠予的否定与超越。

尹海立博士的这项研究，立足于扎实的实地调查和充分的数据分析，重点对传统体育社团的福利功能，福利功能的作用机制，以及不同类型的传统体育社团之间的功能差异进行了深入细致的研究，得出了三个卓有建树的结论：一是传统体育社团的运行机制、参与机制和活动机制在个体层面、社会层面和关系层面发挥着全方位的福利功能，具体包括身心健康保障、社会质量提升、社会资本培育及社会融入助推等。二是传统体育和社团生活是传统体育社团的两个因素，分别发挥着不同的福利功能。传统体育社团的运行机制、参与机制、活动机制，都属于社团生活的范畴，也就是传统体育社团的"形式"，其所包含的经费筹备、竞赛筹备、评比激励、参与准则、参退方式和参与过程，以及开展的公益活动、比赛活动和展演活动的形式对社会质量、社会资本和生活质量均产生不同程度的影响。而作为内容的传统体育，主要蕴含在活动机制之中，其发挥的作用主要集中在个体层面的生命质量方面，也会间接地影响主体能力感和社会心态。三是传统体育和社团生活这两个因素的功能耦合会产生更大的福利效应。我认为，这三个结论使该著的整个研究水准得到了提升。

作者深刻地指出，一方面，传统体育构造和丰富了社团生活。传统体育是传统社会留给我们的宝贵财富，更能引起人们的兴趣，在今天的社会生活中发挥着难以替代的作用。竞技体育中绝大多数的参与者只是观众，而传统体育项目中，每个参与者都是运动员；传统体育能涵盖更多的人群，不像竞技体育那样需要充沛的体能和年轻的体魄。对于创造和整合社团生活而言，上述特点决定了传统体育项目有非常明显的优势。

另一方面，社团生活有效地克制了传统体育的消极作用。不少批评者指出，传统体育蕴含着传统的文化要素，存在封闭性、家族化等倾向，这些倾向会给传统体育社团的参与者带来消极的影响，不利于市民社会的构建。而作者认为，社团的运行、参与和活动形式改造了传统体育项目的内在结构，打破其封闭性，将其转变为开放性的文化要素。传统体育不再通过封闭的形式传播，而走向了社团化的开放道路。开放式的、同时有组织的社团生活有效克服了传统体育原先所具有的非现代化的要素，使其积极的社会功能得以发挥出来，修身养性、强身健体，为人们所欢迎。

总之，作者用翔实的资料论证了一个非常乐观的"大福利"前景，向我们展示了一个让人信服的能够实现"底线公平"的福利途径。以"大福利"为基本理论视角透视传统体育社团的福利功能及其作用机制，是福利社会学与体育人文社会学学科交叉的大胆尝试与有益探索。该研究视传统体育社团兴起、发展及其近年的勃兴为一个与经济、社会尤其是社会制度密切关联的社会事实，深嵌于社会结构之中，并从一开始就超越了工具主义的思维定式，试图以传统体育社团的发展路径及其演进逻辑刻画社会与国家的互动和张力。改革开放以来传统体育社团的大发展，得益于经济的快速发展，更是社会体育政策不断创新、全民健身计划推动及体育健身社会化不断推向深入的结果。在这个社会福利的内涵不断拓展、覆盖日益广泛、主体多元且方式多样的由"小福利"迈向"大福利"的时代，社会福利研究的视角需要不断扩大，理路需要不断更新。我们很欣喜地看到了在体育领域这一极富成效的交叉，在期冀尹海立博士继续深耕的同时，也寄望更多的年轻学者投身到"大福利"的研究当中，寄望在不久的将来可以看到更多的富有创见的研究成果。

景天魁

中国社科院研究生院教授、博导

社会学研究所所长

第十届全国政协委员

序二

　　海立教授的这本专著以"大福利"的视角研究传统体育社团在当今中国社会的福利功能，具有较强的现实意义和突出的理论创新。

　　尽管体育社团的功能乃至传统体育社团的社会功能研究是一个较为源远流长的话题，但具体到传统体育社团的福利功能研究来说目前尚属于一个崭新的学术领域。体育及科学的体育健身活动对居民身体健康乃至整体生活质量的提升功能近乎是不言自明的，但相对而言，国内学界对体育社团及其组织活动在提升居民生活质量，增进社区参与和促进社会和谐等方面功能的系统研究、定量测量较少涉及，故本研究在很大程度上可弥补国内相关研究的不足。

　　该研究成果基于"大福利"理念与分析视角，透视传统体育社团的福利功能。"大福利"是景天魁先生等近年来提出并在福利社会学领域产生了极其广泛影响的学术概念。"大福利"是一种制度理念，旨在构建一种普遍整合的、底线公平的、可持续的公共服务与社会保障体系，它极大地拓展了"福利"或"保障"的思维传统，强调以制度整合为手段，以公共服务与社会保障均等化为目标，以全面提升国民福祉为主旨。但大福利既不是单纯的国家社会政策、保障制度的演进完善，又不是纯粹个人层面的公共服务与社会保障的获得。在结构层次体上，大福利视域是体现为对个人的微观福利，对社会的宏观福利，以及对个人—社会之间关系促进的中观福利建构。

　　该研究以体育社团提升生命质量、提升社会参与、培育社会资本等福利增长这三个内含维度展开。在研究方法方面，通过定量研究与定性研究相结合，以传统体育强市——烟台市体育社团的福利功能问卷调查为基本研究工具，探究了我国传统体育社团的发展状况、组织结构、活动开展、经费情况，体育社团的功能差异、功能机制及其功能效能问题。研究博采众长，广泛借鉴并注意吸收体育社会学、福利社会学、福利多元论及社会资本理论研究的最新研究成果，充分体现了体育社团福利功能研究的学科交叉性与跨学科性。

正如诺贝尔奖获得者安格斯·迪顿（Angus Stewart Deaton）所指出的那样，福利是指所有对人类有益的事物，包括物质的、精神的。显然，福利与人们的健康生活密切相关。福利与福利功能内涵式孕育于体育与体育社团之内。在当今社会，体育和体育社团组织在增强民族体质、增进社会参与等方面具有日益重要的意义。推广体育运动并促进体育社团的建立与健康发展，是我国政府体育公共服务的应有之义，也是政府体育福利职能最大化的重要保障和途径。这其中，传统体育社团又因其传承性、相对规范性与广泛参与性，在强身健体等生活质量提升以及提高社会参与、培育社会资本等方面正发挥越来越突出的作用。

美国哈佛大学教授著名政治社会学罗伯特·D. 普特南（Robert D. Putnam）率先把体育社团与社会资本联系起来，在其《使民主运转起来》一书中，他指出："社会资本是指普通公民的民间参与网络，以及体现在这种约定中的互惠和信任的规范。许多不同社会背景的研究者——从北欧到拉美，从北美到亚洲——近年来已经发现了大量证据，证明社会资本的数量和质量对社会的健康和公民的福祉关系极大。"普特南以体育社团、体育俱乐部为载体，做了长达 20 年的个案跟踪研究，对意大利不同地区民主制度绩效进行了比较研究。在其《独自打保龄球——美国社区的衰弱与复兴》当中，普特南承袭了其一贯的研究思路与范式，从宾夕法尼亚格伦谷（Glenn Valley）、阿肯色州小石城塞托玛俱乐部（Sertoma）入手，并把体育运动的参与频率、参与人数以及参与体育社团作为社会资本分析的重要指标考察美国社区社会资本的状况。

自普特南开始，人们关注到了体育社团发展对社会资本培育的重要性，将它看作是社会资本的重要生成性机制。中国社区体育发展尚处于重布局轻管理，重行政推动轻社会参与，重活动组织轻健身指导，且体育场地、设施的健身以补缺为主、普惠为辅的发展阶段，面上拓展迅速而内涵发育不足是其主要阶段性特征。近年来，随着城市社区体育的发展和人们生活水平的提高，城市社区健身组织等新型的基层民间组织有了一定的发展，这不仅对城市社区体育发展起到了助推作用，而且其功能发挥已经远远超出娱乐、健身目的，在解决社区问题，促进社会和谐发展等方面也开始发挥出独特的作用。即体育运动和体育社团的功能已超越体育自身，在培育社会信任，增进互惠规范，增强社会团结，以及对促进城市社区融合等方面都起到越来越明显的社会黏合作用。

中国传统体育社团的发展深嵌于社会体育政策的发展变迁，具有明确的路径依赖。社会政策的变革似乎不是轻易实现的，因为制度一旦形成就具有某种稳定性或惰性。毫无疑问，中国传统体育社团的发育及其福利功能的发挥深受中国社会体育政策的制约与影响，从制度产生的层面分析，有些制度是国家强制施为的，有些则是被动延续的。

该专著以烟台市传统体育社团的福利功能及其福利功能的具体发挥机制为例，在调查问卷及相关资料统计分析基础上，对传统体育社团在提升生活质量、增强社会参与，以及增进社会和谐等方面所具有的福利效果，对福利功能发挥机制作了深入系统的实证分析。研究得出，社区体育社团拓展的不只是参与者的体质、心境，提升个体生命治理，还在现实上有助于社区意识的形成与社会团结的培育，潜在地有利于社会的整体和谐，并结合实例剖析了传统社团在宏观福利、中观福利与微观福利及其具体作用机制，这些都是极具新意的探讨。这也是把社会学的理论与方法运用于研究中国传统体育组织及其功能的有益尝试。因此，该专著值得研读学习。

林聚任
山东大学哲学与社会发展学院教授、博士生导师
2016 年 6 月于泉城

目 录

第一章　导　　论

第一节　问题的提出

随着经济发展和人民生活水平的提高，越来越多的城乡居民开始把更多的关注转移到体育健身与生活质量的提升上来。需求刺激与传统体育发展自身的张力一经结合就开始迸发出前所未有的活力，催生了多组织形态、多元化运营的传统体育社团大发展。而社团是社会资本孕育的始基，是建构信任、互惠等社会参与机制的基础组织形式。① 因其如此，我们也应该像美国著名社会学家罗伯特·普特南教授一样，关注传统体育社团中增进社会参与并进而拓展成员个体和社会基础福利的功能发挥。如，有学者认为，参与体育社团活动在个人层面会培养个人爱好，丰富业余文化生活，有利于身心健康；在宏观层面能提高社会文明程度，促进社会和谐。② 也有学者认为体育社团能帮助个体维护自身权益，从而促进政治参与、辅助社会管理。③ 但同时，有学者指出，中国缺少市民社会的氛围，体育社团的性质、功能和运行都出现了异化，常常受制于政府，因而无法发挥其促进公共参与的功能④，甚至还出现非法组织冒充体育社团，严重危害社会秩序的情况。⑤ 这些争论恰恰说明目前学术界对传统体育社团的

---

① ［美］罗伯特·普特南：《独自打保龄球：美国社区的衰落与复兴》，刘波等译，北京大学出版社 2011 年版。

② 刘次琴：《市场经济条件下我国行业体育协会发展研究》，《北京体育大学学报》2007 年第 4 期。

③ 卢元镇：《论中国体育社团》，《北京体育大学学报》1996 年第 1 期。

④ 高力翔、陆森召、孙国友、王步：《我国市民社会发展滞后与非营利性体育组织异化的相关性》，《上海体育学院学报》2008 年第 1 期。

⑤ 陈星桥：《邪教及其危害》，《中国宗教》1998 年第 3 期。

功能研究还处于探索阶段。

    基于体育社团强身健体功能及其提升个体生活质量、家庭生活品质，以及借由体育参与而拓展的社会参与，从而增进社会资本、促进社会和谐的功能考量，研究将传统体育社团的社会功能放在"大福利"的视域下进行分析。"大福利"是由福利社会学家景天魁等透视并分析新常态背景下中国社会福利制度演进方向与演进逻辑的基本理论与研究视角。在他们看来，当代中国的社会福利思想与制度正"从小福利迈向大福利"[1]。所谓的"大福利"，从根本上来说就是一个"普遍福利"的视角，它不仅具有多方面、多元化的特点，而且是面向全部社会成员的福利需求。[2]与以往的福利概念不同，"大福利"不是经济发展的负担，反而是能够促进和保证社会经济持续健康发展的不竭动力。[3] 毫无疑问，传统体育社团可以在比较广泛的层面上发挥"大福利"的功能。

一　传统体育社团的社会功能问题

    自 20 世纪 80 年代以来，随着传统文化的复兴，以传统体育健身活动为主要内容的社团成为人们喜闻乐见的集体活动形式。总体而言，这些传统体育的活动内容包含传统武术、养生气功、民俗体育和少数民族体育四种基本形式。目前，国内对传统体育社团的研究有两个明显特点：一是较多关注各少数民族体育社团的独特传统体育形式所具有的文化意义。认为推动少数民族传统体育活动，对提高国民素质，增强民族体质，加速经济发展，加强民族团结，增强民族自信心、自豪感等方面具有重要的现实意义[4][5][6]，而对当前普遍流行的民俗体育社团、武术健身社团和健身气功养

---

    ①　景天魁、毕云天、高和荣：《当代中国社会福利思想与制度：从小福利迈向大福利》，中国社会出版社 2011 年版。

    ②　崔凤、曾东：《"大福利"视角下的社会保障体系重构》，《中共青岛市委党校·青岛行政学院学报》2010 年第 2 期。

    ③　毕天云：《论大福利视阈下我国社会福利体系的整合》，《学习与实践》2012 年第 2 期。

    ④　刘吉昌：《论中国少数民族传统体育的特点及功能》，《贵州民族研究》1999 年第 2 期。

    ⑤　朱奇志：《广西少数民族传统体育文化的社会功能》，《武汉体育学院学报》2012 年第 3 期。

    ⑥　王涛、吾守尔·皮牙孜：《新疆少数民族传统体育社会功能新论》，《新疆社会科学》2013 年第 5 期。

生社团等传统体育类健身社团的社会功能却不够重视，研究成果寥寥无几。二是已有的研究往往只注意到传统体育的那些显在的功能，如增强群众体质、丰富文化生活。这些研究大都认为传统体育健身活动对于社会具有积极意义，包括健身、娱乐、教育、竞赛、人文和经济价值等。①但对其潜在的更广泛的社会功能关注较少。具体分为以下方面。

传统武术社团方面。有学者在谈到少林武术的社会功能时，指出了其在文化传承和弘扬、知识传播、健身养生、表演审美、促进旅游和武术经济等方面的功能。但有人也提到少林寺属于家族式宗法制度寺院，设立子孙堂，具有很强的封闭性。这种宗族性和封闭性对于与现代社会的自由、平等、开放等观念相悖。对这些问题则语焉不详。从渊源上讲，传统武术的练习常常与各种宗族利益和私人恩怨纠缠在一起。②传统武术传播的内向性、封闭性、私人性和对宗族观念的推崇，几乎是所有传统武术项目所面临的问题。③例如，明清以来很多秘密组织都是与某种传统武术项目联系在一起。④那么，传统武术的这些承自传统的特征会不会为现代社会生活带来不利影响？气功健身社团方面。气功对社会功能的影响历来争议比较大。例如针对气功的健康功能就分成了挺气功派和反气功派。在20世纪八九十年代的"气功热"时期，多数人认为气功是健身养生的有效方式，值得学习和推广；但是，后来有些研究者发现气功练习对人的健康带来不少负面的影响。⑤另外，社会上气功门派林立，真伪难辨，一些保健品商以气功名义坑害消费者，这都给人造成了比较混乱的印象。再如一些邪教组织也是打着气功修炼的幌子发展势力、危害社会，王林等人以气功修炼为名坑蒙拐骗，种种现象使气功的声誉一落千丈。那么，气功练习对社会生活产生了什么影响？这种影响又遵循着何种逻辑？民俗体育社团方面。民俗体育具有鲜明的地方文化特色，常常兼具娱乐和健身功能。但

---

① 赵连保、栗胜夫：《从结构功能角度看中华民族传统体育的价值》，《中国体育科技》2006年第3期。

② 程大力：《中国武术：历史与文化》，四川大学出版社1995年版，第128页。

③ 尹海立、刘晓黎、车艳丽：《民族传统体育的困境与出路》，人民体育出版社2012年版，第233—234页。

④ 谢军、林荫生：《南少林与反清复明运动》，《福建体育科技》2010年第1期。

⑤ 单怀海：《气功所致精神障碍的临床资料与诊断》，《中国神经精神疾病杂志》1999年第3期。

是，很多传统民俗体育也带有"客观唯心主义"的神秘性。一些传统民俗体育也是伴随着古人拜祭上天、鬼魂、神仙迷信等活动发展而来的。例如角抵和百戏中都是头戴面具、与猛兽和鬼魂崇拜有关。①这些民俗所蕴含的巫术因素是否会对现代生活产生影响？当然，传统民俗体育在今天得到了新的发展，也获得了新的形式，很多新的民俗体育代替了传统的民俗体育。这就需要我们研究和考察传统民俗体育与新民俗体育之间的功能差别，以及何以产生这种差异，这也有助于揭示民族传统体育的历史发展规律。

国外研究主要关注中国传统体育对练习者生理和心理方面的调节作用。由于历史原因，海外华人群体将传统体育项目带到国外，影响了当地社会；同时，对外开放以来，传统体育项目作为中华文化的重要构成部分受到西方人的青睐，特别是传统武术和气功练习备受喜爱，一时间传统体育（在西方被称为"Kungfu"）几乎成了西方人眼中中国文化形象的代名词。所以，各种中国武术和气功练习社团在西方国家并不少见。对这一现象西方学术界也给予了一定的关注。历年来相关研究主要关注在中国武术和气功对人体健康的作用。相关研究大都证实了武术对人体生理和心理调节有积极的影响。例如在生理健康方面，研究发现，太极拳对心力衰竭、冠心病、糖尿病、肌骨疼痛、慢性中风、帕金森症、关节炎等各疾病人群的生理机理恢复、疾病预防和控制均有积极的改善作用，还对中老年人的身体平衡和睡眠质量等身体机能有积极的促进作用。②③在心理健康方面，有研究表明武术运动可以增强个人安全感和责任感，从而成为改善暴力倾向的有效手段。④此外，一些研究还发现，太极拳能够增强人的成就动机、自我情绪调节能力、注意力、自信心等。当然，也有少数研究并未发现中国传统武术对人的生理和心理健康有明显作用。在国外，中国传统武术社

①　倪依克：《论中华民族传统体育的发展》，《体育科学》2004 年第 11 期。

②　Yeh G. Y.，Wayne P. M.，Phillips R. S.，*Tai Chi Exercise in Patients with Chronic Heart Failure*，Med Sport Sci，Vol. 52，No. 8，2008.

③　Mustian K. M.，Palesh O. G.，Flecksteiner S. A.，*Tai Chi Chuan for Breast Cancer Survivors*，Med Sport，Vol. 52，2008.

④　Woodward T. W.，*A Review of The Effects of Martial Arts Practice On Health*，State Medical Society of Wisconsin，Vol. 108，No. 1，2009.

团往往被理解为一种纯粹的健身活动形式，作为一种体育练习，武术多数情况下有助于增强体质，进而也会增强练习者的信心，有利于社会生活，但中国传统体育的"精髓"在于其文化内涵，这些文化内涵对于国外的练习者和研究者而言可能很难领会到，也就很难产生文化意义上的潜功能。在中国社会中，传统体育的文化和社会功能有足够的社会基础，传统体育的练习者较容易受到其文化内涵的潜移默化，并对其心领神会。

综上观之，传统体育社团中包含着一些隐性的、不易被察觉的社会功能，而且不同传统体育项目之间也可能存在功能差异。但以往研究并没有关注到传统体育的文化属性，从而忽略了传统体育的文化意义与现代社会的主流文明之间发生冲突还是耦合的可能性和现实性。实际上，传统体育项目并非一种纯粹的形体健身运动，而是生长在中国独特的社会基础之上，既蕴含着某种独特的哲学理念和文化价值观念，又与一些宗教传统密不可分。比如传统武术和气功与儒、释、道的关系盘根错节。这使传统体育带有了浓厚的宗教和哲学色彩。传统体育与传统文化之间的天然联系，使它在形成民族共同心理特征和人的社会化方面发挥着"潜移默化"的作用，并可能进一步对经济、政治、社会和文化方面产生间接影响，这就是本研究所关注的社会功能。其中有人们通常认为的显功能，也有那些间接地，通过形塑人的思维方式和行为方式，在社会各个层面产生的积极和消极影响因素。[①]就本研究而言，关注传统体育社团的社会福利功能，也需借用西方社会学相应的功能分析范式，[②][③][④]回答其在社会福利方面的功能是什么？是"正功能"还是"反功能"？以及对这些福利功能的作用机制是什么？

二 大福利视域下传统体育社团的社会功能

将传统体育社团的社会功能研究放在大福利（large welfare）的视野下来看待，能够得到一个非常清晰的分析框架。帮助我们清楚地定位传统体育社团在整个社会福利（功能）框架中的位置，以及传统体育社团的

---

① 林聚任：《林聚任讲默顿》，北京大学出版社 2010 年版，第 147 页。

② Parsons, Talcott, *The Structure of Social Action*, New York: The Free Press, 1949, p. 20.

③ ［美］默顿：《社会理论和社会结构》，唐少杰等译，译林出版社 2008 年版。

④ ［美］亚历山大：《新功能主义及其后》，彭牧等译，译林出版社 2003 年版。

社会功能所涉及的方面。

福利是一种人类福祉状态，包括发展机会最大化、基本需求充分满足和社会问题得到有效管理。①②在当今经济全球化、市场化、科学化的时代，社会面临着更加复杂的问题、更加尖锐的矛盾，以及更加纷繁复杂的社会公共事务，如果再将社会福利供给完全交给政府承担，已不现实。而近几十年来，由于在环境保护、权益维护、扶贫发展、全民健身等方面已有了福利多元主义化组织的介入，使许多国家的政府有了将分担社会福利供给的责任交予福利多元化组织的打算。实践也证明，福利多元主义组织可以有效地缓解政府在社会福利体系中的负担，为获得更多的社会福利途径和更多可利用的社会资源，有力推动了各国社会福利体系的发展和完善，同时也促进了"大福利"的实现。与其说"大福利"是一个社会福利发展的阶段，不如说是一种视角，它是指用福利的眼光来看待社会中存在的机构、部门和现象，将尽量广泛的社会部门纳入福利体系中来加以考量，重视和支持这些部门的社会福利功能的发挥，以及对社会福利的贡献。与以往"小福利"概念的不同，"大福利"突破了福利对象的局限，福利内容的局限，福利主题的局限和福利方式的局限，根据景天魁的说法，大福利具有四层含义：第一，"大福利"是以全体社会成员为对象的社会福利；第二，"大福利"是以社会成员的基本福利需求为本的社会福利；第三，"大福利"是多元主体共同提供支持的社会福利；第四，"大福利"是包括社会救助、社会保险、公共福利和社会互助等四种供给方式的社会福利。③那么把传统体育社团放在"大福利"视角下来分析，就会发现：其一，传统体育社团的功能对象是面向全体社会成员，不分男女，老少皆宜，也没有阶层限制；其二，传统体育社团满足的是人们的基本需求，包括健康和生活质量等方面；其三，传统体育社团是社会中广泛存在的第三部门，是福利多元化中的重要一极；其四，传统体育社团是一种公共福利和社会互助性质的福利。所以，从大福利的角度来看，传统体

---

① Midgley J., *Social Development*, Thousand Vaks, California: Sage Publications, 1995, p. 15.

② Midgley J., *Social Welfare in Global Context*, Thousand Vaks, California: Sage Publications, 1995, p. 20.

③ 景天魁：《从小福利迈向大福利：中国特色福利制度的新阶段》，《理论前沿》2009年第11期。

育社团的社会功能包含着大福利概念的全部含义。下面，笔者分别从微观、中观和宏观三个层面初步讨论传统体育社团的社会福利功能。

首先，传统体育社团在个体层面满足了人们对健康的需求。生命存续与生命健康是其他一切福利保障的源泉与依据，健康福利是生活质量的根本保障。健康福利观念的培育与养成，健身活动带来的参与、互动以及由此而来的社会资本增加，进而有利于社会中间组织的发展，促进社会良性互动与社会和谐。[①]传统体育在实现全民健康福利方面发挥着无可替代的作用，而作为社会组织的一种——传统体育社团，能够调动广大人民群众的积极性，在维持人民健康体魄和生命质量等方面的优势和社会福利功能则是其他社会组织无可比拟的。传统体育公共服务既应该是我国体育公共服务的重要内容，也应作为政府体育福利服务职能的重要手段而得到强化。传统体育作为中华民族的一个体育运动项目，更是一种民族传统文化的表现。在漫长的历史发展过程中，它已经逐步形成了一套自身完善的价值观念、思维方式、处世方法、道德风尚等社会心理、社会意识和行为习惯。世人之所以推崇民族传统体育，赋予了民族传统体育以相当高的品位，原因在于民族传统体育对人的身心健康具有多方位的社会福利功能。

其次，传统体育社团在社会整体层面可以激发社会活力。提高社会整体发展水平需要良好的社会组织建设，加强行政体制改革，增加公共服务供给方式，对进一步做好群众工作、充分激发社会活力具有重要意义。近年来，随着我国社会的发展和社会建设的完善，传统体育社团这一新型的基层民间组织有了一定的发展空间和优势，能够为社会建设起到助推器的作用，也能够在满足弱势人群需求、解决社会问题等方面凸显出自身的优势，为社会治理起到一个重要的参与主体，有效地促进社会和谐发展，特别是为市民搭建娱乐、健身、养生平台发挥着非常重要的功能。随着中国福利社会化的改革，福利多元化的发展，科学、规范、功能完善的传统体育社团为广大群众所急需。但是，在我国，由于对传统体育社团还存在着片面的认识、缺乏科学管理等问题，特别是历史遗留的"歪理邪说""邪教"等事件，致使传统体育社团在社会发展过程中出现一系列的矛盾和问

---

① Doyal L. & Gough I., *A Theoy of Human Needs*, New York: The Guilford Press, 1991, p. 10.

题。进一步发挥社团组织的积极作用，科学健康地加快社团的发展，已成为社会建设和社会治理中所面临的一个非常迫切的问题。

最后，传统体育社团在个人与社会的关系层面促进社会参与。当然社会建设不是为了解决秩序问题而回归国家集权的总体性架构，也不是为了某个阶层或集团的既得利益而固定现有的利益格局。社会建设是一个着眼长远，围绕民族发展和人民福祉提升的核心概念，在稳步激活社会活力的前提下推进社会体制创新和制度建构的过程。在社会建设中，多元民间组织将共同参与公共管理过程，为公共事务共同输送社会资源。在社会建设中，我们不仅要保证人与社会、人与自然的关系能够和谐发展，而且更要重视人与人、阶层与阶层之间的和谐发展，保持社会中的各阶层和各利益群体之间相互协调、理解和认同。在这个意义上，传统体育社团改变着以往的社会秩序，在社会的每个角落，如公园、广场、社区、街道等随处可见，已成为满足人们沟通交流、社会参与和文化生活等日常需要的基础。它上可为政府分忧，下可为群众解难，已经成了社会稳定的"减压器"、基层民主的"推进器"、居民生活的"托底机制"。

因而，在现代社会，在迈向大福利社会的背景下，通过营造健康和谐的传统体育社团，建立起自上而下的、草根的民间社会生活体系，对于保证经济、政治在内的宏观社会的正常运行，具有深远的现实意义。

三　本研究的理论意义和现实意义

（一）理论意义

首先，视传统体育社团为重要的福利提供主体，极大拓展了传统福利理论研究视域，为福利多元理论开辟了一个新的研究场所。目前，学界基本形成的共识是，迈向福利社会是人类社会发展的客观要求和必然趋势，是人类不懈追求的目标。[①]由于社会的进步、经济的发展，中国迈向"大福利"社会这一发展是极其必然的，是由"中国的社会性质、人民持续向上和向好的追求以及社会发展进步的必然取向"所决定的。目前，使社团研究特别是传统体育社团研究在我国的现代化城市建设中常常被忽视

---

① 郑功成:《中国社会保障改革与发展战略：理念、目标与行动方案》，人民出版社2008年版，第108页。

的正是我国长期的"大政府，小社会"。随着深入改革政治经济体制，尤其是社会建设和全民健身工程已被提到议事日程，社会体育组织的重要地位和作用日渐凸显，从而成为被人们关注和研究的热点问题。另外，把握城市体育社团的现状，大力推进新型城市体育社团的改革与发展，是国家整体改革、体育体制改革的有机组成部分，对开拓全民健身工作新局面，实现城市社团持续稳定发展，构建和谐社会，具有重要现实意义和长远意义。具体到本研究的理论意义在于：社会福利社会化这一理论的提出及其改革实践，使城市传统体育社团服务体系发生了显著的变化，伴随着现如今市民对健身、娱乐和养生的时代需求，城市传统体育社团产生了一系列需要探讨的问题，如政府（体育局）主导的国家福利型练功站点、社区主导的社会福利型社团、民间草根组织三种社团类型在城市中如何定位？各扮演什么样的角色？三者有什么差异？造成差异的原因到底是什么？城市传统体育社团的定位、对象、目标、性质、服务机制又是如何？参与传统体育社团的市民与普通市民在生命质量（幸福指数）有何差异？本文尝试从现实发展角度对上述问题进行理论探索，进而构建大福利视域下的传统体育社团发展领域的研究理论体系。

其次，研究深入刻画了传统体育社团在增强群众参与、促进社会资本培育以及增进城市市民福祉的具体方式、成员间的微观运作，这是福利理论、社会资本理论中体育社团这一志愿性团体研究的一次非常有益的尝试。传统体育社团发展应该避免出现"有规模、有秩序、无发展、无进步"的局面。深刻探讨传统体育社团群众参与度、社会资本培育度，进而找出传统体育社团在增进城市市民福祉的具体方式、成员间的微观运作，健康的传统体育社团并非表面的"歌舞升平"，而是真正的守望相助、安居乐业，是真正着眼于新文化、新行动、新传统构建的新生活运动。"大福利"社会背景下的传统体育社团的深层意义，是建立一种内部的生活秩序，把居民的自主性引向公共性，增强居民的文化认同感和文明素质，提升居民的福祉。城市传统体育社团的发展规模和发展类型受制于多种因素的影响，本文尝试利用调查数据从宏观、微观两个层面对影响城市传统体育社团的发展规模和发展类型的原因进行分析和探讨。

最后，研究将以烟台传统体育社团的运作实践为例，尝试描绘传统体育社团福利最大化模型。本研究将选择烟台市芝罘区的传统体育社团"社团之家"进行研究。该社团上属芝罘区老年体协，下属 75 个早晨或晚上参加传统体育社团锻炼的站点，共计 4000 余人。近几年，在参加创建烟台文明城市活动中做了大量工作，取得了显著成绩，已经成为烟台一张亮丽名片，为烟台人民在全省、全国创造出一个品牌。目前，这个社团在烟台市每年的三月五日学雷锋日、五一劳动节、果蔬会葡萄节、十一国庆节、春节等重大节日和市、区搞大型活动时都分期、分批、轮流参加。本研究在以这个社团为个案研究的基础上，通过共时分析与历时分析相结合、"微观个别分析"角度与"宏观历史"角度相结合，从纵向和横向、静态与动态多个维度对传统体育社团进行全面研究，从传统体育社团发展成长的过程中研究传统体育社团的一般规律及其在理论上表现的具体形式，从而揭示其发展的内在结构，在描绘传统体育社团福利最大化模型基础上，进而发现、归纳、总结传统体育社团发展与社会发展之间的内在联系和互动机制，为传统体育社团的可持续发展提供理论支持。

（二）现实意义

目前，在烟台有各种各样的传统体育社团，这些社团有的是民间行为自发形成的（我们称为草根组织），有的是各社区（居委会）组织发展的（我们称为社团），也有不少是政府体育局各科注册的社团（我们称为健身站点），这三种社团享受不同的福利类型，但也都在发挥着不同的社会福利功能，目前还没有对这些社团进行比较细致深入的调查研究。本研究的现实意义在于：在社会福利视角下，通过对烟台市健身站点、社团、草根组织三种不同类型的社团现状比较研究，找出政府（体育局）主导的国家福利型练功站点、社区主导的社会福利型社团、民间草根组织三种社团类型的区别和联系，分析出影响三种类型社团发展的因素，提出建设传统体育社团时需注意的方面。最后，以只楚社区为例，对普通社区群众和社团成员进行社会质量（幸福指数）的调查，进一步分析阐述社团发展壮大的现实意义。

第二节　文献综述

传统体育社团的福利功能研究目前尚属于一个崭新的领域。而之于体育社团的功能乃至社会功能的研究则是一个较为源远流长的话题。为便于读者更好地厘清体育社团功能研究的历史脉络与基本逻辑，研究对国内外研究文献的现状进行了较长时段的梳理。就国内外相关研究实践而言，西方国家的研究起步早、内容涉猎范围广、研究更为深入且在体育学及其与诸多社会科学的交叉领域（如体育人文社会学等）都取得了极富意义的成就。本研究主要在发达国家体育社团实践的研究、体育社团是福利多元提供的一极、体育社团提高了成员的社区参与并促进社会资本的孕育和福利最大化、社会质量研究视角等四大路径上展开。而体育社团概念与福利功能、社区体育社团的福利实践、体育社团福利社会化理论则是本文国内体育社团功能分析的主要研究理路。

一　国外研究回顾

（一）发达国家体育社团实践的研究

关于国外体育社团的研究，本研究选取了在社区体育的开展方面非常具有代表性的四个国家：美国、德国、英国和日本，这四个国家中，美国处于美洲，而英国、德国处于欧洲，日本则是在亚洲，以此四国为例足以说明国外社区体育开展现状。

美国经济高度发达，拥有各种形式的大众体育，其中体育健身和体育休闲俱乐部是最基本的，而休闲体育和娱乐体育是核心内容。现在的美国社区已实现每千人就有 1.6 公里健身路径；每千人有 2600 平方米开放的休闲公园；每 25000 人有一个公共游泳池；并且社区内体育设施还具有多功能特点。此外，美国中小学拥有近 2 万个综合体育设施，3 万座体育馆，这为社区体育的建设和发展提供了基础保障。[1]

在社区体育设施体系中，社区公园设施占据重要地位，同时还对体育配套设施有着严格的标准。另外，美国的法律制度非常健全，除联邦法外，每个州都有权利制定适合自己州的法律，目的是最大限度地使用体育设施资源。美联邦政府对大众体育管理的任务不仅局限在提供拨款、制定法规、对资源进行管理和规划，并在此基础上与有关社会团体合作、组织实施、制订计划、联络协调社区的各个部门和机构，从而最大限度地满足

---

[1] 董立红、虞重干：《美、德、日社区体育俱乐部的管理体系及运作机制》，《体育成人教育学刊》2007 年第 2 期。

社区居民的体育需求。①

在英国，人口在 2500 人以上的社区就有一个体育中心，该体育中心有室内健身场馆，也有室外健身场所，能开展室内五人制足球、曲棍球、柔道、羽毛球、健身操、足球、街舞、传统体育项目等近 20 个体育项目。英国参加体育活动的成年人多达 2900 多万。英国政府非常鼓励通过各种途径开发休闲体育场所，几乎所有社区内都建有基本健身和运动设施，以保障有足够的运动设施来满足社区居民需要。②

日本大众体育组织机构与我国比较相似，分为政府机构、社会团体和民间组织三类。各类组织采取了中央级、都道府级、市区町村级的三级管理模式。政府机构起宏观调控和宏观管理作用，每年都对表现突出的组织给予资金奖励和政策上的优惠，以鼓励其他组织为全民健身和大众服务做出贡献。这种管理体制既便于行政管理，又便于社区间的交流合作。但是，由于日本在全民健身公共服务体系建设中起步较早，各类体系比较完善和健全，在各项政策中，都把大众体育特别是社区体育发展建设放在重要位置上，所以，现在日本的大众体育居亚洲第一，也达到世界最发达国家水平。

在德国，社区体育社团的一个重要特点就是志愿性，体育社团组织的成员，包括董事会成员主要是由志愿人员组成。体育社团工作人员的构成基本上是志愿者，全德国大约有 300 万体育社团志愿者，没有他们的付出，德国体育社团制度不可能获得这样大的成就。理事会成员大多数是名誉职务，没有资金方面的报酬。社会志愿者活跃在每一个非营利的体育、文化机构或组织里，是体育社团日常工作中不可或缺的一支重要力量，这些社会志愿者在非营利文化、体育组织或机构里每周从事一定时间的工作，不领取任何报酬。③④

---

① 董立红、虞重干：《美、德、日社区体育俱乐部的管理体系及运作机制》，《体育成人教育学刊》2007 年第 2 期。

② 唐建军等：《英、德、日社区体育俱乐部基本状况和存在的问题》，《体育与科学》2001 年第 6 期。

③ 周晓军：《德国体育场馆管理模式的特点及启示》，《南京体育学院学报》2011 年第 8 期。

④ 潘华：《中德全民健身的比较研究——兼论〈全民健身计划刚要〉与〈黄金计划〉》，《成都体育学院学报》2008 年第 1 期。

（二）体育社团是福利多元提供的重要一极

20 世纪 70 年代，工业社会进入后现代时期，人口、经济、政治、社会环境起了重要变化，家庭核心化、人口老龄化、经济竞争加剧、政府管理成本加大、失业问题严重等问题日益突出。在这样的背景下，福利国家的弊病更清晰地显现出来。福利支出和经济增长的矛盾成为社会政策制定中的基本问题，[①]因此，就有学者把国家福利指责为高成本的原因。[②]在这种背景下，很多学者提出了"福利多元理论"。罗斯最早对"福利多元主义"进行了明确论述，并指出福利应来源于国家、市场和家庭的三个部门，这三者成为一个社会的福利多元组合。[③]伊瓦斯在罗斯研究的基础上提出了福利三角的研究范式，国家对应公共租住，市场对应正式组织，家庭对应非正式的组合，在一定的文化、经济、社会和政治背景中，国家提供的社会福利和家庭提供的家庭福利可以分担社会成员在遭遇市场失灵时的风险。[④]约翰逊后来又提出了四分法的方式，即在国家、市场、家庭的基础上加入了志愿者组织，强调福利多元主义暗含的福利供给的非垄断性，进一步丰富了福利多元主义的理论内容。[⑤]福利多元主义已成为西方福利政策的理论主流，在此理论影响下，西方国家开始了由福利国家向福利多元化发展的实践。福利多元主义通过提供的多元化实践实现了社会团结和社会的整合。在福利国家陷入困境时，福利多元主义理论给社会福利又注入了新的力量。[⑥]

（三）体育社团推动社区参与和培育社会资本

目前，国际上关于社团组织的类似概念主要有：非营利组织、非政府

---

① Taylor G., Larsen T., Kananen J., Market Means and Welfare Ends: The UK Welfare State Experiment, *Journal of Social Policy*, Vol. 33, No. 4, 2004.

② Beresford P., Redistributing Profit and Loss: The New Eonomies of the Market and Social Welfare, *Critical Social Policy*, Vol. 25, No. 4, 2005.

③ Rose R., Common Goals but Different Roles: The State s Contribution to the Welfare Mix, In Rose, R. & Shiratori, R. (Ed), *The Welfare State East and West*, Oxford University Press, Vol. 140, No. 2, 1986.

④ Evers A. & Olk T., *Wohlfahrts Pluralismus: Vom Wohlfahrtssaat Zur Wohlfahrtsgese - sellschaft*, Opladen, 1996, p. 11.

⑤ Johnson N., Problems for the Mixed Economy of Welfare, in Alan Ware & Robert E. Goodin (Ed), *Need and Welfare*, London: Sage, 1990, p. 26.

⑥ 黄叶青、彭华民：《迁移与排斥：德国移民政策模式探析》，《欧洲研究》2010 年第 10 期。

组织、第三部门等。从研究视角来看，国外对社团组织主要是从经济学、管理学以及政治学这三个角度展开研究的。如韦斯布罗德从经济学角度出发提出的政府失灵理论和汉斯曼的合约失灵理论。从管理学角度出发，美、英、日等国的学者进行了跨国研究，探讨了不同国家社团组织与政府的关系，讨论了社团组织的科学划定以及不同社会制度下的法律规定，预测 21 世纪世界各国社团组织的发展趋势等。近年来，西方管理学界对于社团组织的研究也进行了由理论向实践的转变。最典型的是以美国学者彼得·德鲁克等为代表的《非营利组织管理》一书，探讨了现代民间组织管理的核心问题，为民间组织经营管理者提供了多方面的指导性理论和实践性经验。美国学者克拉克从政治学的角度明确提出，社团组织行动的本质是政治的，社团革命是由逐步增加的社团组织所引起的，它为政治学家的研究议程提供了丰富的资源，发展中国家的社团组织同发达国家有非常明显的差别，于是指出了一个重要的研究领域。美国政治学家里夫金曾指出日益紧迫的就业问题可以通过大力发展第三领域经济来解决。他通过列举发达国家和发展中国家的实例，针对过剩劳动力已经被全球市场抛弃这一问题，证明了为其提供建设性出路的唯一可行手段是发展第三领域经济。

（四）体育社团对社会质量的影响

很早之前，大量欧盟国家的社会进步程度就通过社会质量指标来衡量。其创立者定义社会质量为"人们在提升自身福祉和个人潜能的条件下，能够参与共同体的社会与经济生活的程度"[①]。由定义可以看出，不仅人的福祉和潜能是社会质量所关注的，人们对共同体生活的参与也是要被关注的。一方面，把人作为社会质量发展的目标，社会要给人带来福祉，同时也要提高人的潜能；另一方面，社会质量发现了人的社会性这个本质，把参与社会生活的程度当作衡量社会进步的尺度之一。

社会的进步是一个复杂的现象，不能归结为一两个诸如"经济的"或"政治的"的因素。生活质量作为 GDP 的替代指标，是基于个体生活的不同指标和指数来反映人们的幸福感，并概述了社会进步的质量层面。

---

① 张海东：《社会质量研究：理论、方法与经验》，社会科学文献出版社 2011 年版，第 72 页。

因此，对生活质量的研究几乎涵盖了人类生活的各个方面。社会质量原本被界定为"人们在提升自身福祉和个人潜能的条件下，能够参与社区的社会与经济生活的程度"①。社会质量不仅是社会政策的目标，也是经济、环境、健康、和谐与其他能确保人类福祉和幸福的相关政策的目标。

社会质量作为一种标准，可以用来衡量人们日常生活达到可接受水平的程度，能够参与社区的社会与经济生活的程度，它既是人们之间社会关系的产物，也是社会的特征。社会质量理论具有广泛的应用性，一方面是基本特征使然；另一方面在于社会质量本身即指与日常生活和所有政策过程都有关的政策。

二 国内研究回顾

近年来，包括体育界在内的社会各界对体育社团及其功能、体育社团的发展实践及体育的社会化研究给予了广泛的关注乃至学术探讨。虽未能明确使用体育社团研究的"福利功能"概念，但其依"大福利"的内涵而言的福利指向与福利内涵是确定无疑的。

（一）关于体育社团概念与福利功能视角

吴云峰等在国内首次提出体育社团研究，并提出了"体育社团"这一名词，但并没有上升到理论层面。② 随后国内体育界学者们对于体育社团的缘起、发育、功用等进行了多方研究，为当代中国的体育社团研究提供多种研究的视角，同时也积累了一些有相当价值的资料和数据。③④⑤⑥
20 世纪 80 年代以来，我国各种体育团体在改革中获得适当的土壤和气候，得到迅速发展，主要表现在一部分单项运动协会转向实体化；一些全

---

① Beck, Wolfgang, Laurent J. G., Vander Maesen, Fleur Thomese and Alan Walker, Social Quality: A Vision for Europe, *Kluwer Law International*, 2001, pp. 6 – 7.

② 吴云峰等:《关于发挥体育的功能推进体育社团社会化的探讨》,《湖北体育科技》1994年第 6 期。

③ 卢元镇:《论中国体育社团》,《北京体育大学学报》1996 年第 3 期。

④ 崔丽丽等:《中国体育社团研究》,《山东体育学院学报》2002 年第 3 期。

⑤ 黄亚玲:《国家与社会关系转变下的中国体育社团发展》,《第七届全国体育科学论文报告会论文汇编摘要》2004 年。

⑥ 林显鹏:《2010 年中国群众体育发展趋势的研究》,《中国体育科技》2001 年第 11 期。

国性的群众体育社团、全国各行业体协、大量民间体育组织逐步建立起来。①但是，在发展过程中，其表现出来的问题和特征还是非常显见的。具体表现在：（1）体育机构几乎全部是国家的政府部门，即使以社团名义对外出现，也非实质性存在，即无实体机构和功能体育社团的改革研究。②（2）由于体育社团得到的权利还不足以摆脱政府的指令和政府依赖，自主的能力脆弱，再加上体育社团自身也处于发育阶段，内部管理不完善，初级阶段的体育社团仍然处于被动发展的状态。③（3）我国当前体育社团的合法秩序是复杂的，是多样性和多元性的并存，有的体育社团履行了完整的登记程序，有的体育社团挂靠在合法登记的社团之下，而有的体育社团则完全置身于法律秩序之外。④还有的研究发现：全国性体育社团在人事上缺乏人事任免权；在实体经营上因缺少相应的监督和管理而存在法律的漏洞；社团资金来源主要是政府提供的财政拨款和补贴，资金来源过于单一，全国体育社团经费问题的重中之重是公信度缺乏、社会捐赠缺乏。

（二）社区体育社团的福利实践视角

社区体育在我国很早就有了，但直到 20 世纪 90 年代才真正地与大众休闲体育结合在一起而被有意识地推广。主要有以下特点：（1）我国社区体育只是处在初级阶段。虽然社区体育在促进人们身心健康，增进人际交往及发展体育产业诸方面起到积极促进作用，并以娱悦身心、随意、轻松等特点深受广大群众的喜爱。但由于我国的体制不同于国外，各级政府似乎更注重竞技体育的发展，相对忽视了在大众体育尤其是社区体育方面的投资。⑤（2）社区体育部门观念与国外有很大的差异。由于在我国体育专业组织和政府部门总是极力推广一些竞技性比较强的项目，过分地强调了运动的专业性、精英性，导致了我国人民总认为体育是专业运动员的事情，似乎与自己无关，殊不知体育的最终目的还是锻炼身体、增进健康。

---

① 卢元镇：《重视体育社团的社会功能》，《中国体育报》2002 年第 11 期。

② 臧超美：《单项体育运动协会实体化思考》，《体育文史》1998 年第 7 期。

③ 颜中杰：《中国体育社会团体的发展》，《山东体育学院学报》2006 年第 6 期。

④ 宛丽：《体育社团的合法性分类及发展对策》，《北京体育大学学报》2001 年第 6 期。

⑤ 王凯珍：《我国社区体育 15 年研究综述》，《第七届全国体育科学论文报告会论文汇编摘要》2004 年。

由于我国是发展中国家，且人口众多，且大都集中在城市，所以在城市体育的投资就显得相对欠缺，致使场地器械等条件暂时无法达到人们的需要。① （3）2008 年北京奥运会，通过政府和各界人士的大力宣传，使人们认识到了体育的重要性，并且在不少城市社区人们已经开始自主锻炼，一些地方政府也意识到了体育的重要性，并开始重视社区体育的建设，社区体育才有了今天飞速的发展。魏东认为，民族体育在全民健身运动中可以强身健体、内外兼修，为壮大群众体育队伍奠定基础，促进学校体育与社会体育接轨。②王天军也对民族传统体育在全民健身计划实施中的地位与作用进行了相似的论述。③陈宇红通过对民族传统体育健身、交往、传承文化功能的分析论证，指出民族传统体育具有其特殊的社会、文化功能和价值。④吴学勇研究表明，推广和普及民族传统体育是传播和弘扬民族文化、增进民族文化交流、加强民族团结以及建设我国社会主义物质文明和精神文明的需要，应紧紧抓住西部大开发、"入世"、全民健身工程以及我国居民体育消费增长的有利时机，对民族传统体育进行积极的推广和普及。推广和普及的有效途径和措施，可以从加强与大众媒体结合、与商业运作结合、在学校开设民族传统体育课程等方面着手。⑤张建新、田祖国认为社区文化建设是现代城市社区发展的重要内容，而民族传统体育蕴含独特功能，对城市社区文化建设具有重要意义。提出了在城市社区文化建设中民族传统体育发展的相关理念。研究认为民族传统体育在城市社区文化建设中有利于提高社区居民身体健康水平、有利于增强社区居民的民族自信心、有利于社区特色文化的形成、有利于促进社区居民的交往，开展实施具有经济实效性等。认为民族传统体育进入社区具有健身功效、广泛的群众基础、易普及和经济实效的优势，以及增强社区居民的民族自信

① 罗汉礼：《城市社区体育现状与发展对策》，《体育学刊》2004 年第 1 期。
② 魏东：《民族传统体育在全民健身中的特殊作用》，《天津体育学院学报》1995 年第 12 期。
③ 王天军：《少数民族传统体育在全民健身计划实施中的地位与作用》，《上海体育学院学报》1998 年第 12 期。
④ 陈宇红：《少数民族传统体育功能初探》，《云南民族学院学报》2002 年第 10 期。
⑤ 吴学勇：《对民族传统体育推广和普及的研究》，《四川体育科学》2005 年第 3 期。

心、形成特色社区文化、提高居民健康水平、促进社区居民交往的作用。①彭长锦、白晋湘从民族传统体育的功能特点以及社区体育的现状等方面入手，运用文献资料法、逻辑分析法等对民族传统体育在社区中的开展进行分析研究，提出选择民族项目开发要注重科学性、实用性和趣味性，为探索我国社区体育的发展提供了新思路。②

以上研究观点表明，民族传统体育有着特殊的社会文化功能和价值，社区推广民族传统体育有利于丰富和活跃社区居民的业余文化生活，提高生活质量，可以为社区体育发展提供丰富的活动内容，使人们在社区体育活动中，对健身项目有较大的选择余地。另外，普及民族传统体育也是加强民族团结与民族自信、传播和弘扬民族文化、增进民族文化交流的需要。

（三）体育社团福利社会化理论视角

20世纪80年代就已经提出了福利社会化思想。1983年，民政部在第八次全国民政会议上提出"兴办社会福利事业要调动多方面的力量，广开门路。采取多种渠道：国家可以办，工厂、机关可以办，社会团体可以办，街道可以办，家庭也可以办。要紧靠基层，组织和动员社会力量，创办小型多样的社会福利事业单位"。这是中国最早提出的社会福利社会化思想，也是社会福利社会化的发端。在当时改革开放的浪潮下，中国传统社会福利制度伴随社会福利社会化思想，也开始从传统的国家兴办逐渐向国家、社会共同兴办的模式转变。1989年，在全国社会福利事业单位深化改革工作座谈会中，民政部进一步明确提出坚持"社会福利社会办"的方针，具体办法是：实行国家、社会、家庭相互结合的发展道路，在深化管理体制改革的基础上，面向社会，在各行业间开展有偿的社会化服务。1994年，在第十次全国民政会议上，民政部又提出深化福利事业改革，加快社会福利社会化的进程，全方位依靠和发动各行业社会力量发展社会福利事业，加大社会福利事业各项体制改革的力度。1998年，民政部在参与各地方调查实践的基础上，在全国范围内选择了13个城市作为社会

①　张建新、田祖国：《城市社区文化建设中的民族传统体育发展》，《武术科学》2005年第2期。

②　彭长锦、白晋湘：《论民族传统体育文化在现代城市社区的传承》，《成都体育学院学报》2009年第8期。

福利社会化试点。2000 年，民政部等 11 部委联合发布了《关于加快实现社会福利社会化的意见》（国办发〔2000〕19 号），明确提出推进社会福利社会化的福利政策，由国家资助，倡导社会各方面力量积极创办社会福利事业。至此，社会福利社会化正式冲出民政部的局限，成为指导整个政府行为的理念。自此以来，由社会力量创办的多元化社会福利机构有了迅速的发展。2005 年，民政部在《关于支持社会力量兴办社会福利机构的意见》中再次提出：发展我国社会福利事业必须要建设社会福利社会化，必须广泛动员社会力量多层次、多渠道参与福利事业、兴办福利机构推进社会福利社会化，开展丰富多样的系列化服务支持社会福利机构的发展。

（三）对文献的述评

梳理国内学者在社会福利社会化理论与实践方面的研讨，现有研究成果多从应然角度出发，强调政府职能转变的紧迫性、社会福利社会化发展的必然性以及福利多元化发展的必要性，而对于到底该如何转变职能、影响政府职能转变和福利社会化、多元化发展的制度环境该如何完善等问题还有待进行深入的探讨。

从国内外已有的研究来看，福利社会背景下的城市传统体育社团研究目前还不多见。本选题立足当下城市市民的健康福利需求、时下健康福利观念，以及中国民族传统体育的传承和发扬急需受众而普通大众缺乏系统、科学、完善的健身平台的尴尬处境，以迈向"大福利"社会为背景，以福利多元理论为视角，结合烟台市部分传统体育社团建设发展的实际情况，并基于政府（体育局）主导的国家福利型练功站点、社区主导的社会福利型社团、民间草根组织三种社团类型，尝试分析城市传统体育社团的现状、面临的问题、发展的目标。旨在以此为基础，进一步推动传统体育社团的健康发展，并以传统体育社团的发展来促进城市的进一步繁荣，进而促进社会整体和谐。

第三节　研究思路、方法与基本理论

研究以体育社团的提升生命质量、提升社会质量、培育社会资本三个内含维度展开。在方法方面，定量研究与定性研究相结合，以传统体育强市——烟台市体育社团的福利功能问卷调查为基本研究工具，广泛探究了我国传统体育社团的发展状况、组织结构、活动开展、经费情况，体育社团的功能差异、功能机制及其功能效能问题。研究博采众长，广泛借鉴并注意吸收体育社会学、福利社会学、福利多元论及社会资本理论研究的最新研究成果，充分体现了体育社团福利功能研究的学科交叉性与跨学科性。

一　基本思路

针对以上问题，本研究以"大福利"的三个基本面向，即面向微观的"提高生命质量"功能，面向宏观的"提升社会质量"功能，面向中观的"培育社会资本"功能，对论文进行全面的架构和组织。我们以山东烟台为调查地点，结合问卷调查和典型个案研究的方式，调查了544个城市居民和72个传统体育社团，深入考察了20余个居民个案和1个社团个案。我们首先考察当前传统体育社团的发展状况，以及传统体育社团受到社会政策的影响情况。然后分别分析传统体育社团在社会福利的微观层面，即生命质量的提高；宏观层面，即社会质量的提升；以及中观层面，即现代社会资本的培育，均具有什么样的影响。接下来通过对典型个案的质性研究，我们试图去揭示传统体育社团的福利功能是如何通过其运行机制、参与机制和活动机制等方面展现出来的。最后，笔者将比较传统体育社团中的草根社团、社区社团和注册社团的调查数据，找出三种传统体育社团在管理水平和资源配置方面的差异，指出这种差异对传统体育社团福利功能的影响并提出对策。

"社会科学研究是一项复杂并且系统的思维活动，它涉及了从发现问题和提出问题，到分析问题和解决问题这样的一个完整的智识系统。"①本论文的研究展开是将传统体育社团这一社会现象置于"大福利"这一宏观视角内进行完整的社会学调查与分析，在整个研究过程将借助于社会学、人类学等理论来解读传统体育社团的发展历史、现状与未来，并依托社会学社会资本理论、社会质量理论、生命质量理论来探讨传统体育社团的社会福利功能，极大地拓展本研究的广度和深度。因此，无论从哪个层

---

① 王树声：《布迪厄的"实践理论"及其对社会学研究的启示》，《社会学研究》2007年第5期。

面来看，本论文研究有着更深层次的学术理论和探讨。

二　研究方法

"社会科学研究过程中的重要环节之一便是研究设计，它是实施社会科学研究的总体计划。如果说选择研究课题是解决'研究什么'的问题的话，那么研究设计就是解决'怎样去研究'的问题。"①而研究方法是"怎样去研究"的中心问题之一。除了查阅大量文献之外，本研究运用了社会科学研究中的两种主要方法：问卷调查法和个案研究法。

本研究首先使用了社会科学研究中经常使用的问卷调查法。根据研究对象的不同，本研究共设计了两份调查问卷：一份是以传统体育社团为调查对象的"烟台市传统体育社团的现状调查"，内容主要包括社团的基本情况、发展状况、成员状况、管理方式、活动开展状况、经费运转状况以及社团与社会的关系状况等七部分内容。调查对象的选取是从烟台市区的 122 个传统体育社团中随机抽取了 80 个，回收问卷 78 份，其中有效问卷 72 份，问卷有效率为 92.3%。一周之后进行复测，随机抽取其中 10 个团体进行问卷调查，对前后的数据进行相关分析，相关系数 R 为 0.89，说明问卷的信度较高。另一份问卷是以城市居民为调查对象的"传统体育社团的社会福利功能及效能状况调查"，调查烟台市民的基本生活状况、健康状况、生活质量、社会质量、社会资本等方面。调查地点主要集中在烟台市芝罘区。调查首先从芝罘区的 13 个街道中随机抽取了 6 个街道：通伸街道、幸福街道、东山街道、白石街道、只楚街道以及黄务街道，6 个街道下辖 49 个社区。本研究又从这49 个社区中随机抽取 6 个社区，并从社区居委会处获得居民名单和住址等基本情况，建立抽样框。然后在每个社区随机选取 100 名市民作为最终的调查对象，对他们发放调查问卷。在实际抽样过程中，若遇到调查对象无能力回答、调查对象拒绝回答等情况，则按照原先的抽样顺序继续抽样，直到每个社区抽到足够的 100 份问卷。最终发放问卷 600份，回收 596 份，回收率为 99.3%，其中，有效问卷 544 份，有效率为91.3%。所回收问卷中，常年参与传统体育社团锻炼的 364 份；不参与

---

① 林聚任等：《社会科学研究方法》，山东人民出版社 2004 年版，第 73 页。

锻炼的 180 份。对回收的问卷首先进行检查筛选，对于无效问卷（问卷回答不完整、明显不负责任的均填同一答案等）全部视作无效问卷。最后筛查完的问卷再进行统一编号，以方便以后核对数据。本研究调查的所有数据最后通过 Excel 2003、SPSS 17.0 统计软件进行处理，进行变量描述、方差分析、相关分析、因子分析和回归分析。

同时，本研究还采用了个案研究法。本研究选取烟台市传统体育社团"社团之家"作为研究个案，探讨传统体育社团的福利作用机制。个案研究大致分如下阶段展开：准备阶段：2013 年 11—12 月，主要进行文献资料的收集和调查筹备，确定个案调查的内容；初步调研阶段：2014 年 1—2 月，在确定典型个案以后，了解"社团之家"的总体情况，做初步调查和对负责人的访谈；调查实施阶段：2014 年 2—4 月，分组分批次开展实地调查，调查社团的基本结构、组织状况、社团管理状况、社团运转状况、社团参与机制等等；调查总结阶段：2014 年 4—5 月，对调查情况进行分类总结；补充阶段：2014 年 5—6 月，最后又多次进行补充调查，最终完成个案研究。一定程度上，问卷调查解决的主要是"是"的问题，而针对"为什么"和"怎么样"的这两个方面，很难从问卷调查中揭示出来，例如社团运行的实际情况和过程到底是什么样。因此还需要更进一步地采用深度访谈的研究方法来获得。访谈对象范围广泛，既包括所选取社区或街道办事处的负责人，也包括社团负责人、社团成员代表以及非社团成员代表。访谈既通过召开座谈会的形式进行集体访谈，也在日常生活中进行个别访谈。访谈主要围绕当前福利社会背景下传统体育社团活动开展的现状、社团活动与社区群众生活以及当前传统体育社团活动开展过程中面临的主要障碍等问题展开。

三　概念理论

（一）概念辨析

1. "小福利"概念与"大福利"社会概念的内涵

"小福利"概念的内涵主要包括三个方面：一是指特殊福利。其内涵是指社会福利的对象是社会的弱势群体，而并不是社会的全体成员，主要包括儿童孤儿福利、残疾人福利和老年人的养老福利，也有西方学者称为"补救性福利"或"选择性福利"。二是指民政福利。其内涵是指由国家民政部门代表国家给予老人、儿童孤儿、残疾人等的经济保障。[①]这种观念把国家和政府当成唯一的主体，社会福利就是国家福利，这种福利观念在我们国家是最常用的，也即称为"社会福利社会化"。三是指高层次福利。[②]其内涵是建立社会福利保障体系，包括社会福利、社会保险、社会救助等等。福利保障体系的建立可以维持社会成员的最低水平、维护社会成员的基本生活水准、提高社会成员的生活水平和生活质量。"小福利"概念具有明显的狭隘性，把大多数成员排斥在社会福利范畴之外，伴随着社会的进步和国家综合实力的提升，继续拓展福利概念的内涵与外延已势在必行。

"大福利"社会概念主要包含三方面的含义。一是指以基本福利需求为本的"大福利"社会。"大福利"社会是以社会成员的基本福利需求为根本，其内容应包括教育福利需求、健康福利需求、工作家庭福利、养老福利需求、居住福利需求以及就业福利需求等等。也就是说能集中反映民生基本内容的福利需求统称为大福利概念。二是指多元主体供给的"大福利"社会。"小福利"的供给主体是政府，而"大福利"的供给主体除政府外，还包括民间组织、社会组织和市场组织等，诸如家庭、政府、单位、非营利组织等，当然，其中最重要的还应是政府组织。三是指福利供给是以全体社会成员为对象。"大福利"社会发展的目标最终要涵盖到社会的所有成员。例如，我国正在构建的全民健身服务体系，其目标就是满足社会成员的健康福利需求。

2. 民间组织与社团组织

民间组织是一个相对比较模糊的概念，理论界对其也是众说纷纭、模棱两可。其定义有：非营利组织（Non – Profit Organizations）、非政府组织（Non – Governmental Organizations）、第三部门组织（The Third Sector Organization）、群众团体（Mass Association）、公民团体（Civil Group）、志愿组织（Voluntary Organization ）、慈善组织（Philanthropic Organization）和中介组织（Medium Organization）等。我国民间组织在政府民政局注册登记成为"合法组织"，必须符合《社会团体登记管理条例》，"国务院有

---

① 周良才：《中国社会福利》，北京大学出版社 2008 年版，第 3 页。

② 孙光德、董克用：《社会保障概论》，中国人民大学出版社 2000 年版，第 26—28 页。

关部门和县级以上地方各级人民政府有关部门、国务院或者县级以上人民政府授权的组织，是有关行业、学科或者业务范围内社会团体的业务单位"。①由此条款可看出，现行民间组织管理体制赋予业务主管部门无所不包的巨大权力，完全把民间组织控制在政府之下，这就导致了我国的民间组织并不"民间"，而完全具有"民间"的草根民间组织，又不能满足其"合法性"，而只能以"非法"民间组织而存在。因此，完全符合理论标准的民间组织在我国几乎是不存在的。近几年，随着我国综合实力的不断提升，福利制度的不断改善，在现实中，已经出现了大量不同于政府又区别于企业的非行政性、非营利性的社会组织，学者们对此的界定也越来越放宽，正如康晓光教授所讲，"民间组织指的是有着共同利益追求的公民自愿组成的非营利性社团，只要从事非营利性活动，满足自愿性和公益性要求，具有不同程度的独立性和自治性，即可称为中国的民间组织"②。中央编译局俞可平等人对民间组织界定了四个显著特点③，其一是非政府性；其二是非营利性；其三是相对独立性；其四是自愿性。由此看来，在我国的语境中，民间组织的概念并不统一，也比较容易产生理解方面的歧义，这也是本研究使用"社团"这一概念的主要原因，相对于"民间组织"，"社团"是一个比较富有中国特色、中国制度结构特色、中国文化传统背景的本土词汇。

　　社团是指以社会公民为成员，以街道、社区、公园、广场等等为活动范围，以社会成员自主成立或参与，为实现会员共同意愿，按照其章程开展活动，介于政府组织和社会成员个体之间的非营利组织。如体育社团、传统体育社团、文艺社团、书法社团、垂钓社团等等。社团组织有一般社会组织的共性，又具有自己鲜明的个性特征。其个性特征主要表现在以下几个方面：①专一性。社团组织一般具有明显的专一性，出于对某一项目或某一活动共同的兴趣和爱好聚集在一起，如太极拳社团、秧歌社团、读书社团、摄影社团、钓鱼社团等，社团成员出于爱好的一致性，聚集在一起，围绕着本爱好的特点开展活动，表现出较高的专一性。②松散性。组

---

①　中华人民共和国国务院令（第250号）：《社会团体管理条例》，1998年第六条。

②　康晓光：《NGO扶贫行为研究》，中国经济出版社2001年版，第4页。

③　俞可平等：《中国公民社会的制度环境》，北京大学出版社2006年版，第5页。

织成员具有较大的自由度，加入和退出社团活动并不严格。如一些太极拳
社团、秧歌社团等，社团成员一般是根据自己的情况决定是否参与活动，
有时间参加，没时间就不参加。③本土性。社团组织成立具有极强的本土
性特点，在一定区域或社区内，在遵守国家法规的前提下开展活动，组织
的领导人、参与管理者、会员等，都是在本土产生，不是由其他组织指派
或安排，社团组织活动的内容、活动的方式、活动的时间也是在本土资源
条件下进行。如烟台的螳螂拳社团，因为烟台是"螳螂拳"的发源地，
练习者较多，号称"拳窝子"，也就自然而然地成立诸多螳螂拳社团
组织。

　　3. 体育社团与传统体育社团

　　1997 年，国务院学位委员会和原国家教委在一级学科体育学下设 4
个二级学科，民族传统体育名列其中。从这时开始，"民族传统体育"这
一称谓，作为国家认定学科被正式确定下来。但对"什么是传统体育"
的回答，迄今仍没有一个统一的权威定义。①1989 年，人民体育出版社出
版的体育学院通用教材《体育史》认为传统体育是指近代以前的体育竞
技娱乐活动。②对我国而言，指近代体育传入前我国存在的体育模式，即
1840 年以前，我国各族人民已经采用并流传至今的体育活动内容、社会
表现方式与价值观念的总和。③这是从历史的角度，把传统体育自西方近
代体育传入我国以后，其在社会生活特别是在大中城市和军队、学校中受
到的影响进行研究所做的界定。另有研究避开时间的界定，认为传统体育
是民族（包括汉族）体育的重要组成部分，是历史时期的产物，是各民
族体育活动方式的延续和保存，是各民族体育运动生命力的再现，它是构
成现代体育的"体育文化密码"，是历史给予我们的重要体育文化遗产。④
还有研究认为传统体育是指某一个或几个特定的民族在一定范围内开展
的，还没有被现代化，至今还有影响的体育竞技娱乐活动。⑤笔者认为，
传统体育概指在我国全部范围内起源和流变的，具有中华民族浓厚民族文

---

　　①　尹海立：《民族传统体育的困境与出路》，人民体育出版社 2012 年版，第 6 页。

　　②　体育学院通用教材编写组：《体育史》，人民体育出版社 1989 年版。

　　③　熊晓正：《机遇与挑战》，《成都体育学院学报》1988 年第 4 期。

　　④　赵静冬：《中国少数民族传统体育研究》，云南民族出版社 2001 年版，第 12 页。

　　⑤　胡小明：《体育人类学》，广东人民出版社 1999 年版，第 89 页。

化色彩和特征的传统体育活动，其中的"传统"是指历代因循沿袭下来的根本性的模型、模式、准则的总和。构成"传统体育"的两个最为根本和统摄性的特质是民族性和传统性。因为，世界各国的民族大多数有自己的传统体育，既具有一般传统体育的特点，也可以或多或少地呈现其自身鲜明的民族特色。就体育而言，当西方民族体育被中华民族所利用的时候，体育的西方性、民族性等一些价值概念，都可以被忽略；当中华民族体育被其他民族所利用的时候，也会出现同样的情况。

体育社团的类型表现出多样性和复杂性，学术界至今也没有对体育社团的内涵与外延进行较为合理的界定。国家体育总局在 2010 年 2 月出台的《全国性体育社团管理暂行办法》，也没有对体育社团进行明确定义，只是把体育社团涵盖的范围进行了规定，体育社团是指"国家体育总局作为业务主管单位以及由国家体育总局发起成立的协会、学会、研究会、联谊会、基金会等非营利性组织"。[1]本研究认为，体育社团是为了实现一定的体育目的而组织起来的，带有明显的自愿性和体育运动实践性，以非营利性的体育活动为目的，具有共同的行为规范和情感的社会成员的集合体。

体育社团作为群众性体育组织，是体育工作上层单位联系基层和民间的工作纽带。2002 年颁布的《中共中央、国务院关于进一步加强和改进新时期体育工作的意见》指出："要明确政府和社会的事权划分，实行管办分离，把不应由政府行使的职能转移给事业单位、社会团体和中介组织。体育行政部门要把工作重点转移到贯彻国家方针、政策，研究制定体育行业政策和发展规划，依法加强行业管理和提供服务上来——逐步理顺各级体育组织之间的关系，分工合作，形成新时期有利于体育事业发展的组织架构和适应社会主义市场经济要求的运作方式。"这对体育社团改革与发展指明了方向，也提出了要求。但是，在我国由于各种因素的影响，体育社团发展虽然迅速，但"无论在数量上还是质量上，无论是在社会参与度，还是开展体育活动的独立性上，与发达国家相比还有较大的差距"[2]。本研究之所以没有选择体育社团组织作为研究对象，而是选择了

---

① 国家体育总局：《全国性体育社团管理暂行办法》，第一章第四条。
② 卢元镇：《体育社会学》，高等教育出版社 2001 年版，第 116 页。

传统体育社团作为研究对象，是基于以下两种认识：一是在现有政策框架内，体育社团形同虚设，大都以社团名义出现，并非实质性存在。基于对政府的依赖，自主能力脆弱。二是不管是政府主管的体育团体还是民间的体育团体，都表现出复杂性、多样性和多元性的并存，例如一些不合法的（如邪教组织等）社团的存在，多种多样的广场舞、僵尸舞、交谊舞、不科学的各种气功组织等。

传统体育是传统文化的重要组成部分，是与传统社会同步形成和发展的。传统体育是在远古和古代产生、发展并保留较为固定的形制而影响至今的体育及近似的体育活动。随着时代的变迁，它或多或少地会受到不同时代的影响，并产生顺应社会变革的变化。据 1990 年出版的《中华民族传统体育志》统计，我国民族传统体育项目达 977 项，其中 55 个少数民族有 676 项，占全国人口 90% 以上的汉民族有 301 项，共同构筑了民族传统体育文化的灿烂画卷。[①]民族传统体育是中华民族的一个体育运动项目，更是一种民族传统文化现象。在漫长的历史发展过程中，它逐步形成的一整套完善的价值观念、思维方式、处世方法、道德风尚、趣味等社会心理、社会意识及行为习惯。世人推崇民族传统体育，赋予了民族传统体育以相当高的品位，就是因为民族传统体育对人的身心健康具有多方位的社会福利功能。近年来，随着我国社会的发展和城市建设的完善，传统体育社团这一新型的基层民间组织有了一定的发展空间和优势，能够为城市建设起到助推器的作用，也能够在满足弱势人群需求、解决社会问题等方面凸显出自身的优势，为城市治理起到一个重要的参与主体，有效地促进社会和谐发展，特别是为市民搭建娱乐、健身、养生平台发挥着非常重要的功能。时下，"请人吃饭不如请人流汗"的健康观念在城市市民中已开始萌动，武术、气功、民俗类等传统体育社团在城市广场、公园、街道、社区中比比皆是，随着中国社会福利社会化的改革，福利多元化的发展，科学、规范、功能完善的传统体育社团为广大群众所急需。

（二）本研究的基础理论

1. 社会体育学理论

社会体育学理论作为一门具有现代意义上的体育学科，被广泛地运用

---

① 中国体育博物馆：《中华民族传统体育志》，广西民族出版社 1990 年版，第 8 页。

于以"社会性"为核心的体育现象研究当中。自 20 世纪 60 年代开始，人们不再是竞技体育和运动巨星的看客，而是积极参与到体育大家庭中，关于社会体育学的研究也开始兴起，并且出现了社会体育学和体育社会学的学科名称。一般来说，社会体育学是用社会学方法研究体育问题，而体育社会学则是用体育学研究体育中的社会现象。随着社会进入工业时代，社会生产的主导变为以脑力为主的生产方式，伴随着日益激烈的社会竞争、人们高度紧张的精神、越来越趋于理性化的人际关系，"现代病"、"文明病"开始出现，生产力发展，人们闲暇时间也逐步增多。正是在这样的背景下，以强身健体和娱悦身心为宗旨的社会体育学开始蓬勃发展，这也促进了社会体育学研究的加速发展。①国内学者对社会体育学的研究视角大有不同，其中，有的学者从社会体育的起源、发展过程中探讨社会体育的贡献和价值，加深人们对社会体育的认识和重视；有的学者则从文化的视角剖析社会体育，探讨其本身的内涵和对当代社会发展的影响；还有的学者运用比较方法研究国内社会体育的发展，探讨国外社会体育的成功经验，进而建构我国的社会体育发展模型等等。研究成果较多，本研究不再一一列举，这些研究成果为本课题的研究提供了很多有价值的参考意见。

中老年人参与社会体育锻炼，实际上是人们在这一年龄阶段的社会化的具体体现。人是社会的某一个体，具有显著的社会属性和自然属性，其中，前者决定了人的本质属性，也就是说人是社会化的产物。所谓社会化，是指在特定的环境、文化、社会中，个体形成的适应于该社会文化的人格，掌握该社会所公认的行为方式。②个体通过社会化改造，就成为一个符合社会要求的人，进而变成社会的一个角色。目前，随着我国生产力水平的提高，福利制度的社会化，健康福利的社会化深入延伸，人们参与体育锻炼已经形成一种良好的社会风气。深入探讨中老年人参与传统体育社团锻炼后，传统体育社团对影响整个社会资本的培育、社会质量的提升、人们生命质量的提高的功能，进而带动大多数人参与社会体育锻炼，促进人们身体、心理和社会交往的健康，延年益寿，幸福生活，是本研究

---

① 任海等：《国外大众体育》，北京体育大学出版社 2003 年版，第 8 页。

② 时蓉华：《社会心理学》，上海人民出版社 1986 年版，第 7 页。

借用社会体育学理论的研究目的。

2. 福利多元主义理论

20 世纪 70 年代，工业社会进入后现代时期，人口、经济、政治、社会环境起了重要变化，家庭的核心化、严重的失业问题、急剧的经济竞争、大量的政府管理成本以及人口的老龄化等问题日益突出。在这样的背景下，福利国家的弊端，被更清楚地展现出来。社会政策制定中的基本问题变为福利支出和经济增长的矛盾，因此，部分学者把国家福利指责为高成本的原因。在这种背景下，很多学者提出了"福利多元理论"。约翰逊（Johnson N.）系统论述了福利多元主义概念，政府不应该是福利的唯一供给者，政府部门、家庭、社区组织以及社会团体、非营利组织、志愿者组织等都可以提供不同层次的社会福利。① 由此看来，福利供给的主体应该是多元化的，有的可以以政府为主体，有的可以以家庭和社区为主体，而某些福利性的社会化服务可以由非营利组织或志愿者组织承担，从而由不同的福利供给主体架构起多元化的福利供给体系，政府、家庭、社区、非营利组织组合成一个多元的资源供给网络。

随着西方国家对福利多元主义理论的探讨和实践，我国也逐步开始福利多元主义的尝试。2000 年，我国下发了《关于加快实现社会福利社会化意见的通知》，明确提出推进社会福利社会化的福利政策，由国家资助，倡导社会各方面力量积极创办社会福利事业，逐步形成以社区为依托、居家为基础、社会福利机构为补充的发展格局，采用了以国家、集体和个人多渠道投资的办法兴办社会型福利机构。2005 年，民政部发布《关于支持社会力量兴办社会福利机构的意见》，强调发展我国社会福利事业必须建设社会福利社会化，必须广泛动员社会力量多层次、多渠道参与福利事业、兴办福利机构推进社会福利社会化，开展丰富多样的系列化服务支持社会办福利机构的发展。

自此，我国多元福利的服务对象也由孤残人员、城市"三无"人员和农村五保老人等特殊群体扩大到社会的方方面面，诸如生活保障、就业保障、教育福利、安全保障、养老福利、住房福利、健康福利等。其中，健康福利

---

① 陈雅丽：《城市社区服务供给体系及问题解释——以福利多元主义理论为视角》，《理论导刊》2010 年第 2 期。

的需求是人类的基本需求，是人类参与社会生活的要件。生命存续与生命健康是其他一切福利保障的源泉与依据，健康福利是生活质量的根本保障。健康福利观念的培育与养成，健身活动带来的参与、互动以及由此而来的社会资本增加，进而有利于社会中间组织的发育，促进社会良性互动与社会整体和谐。城市传统体育社团的数量和质量伴随着福利多元主义的发展而逐渐发展壮大，随着城市建设的推进，传统体育社团这一新型的基层民间组织有了一定的发展，起到推动城市建设的作用，在满足弱势群体需求、解决社会问题等方面也可凸显出自身的优势，成为城市治理的重要的参与主体之一，有效地促进社会和谐发展，特别是为市民搭建娱乐、健身、养生平台发挥着非常重要的功能。随着中国福利社会化的改革，福利多元化的发展，科学、规范、功能完善的传统体育社团为广大群众所急需。因此，本研究以福利多元主义理论为基础，结合我国的基本国情和城市发展的基本现状，探讨传统体育社团在福利供给中的功能、角色和定位，以及如何进一步发挥社团组织的积极作用，使之为社会发展服务提供理论依据。

3. 社会资本理论

"社会资本"的本义是指组织或个人从社会中取得的资金，最初它只是一个经济学名词，后延伸为政治学、经济学、社会学通用的概念。从目前情况来看，社会资本还没有统一的概念和理论模型，而政治学、经济学、社会学等学科的学者们都有自己分析框架和概念的体系。从社会学的角度和非营利组织研究角度，对社会资本理论概念比较有信服力的是美国学者帕特南所著的《使民主运转起来》，他认为社会资本是指社会组织的某些特征，例如，信任、规范和网络，它们可以促进合作行动，进而提高社会效率；在书本的最后一章还涉及了社会资本的概念及其对制度成功的影响。[①]帕特南后来针对美国社会中的市民生活和社会生活的变化趋势从社会资本的角度进行了分析。关于社会资本，他又有独特的认识："社会资本是指个体之间的关联——社会网络、互惠性规范和由此产生的可信任性"[②]；"正如货币比物物交换更有效一样，一个以普遍互惠性为特征的社

---

① ［美］帕特南：《使民主运转起来》，王列、赖海榕译，江西人民出版社 2001 年版。

② Putnam, Robert, *Bowling Alone: The Collapse and Revival of American Community*, N. Y. Simon & Schuster, 2000, p. 19.

会比一个无诚信的社会更有效"①。社会资本作为"共有产物",它有积极的结果,当然也有消极的结果。帕特南虽然也谈到了社会资本的一点不良结果问题,但总的来说,他强调的是社会资本的积极方面。他甚至认为,凡社会资本都是好的,这显然有失偏颇,因此,他的著作一问世,就引起了人们的激烈争论。林聚任等在《社会信任和社会资本重建——当前乡村社会关系研究》中,分析了信任、互惠规范以及网络等作用及其相互之间的关系,他认为,社会资本的组成不能缺少信任,它是具有高度生产性的社会资本,也正是在这样的社会资本范畴下,才使遵守规范的社会公民共同体能够解决他们的集体行动问题;他还表示,在一个拥有大量社会资本存量的社群中,社会资本的质量和数量同公民的福祉和社会的健康有很大关系,生活和工作更为容易。②

近年来,社会关系的研究已成一个重要的理论课题。市场经济的发展、制度的缺失、传统伦理道德的失效,都成为制约社会关系发展的根源。信任危机极大地侵蚀着人与人的交往,危害着社会关系的发展。如何培育社会资本,发展社会关系,建立良好的社会秩序,对社会信任的研究成了近年来最热点的话题之一。社会资本理论,给我们认识传统体育社团、理解传统体育社团及其社会问题提供了一个新的视角,在社会学理论处于不断分化和重新综合的当今社会,用社会资本的理论视角去审视传统体育社团的当代功能,无疑是一种行之有效的方法。

四 创新之处

总体看来,本研究的创新点主要有三个方面:(1)选题方面,与以往关于传统体育社团功能的研究不同,本研究把传统体育社团的福利功能看成福利多元化的重要组成部分,从大福利的视角来看待传统体育社团的现实意义,有一定的新意;(2)分析框架方面,将生命质量、社会质量、社会资本等概念作为大福利概念的重要内涵,分别从个体微观层面、社会宏观层面和个体—社会的关系层面阐释传统体育社团的福利功能,为传统

---

① Putnam, Robert, *Bowling Alone: The Collapse and Revival of American Community*, N. Y. Simon & Schuster, 2000, p. 19.

② 林聚任等:《社会信任和社会资本重建——当前乡村社会关系研究》,山东人民出版社2007年版,第33—35页。

体育社团的功能研究建立了一个较为清晰的分析框架；（3）研究方法方面。使用问卷调查定量研究方法考察传统体育社团的福利功能，同时采用质性研究方法对典型社团个案进行深入的访谈和调研，以考察传统体育社团福利功能发挥的作用机制，能将定量研究方法和质性研究方法较好地运用于一项研究之中。

第二章　传统体育和传统体育社团的
社会福利功能

　　福利与福利功能内含式孕育于体育与体育社团之内，自古使然。时至今日，体育和体育社团组织在增强民族体质、增进社会参与等方面正发挥着日益重要、基础性的作用。推广体育运动并促进体育社团的建立与健康、可持续是我国政府体育公共服务的应有之义，也是政府体育福利服务职能的最大化的重要保障和强化手段。

　　文化是民族的灵魂，世界上每一个国家、每一个民族都有属于自己的文化形态与文化个性。传统体育是中华民族的一个体育运动项目，更是一种传统文化现象。在漫长的历史发展过程中，它逐步形成了一整套完善的思维方式、价值观念、道德风尚、处世方法、趣味等社会意识、社会心理及行为习惯。世人推崇传统体育，赋予了传统体育以相当高的品位，就是因为传统体育对人的身心健康具有多方位的社会福利功能。现阶段，我国正在从"体育大国"向"体育强国"迈进，从某种意义上来说，只有真正实现了传统体育公共服务的福利功能，才能真正实现国家的体育强国梦。与此同时，传统体育的发展主要体现在传统体育社团的壮大和繁荣之中。传统体育是以体育社团的形式进入社会生活中来的。而且，传统体育的社会功能也正是通过社团的形式才得以充分发挥出来。所以，本章的两个部分主要在厘清传统体育和传统体育社团两个核心概念的基础上，分别考察传统体育的社会福利功能和传统体育社团的社会福利功能，从而在总体脉络上确定传统体育社团的社会福利功能。

第一节　传统体育的社会福利功能

　　传统体育活动自身兼具强身健体、娱悦身心的功能。科学的体育健身活动有助于增强体质、预防疾病、延缓衰老，还可以丰富人的闲暇生活，开阔心境、增加人的精神满足感。传统体育是一项极富中国文化传统的传承。有效的传统体育活动与组织，可以起到传承传统体育文化、加强民族文化自信，提高民族文化自觉的作用，有助于化解不良情绪，促进社会的和谐与进步。

在经济全球化、市场化以及科学技术迅猛发展的今天，各国政府面临治理环境更加复杂，国家的内外矛盾更加尖锐，社会公共事务更加纷繁复杂等问题，完全由政府来承担的社会福利供给已不现实。而近几十年来，随着福利多元化组织在环境保护、权益维护、扶贫发展、全民健身等方面的介入，许多国家政府已将分担社会福利供给的目光转向福利多元化组织。实践也证明，福利多元化组织在社会福利领域的介入，有效地缓解了政府在社会福利体系中的压力，为社会福利增加了更多的获得途径，获得了更多可利用的社会资源，有力地推动了各国社会福利体系的发展和完善。社会福利服务职能包括推进公共基础设施的投入与建设，加强法制建设与提高服务水平，加大对教育、医疗、科技、体育、公共文化、环境保护等公共投入与保障力度。

一　传统体育社会福利功能的含义和类型

（一）传统体育

传统体育是传统文化的组成部分，是与传统社会同步形成和发展的。传统体育是在远古和古代产生、发展并保留较为固定的形制而影响至今的体育及近似的体育活动。随着时代的变迁，它或多或少地会受到不同时代的影响，并产生顺应社会变革的变化。对"什么是传统体育"的回答，迄今仍没有一个统一的权威定义。笔者认为，传统体育是指中国各民族在其历史文化发展过程中，以汉族文化为主体，融合多种民族文化，具有各民族浓厚文化色彩和特征的传统养生、健身、竞技和娱乐体育活动的总称。它是相对于外民族传入的、现代新兴的体育运动项目而言的。

据1990年出版的《中华民族传统体育志》统计，我国传统体育项目达977项，其中55个少数民族有676项，占全国人口90%以上的汉民族

有 301 项，共同构筑了传统体育文化的灿烂画卷。①新中国成立后，1953
年第一次举办了全国民族形式体育表演及竞赛传统体育形式大会，反映出
我国传统体育在国家重视下，得到较快的继承与发展。在经济全球化的新
时期，探讨传统体育新时期的社会福利功能，对于我国的传统文化建设和
传统体育的发展将会具有积极意义。

（二）传统体育社会福利

所谓福利，在常规的意义上指政府在个人和家庭收入、卫生健
康、住房、教育、养老和就业培训以及公共服务等领域内的行为，它
包括了国家、社会、企业、社区、家庭和个人提供的福利政策。②中国
是一个经济高速发展的社会主义国家，在社会福利体制的建设过程
中，中国需要建设服务性的政府，把政府的部分职能转移；同时需要
培育公民意识和建设社会组织，提供专业的服务，需要更多的社会资
源投入社会服务以保证服务的有效和节约。因此，本研究的传统体育
社会福利的内涵有广义和狭义两方面的含义，广义的传统体育社会福
利是指国家和社会通过社会化的福利设施条件以及有关的福利津贴，
来满足人们从事传统体育活动锻炼的需要并促进其生活质量不断改善
或提高的一种社会政策。狭义的传统体育社会福利是指发挥传统体育
自身的特色、功能与特点，由社会组织部门来提供人们所需的、大众
性的身体或精神上的传统体育公共服务。综上所述，传统体育社会福
利主要体现在以下几个方面：（1）身体福利：通过开展丰富多彩的传
统体育活动，能够使人们增强体质、预防疾病、延缓衰老、增进身心
健康等。（2）精神福利：丰富现代人的闲暇生活，增加人们的精神满
足感和民族认同感；（3）物质福利：通过传统体育运动，带动相关产
业的发展；（4）教育福利：组织人们对传统体育文化的学习和传承，
提高文化自觉，加强文化自信，来建立中华民族的主体意识；（5）社
会福利：通过传统体育锻炼，化解社会中的不良情绪，促进和谐社会
的发展与进步（见表2—1）。

---

① 中国体育博物馆：《中华民族传统体育志》，广西民族出版社 1990 年版。
② 陈银娥：《社会福利》，中国人民大学出版社 2004 年版，第 189—208 页。

表 2—1   传统体育社会福利分类一览表

福利类别	福利形式	福利内容
身体福利	促进全民健身	提高全民综合素质 广泛的适应性
精神福利	建设文明社会	丰富闲暇生活 实现精神慰藉 化解不良情绪 建立现代人的主体意识
物质福利	改善生活状况	丰富物质生活 自身产业化发展
教育福利	民族情感教育	弘扬民族文化 培育民族精神
社会福利	构建和谐社会	促进社会和谐发展 引导大众文化生活

二 传统体育的社会福利功能

（一）传统体育的社会福利功能——促进全民健身

1. 提高全民综合素质

传统体育的健身养生功效是现代竞技体育不能代替的。传统体育项目是以身体为中心的活动内容，它对身体素质的提高主要表现在能和自己的身体融合，通过感触，使全身各肢体参与运动，起到锻炼心肺功能的目的，并且能提高身体的柔韧性和轻盈性。此外，通过一些传统体育项目的锻炼还可以培养身体器官良好的感知能力，从而达到娱悦身心的目的。有研究显示：长期坚持传统体育活动的人群比不参与任何运动的人群神经和内脏器官的功能更为运转良好……通过锻炼，达到增强体质、预防疾病、延缓衰老、增进身心健康的目的……既对中枢神经起到了良好的调节作用，也促进了其他系统和器官功能的有效改善……对心脑功能状态也有一定程度的改善作用，长期练习者的高血脂的发病率显著降低……能改善人们的情绪、睡眠、性格以及促进记忆力，心脏功能和代谢功能的提高，有显著的抗衰老效果。①中国特色的养生、气功和导引，其健身效果也非常显著。由于传统体育强调以健身为主，以增强体质、强身健体、益寿延年为最终目的，所以其训练方法讲究精、气、神相互平衡，动、静结合，快、慢相兼，运动量适中。

2. 广泛的适应性

我国传统体育经历长达数千年的发展，其历史悠久、内容丰富、方式多样、开展广泛，适合不同年龄、不同性别、不同地域的人们进行体育锻炼。与我国不同时期体育发展的整体特点相适应，传统体育的广泛的适应性一直显得较为突出。一是因为传统体育基本的特征和健身功能具有一定的稳定性，就使它被越来越多的群众所认知、接受和参与，并得以广泛传播和长久传承下来，形成了相当稳定的群众基础。二是传统体育健身的特点和人们的生活、生产有着密切的关系，客观上使群众自然而然地去接受它、适应它。三是传统体育项目几乎都是"土生土长"的运动形式。其活动方式简便易行，老少皆宜，功效显著。因而，与我国现阶段人民经济文化水平的发展是相适应的，并具有广泛的群众性。

（二）传统体育的精神福利功能——建设文明社会

1. 丰富闲暇生活

进入休闲时代，人们选择休闲项目进行休闲，不仅是要度过自由时间，更重要的是通过它人们可以有价值地使用自由时间去完善人的生命过程，提高人的生命质量，成为真正心智健全、人格完善、热爱工作、热爱学习和热爱生活的人。②闲暇时间是人的生命中的重要部分，也是生活满意感的一个重要来源。随着我国各族人民生活水平的不断提高，人们的闲暇时间越来越多，具有健身娱乐性的传统体育项目受到群众的追捧。娱乐总是要伴随着休闲和游戏，伴随着对人们越来越多的余暇时间的占用，其主要价值主要满足人们的生理和心理的需求，使人们在闲暇中达到一种新的身心平衡。传统体育的娱乐性表现在以闲暇消遣、健身娱乐为主要目的，它的这种目的迎合了大众的需求，与现代体育相比较，传统体育更偏

---

① 田祖国：《新农村建设中民族传统体育的功能、价值及运用》，《南京体育学院学报》2010年第4期。

② 李茜：《休闲娱乐类民族传统体育的基本范畴及其特征》，《北京体育大学学报》2008年第4期。

重娱乐性和随意性，是在人类生存和生产之外获取快乐的非功利性活动，把体育融汇于宗教礼仪、生产劳动、欢度节日、喜庆丰收之中，同民族舞蹈、音乐相联系，来宣泄自我内心的情感，充分体现出传统体育的娱乐性。[①]人们在欢快的民族体育活动中，沐浴民族文化的熏陶，享受体育的欢愉，感受人类生活的美好。这些体育活动不单使参与者感到其乐无穷，也给众多观者带来欢声笑语。因此，带有极大趣味性的传统体育项目将成为各民族文化生活中的重要内容，它将给各族人民的闲暇生活带来更多的欢乐与幸福。

2. 实现精神慰藉

我国人口老龄化已进入快速发展期，预计到"十二五"末，全国老年人口将达到 2.21 亿，65 岁以上空巢老人将超过 5100 万。对一个社会来讲，老年人老有所依、老有所养、老有所乐，是社会和谐、百姓安康的重要体现。随着我国社会保障制度的逐步健全，以及人们对养老问题的日渐重视，老年人"老有所依"与"老有所养"的问题已逐步得到解决，但"老有所乐"的问题依然突出，不但给老年人自身带来诸多困扰，也影响着许多家庭的和睦与安宁。比如有些老年人，因缺乏必要的兴趣爱好，精神寄托单一，尤其是一些老年人，把子女当成唯一的精神寄托，对子女过度关注、过分依赖、过高要求，不但给自己带来种种烦恼也给子女带来巨大压力，引发各种家庭矛盾，迫使老年人需要更多的精神慰藉，同时，他们又有着延年益寿的向往，必然使得人们参加体育锻炼，现代竞技体育项目竞技性太强，老年人很难参与进来，传统体育项目众多，可以根据自己的身体状况进行选择，比如太极拳、健身气功等有着动作缓慢、心静体松、柔缓自然、连绵不断、动静结合、着重自我控制和意气诱导的项目特点。另外，现代医学已证明，经常练习太极拳、健身气功可以有效改善人体呼吸、循环、运动、消化系统和内分泌、生殖、泌尿系统，使人体内部环境协调。所以，在传统体育众多项目中既能够找到适合各种人群的项目，同时又能丰富人们的精神生活。

3. 化解不良情绪

心理健康是指个体对社会的适应能力、自我处理各种问题的能力及调

①　刘旺才：《21 世纪中华民族传统体育的价值取向》，《西北师范大学学报》（自然科学版）2009 年第 4 期。

整自我心态的能力。这一切的提高和完善，有赖于经常的社会实践。随着现代社会的工作环境，自动化程度越来越高，信息化趋势越来越猛，脑力化发展越来越快，白领化阶层越来越多，因此对人的精神压力越来越大。现在，由于精神性疲劳积累引发的心理疾病等问题越来越突出、越来越严重、越来越尖锐，已经引起世界各国专家学者的广泛关注。[①]传统体育具有群众性、简易性、健身性、娱乐性、经济性，并已成为新时期我国城乡居民体育锻炼的主要项目。我国历史上盛行的体育项目众多，涉及领域广泛。例如，一直受大众喜爱的太极拳，它是由技击演化而来，集武术与导引于一身，集健身与修养于一身，蕴含了中国哲学阴阳合一、动静合一、形神合一等许多重要理念。因此，中国传统体育大多蕴含着丰富的人文内涵，是以身体练习为内容，要求身心并重，通过全身各肢体运动，达到强身健体、消除孤独与寂寞、拓宽社会交往、增进相互情感交流，使人容易产生积极向上、乐观开朗的心理状态，最终达到益寿延年的目的。

4．建立现代人的主体意识

主体意识是指人对自身的主体地位、主体能力和主体价值的自觉意识，以及在此基础上对外部世界和人自身自觉认识和改造的意识。[②]它是主体对自己生命活动的自觉认识和自由支配的能力，即人全面占有自己的本质，实现自由发展的能力；是实践主体活力的源泉，是实现人与自然、社会的和谐，推动社会向前发展的重要保证。传统体育是我国五千年历史文化的载体，各族人民在长期的生产斗争和生活实践中经过不断地发展与提炼，形成了武术、射术、赛马、拔河、象棋等一系列传统体育项目。如以武术为经典代表的传统体育项目，其"技缘形生、法依攻防、内外合一、相反相成"等指导武术实践的共性规律，让人们在把握武术动作特征、实现身体锻炼的同时，更领略到中国道德理性及和谐统一的和合精神。[③]另外，通过对传统体育项目文化内涵的感悟，可以建立人们自信、自立、自强、自养等品格，同时对形成终身体育起到潜移默化的效果。

① 李明：《闲暇时间与健康体育》，《南京体育学院学报》2002年第2期。

② 张建云：《主体意识与人的全面发展》，《中共四川省委省级机关党校学报》2002年第4期。

③ 贺翀：《论物质生活的价值尺度》，《中国人民大学学报》1999年第3期。

（三）传统体育的物质福利功能——改善生活状况

1. 丰富物质生活

物质生活是相对于精神生活而言的，物质生活条件指的是人类赖以存在和发展的物质要素的总和。它包括地理环境、人口和物质资料的生产方式三个方面。传统体育的发展，尤其是随着全国旅游业的发展，具有民族特色的体育活动吸引着游客的眼光，五彩缤纷的地域风采令游客流连忘返，享受自然的馈赠。传统体育中包含物质层面的传统运动项目的运动器械、服饰、壁画、出土文物等。为推进全民健身计划，我国政府与各级体育部门高度重视体育设备的投入建设，目前，我国城市社区内，农村文化大院及企事业单位、部队、学校等都建有相应的配套器材，方便人们在闲暇时间进行体育锻炼。随着人们美学观念的提升，传统体育项目中不断融入新的视点因素，人们不再满足于穿着普通的运动服饰进行传统的体育项目锻炼，而追求与传统体育项目文化内涵相符的服饰。传统体育项目，如舞龙舞狮、龙舟竞渡等，文化气息浓厚的布龙、布狮与风格独特的龙舟装扮，人们在日常的生活中是很少欣赏到的，在喜庆的节日、活动中，这些传统体育项目丰富了人们的物质生活。

2. 自身产业化发展

传统体育的经济价值是商品经济社会对体育资源进行开发，以适应经济发展而获取经济效益的产物。现阶段，我国体育产业刚刚起步，虽然近年来有了较大的发展，但存在地域上发展不平衡的现状。然而，长年流传于人民日常生活中的传统体育，深受广大群众喜爱，有着广泛的群众消费基础，加之体育投入少、价值低，在目前的经济水平下，符合大众的消费能力，因此实现体育产业化是完全可能的，但仅凭政府支持远远不够，"以武养武"的产业化发展才是其长久战略之计。传统体育在当前市场经济体制下，实施自身产业化发展已成为必经之路，由于其更注重圆融、和谐以及内省的精神，故缺乏急功近利的物质性，与竞争激烈的现代商业有些格格不入，大多举步维艰。然而，传统体育所蕴含的这种"轻物重道"的古典哲学思想，也恰恰是当今社会所最亟须发扬的。

随着我国市场经济体制的建立和逐步完善，它给社会带来的经济产出，远远大于社会对它的经济投入。传统体育可以实行多种产业化市场形式，如传统体育文化产业市场、传统体育技术产业市场、传统体育用品产业市场、传统体育人才市场、传统体育影视生产市场等。这些市场的逐步开发和完善，将会对传统体育经济价值的实现提供市场保证。同时，将影响到直接参与其中的经营者和消费者，对其生活起到潜移默化的影响。

（四）传统体育的教育福利功能——民族情感教育

1. 弘扬民族文化

民族的生存和发展需要内部具有某些共同的文化模式、行为规范，增强群众的凝聚，强化群体内成员的民族意识。而一个民族独立存在的象征是这个民族的传统文化。传统体育是民族文化的有机载体，民族语言、民族性格、风俗习惯、生活方式、宗教信仰等决定了传统体育的特殊性和重要性，它是民族精神的象征，是我国一笔宝贵的历史文化遗产。如中国武术，它是对战争技术总结后归纳出的体育项目，该项目将战争中的技术成分加以提炼，经过长期的中华民族文化熏陶，演化出一种既有技击意识、健身观赏性质，更具有东方哲理内涵的体育项目，它充分表现出中华民族文化的独有特质。

为凝聚民心，弘扬民族文化，培养民族认同感显得十分紧迫和重要。在民族认同中首先是血缘认同和民族认同，一种文化体系以民族为载体，民族又以文化为聚合体。传统体育项目来源于各民族最朴实的生活实践，在一定地域内广为流传，根植于各民族的基层文化，更有利于被各民族人民认同并实践。[①]传统体育项目中如角力、摔跤、双人拉绳、拔河等体育项目反映在生产劳动之余的娱乐，喜庆丰收的场景，再如赛跑、拼刺、搬石等反映了不怕强暴，与大自然搏斗的场面，这些体育项目联系实际，容易激发少数民族人民的民族自豪感和爱国主义热情，使传统体育得到更好的继承和弘扬，弘扬传统体育，既是一种理性的精神，同时也是社会发展的需要。

2. 培育民族精神

中华民族精神的重要组成部分之一是爱国主义，爱国主义是中华民族的优良传统。数千年来，爱国主义民族精神塑造着中华儿女的道德情操。武术是传统体育的重要一支，在中华武术发展史上，有无数武技高超的人和普通习武者，他们习武的目的都是以国家和民族的利益为首要目标，在

---

① 尹海立等：《民族传统体育的困境与出路》，人民体育出版社2012年版。

国家和民族危急之际，不顾个人生死，挺身而出，捍卫民族的独立和国家的完整。明朝抗倭英雄戚继光和以勇武闻名天下的少林寺僧，为了抵抗倭寇的侵略，刻苦研习武艺，严惩了倭寇，使民族精神大振。这些振奋人心的爱国主义精神延续至今，成为激发当代人爱国情怀的催化剂。由此可见，中国武术已经超越了技击价值，对塑造中华民族的爱国主义精神起着重要作用。

认同感与集体主义精神是使人们聚合在一起的重要情感，是一种使其成员对某些人比另一些人感到更亲近的情感。[①]传统体育活动具有悠久的历史和丰厚的文化底蕴，加之地域性和民族性等基本特性，使其成为培养民族认同感和集体主义精神的有效形式。传统体育活动起着使本群体、本民族认同并体现着集体主义精神的作用，以此增强内部的亲近感。许多民族的人都从孩提时代开始进行传统体育锻炼，通过体育活动增强民族认同感，培养本民族的集体主义精神。我国种类繁多的传统体育活动是各民族群众广泛参加的活动。传统体育运动能长期得以保存，就是民族认同感和集体主义精神的直接体现。如"那达慕"古往今来能将蒙古牧民团结起来，进行感情交流，商贸交往，不但凝聚着蒙古民族的共同心理，也体现了民族精神。

（五）传统体育的社会福利功能——构建和谐社会

1. 促进社会和谐发展

和谐社会是人们所追求的理想的社会目标，无数仁人志士为社会的和谐发展作出了巨大的贡献。然而，构建社会主义和谐社会是一项艰巨复杂的系统工程，需要全党全社会长期坚持不懈地努力。传统体育作为现代社会中一种积极、文明、健康的社会生活方式正以其独特的魅力吸引着人们的注意。传统体育的"强身健体、娱悦身心功能"能促进人身体健康和谐发展，而"促进政治、经济、社会交往的功能"可促进人与社会的协调发展，其社会交往功能对改善人际关系具有重要意义，同时它"源于生产劳动，因地制宜的特点"促进了人与自然的协调发展，这些因素都促使传统体育成为社会走向和谐、走向现代化的一支重要的推动力量。

我国是一个统一的多民族国家，各民族共同团结奋斗、共同繁荣发展，巩固和发展平等、团结、互助的社会主义民族关系是民族工作的重点，而各民族共同繁荣发展是构建社会主义和谐社会的重要内容。传统体育是一种传承的民族文化形式，它深深地扎根于各民族的文化土壤中，并在传承的过程中对促进民族生产的发展、文化的繁荣、民族的团结和兴旺起着重要的作用，深刻体现着自身的文化价值。随着人类社会的进步以及现代体育的发展，传统体育自身的特征及其与其他各种社会现象之间的关系也在不断被认识开发，这些联系会产生各种社会效益。发展传统体育有利于丰富和发展传统文化，有利于巩固和发展平等、团结、互助的民族关系，是构建社会主义和谐社会的重要内容和举措。

2. 引导大众文化生活

传统体育在长期的历史长河中演变出众多的项目，目前许多被挖掘、整理出来的传统体育项目，如黎族的跳竹竿、高山族的竿球、景颇族的刀术、苗族的狮子上金山等，把竞技、舞蹈、娱乐、体育融为一体，既有娱乐健身的作用，又有艺术欣赏的价值。再如，摔跤、射箭、拔河、滑冰等许多少数民族传统体育活动都发展演变为现代体育项目。可以说，少数民族传统体育活动是近现代一些体育运动项目形成和发展的源泉。如此之多的传统体育项目源于人们的生活实践，与人们的日常生活息息相关，在人们工作、农忙之余，这些体育项目便成为人们自娱自乐的选择，丰富人们的生活。在社会文明进步的过程中，传统体育还可以改善人们的思想观念，摒弃不适应社会发展的传统习俗。事实证明，传统体育在任何时候只有保持科学健身的宗旨，才能抵制各种带有封建迷信色彩的所谓"功夫"，引导人们用高尚的、健康的体育活动充实业余生活，用科学的、传统的体育手段占领全民健身的阵地，从而使这种良好的体育行为产生应有的社会效益，对体育的社会化起到了促进作用。

针对以上论述，我们不难辨别出传统体育的社会福利功能，以及它在社会福利多元体系中的重要地位，面对我国社会福利以及传统体育发展的现状，我们应当尽快建立健全社会福利服务体系和制度，加大传统体育的队伍建设，加强专业化、职业化传统体育工作者队伍的素质建设，最终更好地服务于社会。传统体育社会福利体系的建立和发展势必会在我们社会福利多元供给格局中占有重要的位置，并为广大传统体育锻炼者福利需要的满足做出难以替代的贡献，为构建和谐社会贡献力量。当然，笔者在此主要是利用文献和理论分析方法逻辑地推导出传统体育社会福利功能，至于实证性的研究，有待相关研究领域的专家、学者与笔者进一步研究。

第二节 传统体育社团的社会福利功能

21 世纪以来，民间组织（志愿者组织）被视作国家、市场、家庭福利三角之外社会福利提供的稳定一极，被称为"第四部门"。约翰逊（Johnson，1987；1999）改进了罗斯（Rose，1986）的福利提供的多元组合理论，指出志愿部门已经成为现代社会福利提供稳定的一极，同家庭、市场和国家一样提供社会福利。志愿者组织（民间组织）在福利需求日趋多元化、复杂化的今天，其成员自助、组织互助、社区参与等方面的作用日益凸显，发挥着越来越重要的作用。从既有资料及调查结果来看，我国传统体育社团虽在政府引导、市场运作上有了不小的突破，但其组织目标本质而言仍属于志愿者组织（民间组织）性质，满足成员强身健体，并进而达成成员的自助、互助，促进社区参与是其基本的组织活动目标。

体育社团是种类多、范围广，参与人群最多、自主参与意愿最强的社团组织形式，具有明显的福利催化作用。这其中，传统体育社团又因其传承性、相对规范性与较好的可持续性在强身健体等生活质量提升以及提高社会参与、培育社会资本等福利催化机制上表现更为突出。从"大福利"角度来看，传统体育社团在微观、宏观和中观层面都发挥着重要的社会福利功能。具体而言，在微观福利层面，可提高参与者的生命质量；在宏观福利层面，能明显提升社会质量；在中观福利层面，有助于培育现代社会资本，促进个人与社会的良好互动。

一 传统体育社团与社会福利

体育社团是社会组织的一种重要形式，是以体育运动为主要目的和内容的社会组织，内容复杂，形式多样，其中最普遍、与人们日常生活紧密相关的是各种传统体育社团。传统体育社团是为了开展传统体育活动，满足群众健康、娱乐和社交等多种需要而由公共部门设立或者自主成立的体育组织，如钓鱼协会、老年人体育协会、八卦掌协会、冬泳协会、太极拳协会等。除了传统体育社团之外，体育社团还包括竞技体育社团、体育科学学术社团、体育观众社团等，不在本研究的讨论范围之内。

近些年来，随着各类传统体育社团的兴起，其社会功能引起学界广泛关注。国内方面，卢元镇最早指出传统体育社团不但在社会整体方面有促进公民政治参与，辅助社会管理之功能，还能帮助个体维护自身权益，促进成员自我发展，他写道："发展成员在体育知识、技术、技能等方面的素质，表达成员的情感、能力。为成员寻求体育机会，以获得社会承认，实现自我，这是社团的主要功能之一。"[①] 周进国等人也从宏观层面着眼，指出传统体育社团能培育"建立在信任、规范、认知基础上的社会关系网络"，能增强社会公信力，帮助政府部门获取有效信息，提高管理效率。[②] 有学者研究了澳门体育社团的社会功能，从社会系统论的角度指出传统体育社团起到了凝聚组织功能，目标指向功能，行为规范功能，文化传递功能，对社会整体发挥积极作用。目前为止，就国内研究而言，绝大多数学者都支持包括传统体育社团在内的民间体育社团，在社会生活中发挥着显著的积极作用这一基本观点，即民间体育社团在微观层面能帮助参与者促进健康，培养爱好，丰富生活，在宏观上促进社会文明，稳定社会秩序。[③] 国外方面，民间体育社团一类的社会组织参与社会管理是"有限政府"治理模式中比较普遍的做法，源于西方的共治（co - governance）理论传统，以"共同制定"和"伙伴关系"为特征。[④] 普特南对意大利民间团体的研究指出，公民参与民间社团（包括民间体育社团）培育了规范意识，促进了社会交往和信息沟通，并且形成了强烈的规则意识，推动了公众之间的普遍信任，为国家的民主政治奠定了民间基础。[⑤] 此后各国的实证研究都发现了类似的结论。如德莱尼（Delaney）和基尼（Keaney）对欧洲的研究发现，一个地区人口中的体育俱乐部成员比重与

① 卢元镇：《论中国体育社团》，《北京体育大学学报》1996 年第 1 期。

② 周进国、周爱光：《体育社团社会资本的概念与功能》，《体育学刊》2015 年第 1 期。

③ 刘次琴、金育强：《市场经济条件下我国行业体育协会发展研究》，《北京体育大学学报》2007 年第 4 期。

④ Kooiman Jan, *Governing as Governance*, London: Sage, 2003, p. 13.

⑤ Putnam, Robert D., The Prosperous Community: Social Capital and Public Life, *American Prospect*, 1993, Vol. 13, No. 13, 1993.

该地区的社会信任度之间存在正向的线性相关①。此外，伯内特（Bur-
nett）在南非的调查②，塞佩尔（Seippel）在挪威的调查③，阿什利
（Atherley）在澳大利亚的调查④，哈维（Harvey）在加拿大的调查⑤，多
尔基（Doherty）和密申纳（Misener）在英国的调查⑥，纳姆累托（Nu-
merato）在捷克和斯洛伐克的调查⑦，以及布朗（Brown）对澳大利亚和
俄罗斯民间体育社团的研究⑧，均发现民间体育社团在提高居民的信任水
平和互惠水平、增强社区凝聚力和社区融合、提高公民的公共参与程度、
拓展社会网络、培育社会资本等方面存在积极影响。但国外也有一些研究
指出，民间体育社团较容易受到与宗教、种族、性别、阶级和地域等有关
的价值因素影响，导致社会排斥⑨⑩。可见，国外关于民间体育社团社会
功能的研究还存在不少分歧。纵观国内外研究发现，这些研究都未专门对
民间体育社团进行深入的系统的功能分析，或者将其系统地纳入某一概念
体系中加以论述。

　　本文将民间体育社团（主要是传统体育社团）的社会功能放在"大
福利"视野下进行分析和考察，试图系统地解释和认识其社会功能。"大

---

① Delaney L. , Keaney E. , *Sport and Social Capital in The United Kingdom*: *Statistical Evidence from National and International Survey Data*, London: IPPR, 2005, p. 15.

② Burnett, Building Social Capital Through An Active Community Club, *International Review for the Sociology of Sport*, Vol. 41, No. 1, 2006.

③ Seippel, Sport and Social Capital, *Acta Sociologica*, Vol. 49, No. 2, 2006.

④ Atherley K. , *The Social Geography of Sport in Small Western Australian Rural Communities*: *A Case Study of Brookton and Pingelly*, 1947 – 2003, Unpublished B. Sc. (Honours) Thesis, The University of Western Australia, Perth, 2006.

⑤ Harvey J. , Levesque M. , Donnelly P. , Sport Volunteerism and Social Capital, *Sociology of Sport Journal*, Vol. 24, No. 2, 2007.

⑥ Doherty A. , Misener K. , *Community Sport Networks*, Oxford: Elsevier, 2008, pp. 113 – 141.

⑦ Numerato D. Czech, Sport Governing Bodies and Social Capital, *International Review for the Sociology of Sport*, Vol. 43, No. 1, 2008.

⑧ Brown, Sport, Civil Society and Social Integration, *Journal of Civil Society*, Vol. 1, No. 1, 2008.

⑨ Tonts M. , Competitive Sport and Social Capital in Rural Australia, *Journal of Rural Studies*, Vol. 21, No. 1, 2005.

⑩ Smith J. , Ingham A. , on the Waterfront: Retrospectives on the Relationship between Sport and Communities , *Sociology of Sport Journal*, Vol. 20, No. 1, 2003.

福利"是一种普遍福利视角，具有内容丰富、主体多元、对象广泛、方式多样的特点，具有四层含义：以全体社会成员为对象；以社会成员的基本福利需求为本；通过多元主体共同提供资源支持；包括社会救助、社会保险、公共福利和社会互助等供给方式。① 在"大福利"视角下，社会福利不再是经济发展的负担，而是促进和保证经济、社会持续健康的发展动力之一。② 所以，用"大福利"眼光来看待社会组织和社会现象，将其纳入福利体系中来加以认识，重视和支持其福利功能的发挥，就突破了以往的福利概念在福利对象、福利内容、福利主体和福利方式等方面的局限。

当前遍布街头巷尾，为群众喜闻乐见的传统体育社团，如太极拳俱乐部、秧歌队、毽子协会等，其对象面向全体社会成员，不分男女，老少皆宜，没有阶层限制；其内容满足了人们的基本需求，包括健康和生活质量等方面；其性质属于社会中最普遍的第三部门，可以作为一种福利主体；其方式具有公共福利和社会互助的性质。可见，传统体育社团的社会功能基本上包含着"大福利"概念的全部内涵。所以"大福利"概念为我们分析传统体育社团提供了一个清晰的分析框架，帮助我们从微观福利、宏观福利和中观福利三个不同层面讨论传统体育社团的社会功能。

二　传统体育社团福利功能的理论分析框架

从内涵来讲，"大福利"概念在对象、主体、方式、内容等方面具有全面性和广泛性，从功能来看，"大福利"涉及微观福利、中观福利和宏观福利三个层面，即分别指向个体、关系（个体—社会）、社会整体三个层面的福利功能：对个体的微观福利，对促进个人—社会之间关系的中观福利，以及社会的宏观福利，分别涉及社会福利的生活质量维度、社会质量维度和社会资本维度，从而构成了传统体育社团社会福利功能的基本分析框架。

（一）微观社会福利：生活质量维度

生活质量（Quality of life）又称为生存质量或生命质量，是综合评价

_____

① 景天魁、毕天云：《从小福利迈向大福利：中国特色福利制度的新阶段》，《理论前沿》2009 年第 1 期。

② 毕天云：《论大福利视阈下我国社会福利体系的整合》，《学习与实践》2012 年第 2 期。

人们生活水平的指标体系，体现了社会福利在微观个体层面的水平。生活质量概念提出之初，社会福利基本等同于个人在经济上的富裕程度，后随着福利概念的不断演进，生活质量概念的含义也发生了变化。大约到 20世纪 60 年代末，生活质量概念已经转变为多维度的、被普遍认可的、用来界定社会福利水平的重要分析指标，既包含社会福利的经济内涵，还包含个人的健康状况、所处的环境状况和社会关系状况等非经济要素。① 与此同时，生活质量概念的外延也从客观福利领域延伸到主观福利领域，不仅是指个体所面临的工作条件、生活条件、健康状况和社会关系状况等方面，还包括个体的需求被满足的程度，"生活满意度"或者"主观幸福感"等。② 20 世纪 70 年代之后，关于生活质量的认识开始偏重主观层面的生活质量。例如世界卫生组织指出，生活质量包括个体生理、心理、社会功能及其物质状态四个方面，是"不同文化和价值体系中的个体对于他们的目标、期望、标准以及所关心的事情、有关生存状况的体验"③。国内关于生活质量的研究始于 20 世纪 80 年代中期，最初主要集中在社会学和经济学关于生活质量指标体系构建、居民生活质量调查和人口生命质量的实证分析等方面。④ 在这一时期，林南将美国学界关注主观生活质量的研究视角用于国内研究，生活质量研究也随之转向了主观幸福感和生活满意度方面。⑤ 林南和他的团队在天津和上海两地进行的调查发现，客观方面的家庭生活、职业状况和生活环境是决定主观生活质量的三个最重要因素。⑥⑦ 此后国内关于生活质量的研究基本沿着这个思路展开。所以总体而言，国内外学者对生活质量的概念有三种理解，相应的，在生活质量

①　贺春临、周长城：《福利概念与生活质量指标——欧洲生活质量指标体系的概念框架和结构研究》，《国外社会科学》2002 年第 1 期。

②　Bradbum N. , *The Structure of Psychological Well - being*, Chicago Alding, 1969, p. 34.

③　周长城：《社会发展与生活质量》，社会科学文献出版社 2001 年版。

④　郭慧珍：《关于我国居民生活质量指标体系的探讨》，《经济科学》1987 年第 6 期。

⑤　风笑天：《生活质量研究：近三十年回顾及相关问题探讨》，《社会科学研究》2007 年第 6 期。

⑥　林南等：《生活质量的结构与指标——1985 年天津千户调查资料分析》，《社会学研究》1987 年第 6 期。

⑦　林南、卢汉龙：《社会指标与生活质量的结构模型探讨——关于上海城市居民生活的一项研究》，《中国社会科学》1989 年第 4 期。

的测量和评估上也有三种方法。第一种理解是采用生活满意度和幸福感等主观指标来测量和评估的主观生活质量，即人们对于生活各个方面的评价和总结。第二种理解是运用衣、食、住、行、社会关系等反映人们生活水平的客观指标来测量的客观生活质量，即影响人们物质生活和精神生活的诸条件。第三种理解是将生活质量界定为主客观两个方面的综合，是指"社会提供国民生活的充分程度和国民生活需求的满足程度"[1]。但在所有的指标体系中，健康状况和主观感受（生活满意度和幸福感）都是非常重要的内容。我们将参与传统体育社团当作一种健康的生活方式，它对参与者生活质量的影响在客观上主要集中在身心健康状况的改善方面，在主观维度上主要体现在情绪状况和精神状态等方面的改善方面。[2]

（二）宏观社会福利：社会质量维度

从宏观看来，社会质量指标或社会发展指标可以衡量一个社会在总体上的福利水平，是"大福利"框架的重要组成部分。[3] 20 世纪 90 年代初，有学者开始使用社会质量概念，这一概念的使用反映了社会发展研究范式的转变，即指向社会发展的目标和本质。社会质量将社会发展研究的重点从发展道路和发展模式引向对具体社会发展质量的衡量和评价。[4] 社会质量提出之后，其含义因使用者所探讨问题的差异而有不同理解。社会质量最初在中国学术界的使用，是用来描述一个社会的"非政治有序化程度"，即一个社会在政治非干预的情况下，自我实现秩序的能力，也就是社会的自我组织水平。在指标类型上，社会质量大体上可以分为物质性指标和价值性指标。物质性的指标是指一个社会在经济、人口、教育、文化等诸多方面的发展程度；而价值性的指标包含一个社会的整合程度、自主程度、自律程度、稳定程度、适应程度、开放程度等方面。[5] 之后，社会质量又被用来描述一个社会是否运转正常，即社会有机体在运转与发展

---

① 陈义平：《关于生活质量评估的再思考》，《社会科学研究》1999 年第 1 期。

② 苗大培：《论体育生活方式》，《天津体育学院学报》2000 年第 3 期。

③ 林卡：《走向"福利社会"？——"福利社会"概念辨析及其蕴意》，《人民论坛》2009 年第 20 期。

④ 张海东：《从发展道路到社会质量：社会发展研究的范式转换》，《江海学刊》2010 年第 3 期。

⑤ 王沪宁：《中国：社会质量与新政治秩序》，《社会科学》1989 年第 6 期。

过程中能否满足自身内在规定的要求与需求。① 稍晚些时候，"社会质量"（Social Quality）被欧盟学者用来衡量社会总体发展状况。1997 年的《社会质量阿姆斯特丹宣言》将社会质量概念界定为社会成员参与其社群的社会和经济生活的程度，以及这种生活能够提升其福利和潜能的程度。② 这一界定提出以后，基本上成为后来社会质量研究的基本内涵。这个观点认为，社会质量包括社会经济保障水平、社会凝聚水平、社会包容水平和社会赋权水平四个方面的内容，分别指获得用来提升个人与他人互动所必需的物质资源和环境资源的机会；以团结为基础的集体认同的水平；人们参与到那些作为日常生活主要内容的社会制度和社会资本的机会；在已有社会结构中个人能力得到自我实现的机会。③ 根据这个理解，社会质量概念还可以继续细分为一系列次级维度，从而形成一套较为丰富的测量指标。在"大福利"的视野下考察传统体育社团的社会功能，就要分析传统体育社团对社会质量各指标产生的影响。由于不能在理论上推断体育社团参与社会质量的"社会经济保障"维度之间存在因果联系，我们将主要讨论传统体育社团在社会凝聚、社会包容、社会赋权三个维度上的影响。可见，社会质量概念虽产生时间不长，但从概念的演变史，可以看出其内涵丰富，反映一个社会的自我组织能力和发展水平，是社会福利在宏观层面的重要内容。

（三）中观社会福利：社会资本维度

社会资本是布迪厄在讨论社会结构与社会行动的交互作用时所使用的概念，是社会结构（场域）中行动者所拥有和可供利用的实际的或潜在资源的集合，并且这些资源与社会认可和接受的社会网络有关，而"这些关系或多或少是制度化的"④。科尔曼称社会资本是社会结构中有利于

① 吴忠民：《论社会质量》，《社会学研究》1990 年第 4 期。

② Beck, Wolfgang, Laurent J. G., Vander Maesen, Fleur Thomese and Alan Walker, Social Quality: A Vision for Europe, *Kluwer Law International*, 2001, pp. 375、6 – 7、334.

③ 艾伦·沃克、张海东：《社会质量取向：连接亚洲与欧洲的桥梁》，《江海学刊》2010 年第 4 期。

④ 包亚明：《布尔迪厄访谈录——文化资本与社会炼金术》，上海人民出版社 1997 年版，第 142 页。

个人行动的方面，借助它可以实现目标。[①] 在社会资本研究中，社会资本被认为是联结个体与社会的纽带和桥梁，在情感和经济等诸多方面具有社会支持功能，是社会福利的主体要素之一。[②] 从类型上看，社会资本有公私之分，公共社会资本是制度化的社会资本，某种制度身份给个体带来的社会资本，例如会员资格、社会地位等。如布迪厄特别强调社会资本来源于大家熟悉公认的制度化网络，与正式团体的会员制相关，可为每个会员提供共享资源的支持，也提供他们赢得声望的身份凭证。[③] 受布迪厄影响，科尔曼认为社会资本是与物质资本和人力资本不同，又存在关联的第三种资本类型，其形式有社会责任和使命、信息沟通网络、规范与惩罚机制、权威服从关系、多种功能的社会组织等。[④] 可见，社会资本最初在西方学者那里主要是指从制度化的社会网络中产生的可供使用的资源。后来普特南、波茨、福山、林南等人也参与社会资本理论的讨论，使社会资本理论成为当代社会理论中具有重要影响的分支。但随着讨论的深入，关于社会资本的理解出现了分歧，这些分歧主要是由一些立足中国本土的研究者参与社会资本讨论引起的。与西方学者不同，中国本土学者认为，研究中国社会时，社会资本应理解为某种私人关系资源，即通过人情和关系手段获得的私人社会资本。[⑤] 例如，边燕杰认为中国社会的社会资本与"社会关系网络"在基本内涵上是一致的，是三种私人网络：扩大的家庭义务网络、特定工具式交换网络和非对称交易网络。[⑥] 私人的社会资本是指基于私人关系产生的社会资本，如亲属、同事和朋友等。[⑦] 一些实证研究

---

① ［美］詹姆斯·科尔曼：《社会理论的基础》，邓方译，社会科学文献出版社 1999 年版，第 353 页。

② Lai, Gina, Social Support Networks in Urban Shanghai, *Social Networks*, 2001, p. 23.

③ Bourdieu and Wacquant, *An Invitation to Reflexive Sociology*, Chicago and London: Unit of Chicago Press, 1992, p. 97.

④ Coleman, James, Social Capital in the Creation of Human Capital, *American Journal of Sociology*, 1988, 94, pp. 95 – 120.

⑤ 边燕杰：《社会资本研究》，《学习与探索》2006 年第 2 期。

⑥ Bian, Guanxi Cap ital and Social Eating in Chinese Cities: Theoretical Models and Empirical Analyses, 2001, pp. 275 – 296, in *Social Capital: Theory and Research*, edited by Nan Lin, Karen Cook and Ronald S. Burt, Aldine De Gruyter: New York.

⑦ Zhang Wenhong, Danching Ruan, Social Support Networks in China: An Urban – Rural Comparison, *Trends in Endocrinology & Metabolism*, Vol. 10, No. 7, 1999.

发现，私人社会资本在地位获得方面，如就业、职位提升、重新择业、城市生活融入等多个方面发挥社会支持作用。林聚任提出"传统社会资本"和"现代社会资本"的划分，与私人社会资本和公共社会资本的划分基本对应，也符合社会资本概念的东、西方差异。随着中国社会的现代转型，传统社会资本（私人社会资本）正在向现代社会资本（公共社会资本）转变。林聚任和刘翠霞研究发现，农村社会资本表面上呈现出传统的关系主义、家族主义、特殊性信任强、社会参与程度低等"明流"，但内部却隐藏着一些崇尚个人能力、普遍信任、公共参与意识强等现代性的"暗流"，说明社会资本处于现代转型之中。[1] 从内容上看，社会资本概念包含着社会网络规模和性质、公共参与程度和普遍信任程度三个维度。[2] 社会资本在每个维度上都会表现出传统性和现代性。两种社会资本在"公共参与程度"、"普遍信任程度"和"信任网络结构性质"三个方面都有不同倾向。考察传统体育社团在社会资本方面的福利功能，主要是指它在促进社会资本现代转型中，能否在推动公共参与，提高普遍信任和拓展社会信任网络方面发挥积极作用。

综上所述，传统体育社团的社会福利功能，包含三个方向的基本内容：对个体生命质量的改善功能，即在健康状况、情绪状况和精神状态方面的积极作用；对整体社会质量的提升功能，即在社会整合、社会融入和社会赋权方面的积极作用；对"联结个体与社会之间关系"的社会资本的培育功能，即在公共参与、普遍信任和网络结构方面的积极作用。这就构成了从"大福利"角度对传统体育社团进行功能分析的基本框架。

三　传统体育社团的微观福利：改善生活质量

传统体育社团能够调动广大人民群众的积极性，在维持人民健康体魄和生命质量等方面的优势和社会福利功能则是其他社会组织难以比拟的。传统体育社团可以改善生活方式，促进生命活力、提高心理品格，使人在身体、精神，以及社会适应上达到健全和健康状态。传统体育社团以传统体育运动为主要内容，属于民族传统文化的重要载体之一。中国社会传统

---

① 林聚任、刘翠霞：《山东农村社会资本状况调查》，《开放时代》2005 年第 4 期。

② 林南：《社会资本：争鸣的范式和实证的检验》，《香港社会学学报》2001 年第 2 期。

的价值观念、思维方式、处世方法、道德风尚等体现的是一种独特的社会心理、社会意识和行为习惯。传统体育社团不仅在形式上可以改善生活质量，其在内容上的特性对人的身心健康、精神状态等生命质量状况也发挥着重要的福利功能。

（一）传统体育社团对健康状况的影响

健康是生活质量的根本保障。经常参加民间体育锻炼，对促进大脑开发，改进神经系统功能，提高反应能力和感知觉传导速度，增进神经系统的均衡性和灵活性有积极作用。例如卢瓦（Loy）研究指出，传统体育社团在个体层面满足了人们健康的需求，不但能够强身健体，还有助于心智的发展和提高。[①] 另外，国外相关研究关注的中国民间体育对人体健康的作用，也都基本上证实了太极拳等传统武术项目对人体生理和心理调节有积极的影响。在生理健康方面，有研究发现，太极拳对心力衰竭、冠心病、糖尿病、肌骨疼痛、慢性中风、帕金森症、关节炎等各类疾病人群的生理机理恢复、疾病预防和控制均有积极的改善作用，还对中老年人的身体平衡和睡眠质量等身体机能有积极的促进作用。[②] 在心理健康方面，有研究表明武术运动可以增强个人安全感和责任感，从而成为改善暴力倾向的有效手段。[③] 此外，还有研究发现，太极拳练习能够增强人的成就动机、自我调节能力、注意力、自信心等。[④] 这些研究反映了中国民间体育项目作为一种健身活动和体育练习，有助于增强体质，进而也会增进练习者的身心健康。

（二）传统体育社团对情绪状况的影响

情绪并不指向某一特定的对象，而是以同样的情绪状态对待所有事物，因而具有弥散性的特点，是一种持续的"心境"。参与传统体育社团可以调节和改善情绪，不但能转移消极低落的意识、情绪，使人摆脱烦恼

---

①　Loy J. , *Sociology of Sport and The New Global Order*：*Bridging Perspectives and Crossing Boundaries1st World Congress of Sociology of Sport Proceedings*, 2001, pp. 1 – 36.

②　Yeh G. Y. , Wayne P. M. , Phillips R. S. , Tai Chi Exercise in Patients With Chronic Heart Failure, *Med Sport*, Vol. 52, No. 8, 2008.

③　Woodward T. W. , A Review of the Effects of Martial Arts Practice on Health, *State Medical Society of Wisconsin*, Vol. 108, No. 1, 2009.

④　Mustian K. M. , Palesh O. G. , Flecksteiner S. A. , Tai Chi Chuan for Breast Cancer Survivors, *Med Sport*, Vol. 52, 2008.

和痛苦，而且可以宣泄不良情绪。有研究者使用可测量紧张、愤怒、疲劳、抑郁、精力、慌乱和自尊感等情绪的简式"心理状态量表"（简称POMS），对实验对象进行情绪测量，发现参与民间体育项目能降低人的紧张感、抑郁感、愤怒感、疲劳感，增强人的自尊感，能有效改善心境状态。① 实际上，传统体育社团通过自身组织的各种活动能帮助参与者树立正确自我观念和改善人际关系。例如通过传统体育社团参与者个体可以结识朋友，扩大社交范围，融入活动集体之中，为自己成为集体中的一员而心情愉快。同时，通过一些民间体育项目的锻炼，也能放松和舒缓身心，减轻疲惫，从而体会生活的乐趣和意义，增强自信，摆脱压抑、悲观情绪。有研究指出，太极拳注重情绪控制、去除杂念、淡泊明志，对人的情绪状态起到很明显的调节作用。②

（三）传统体育社团对精神状态的影响

与情绪不同，精神状态是一种更加稳定的"心性"，是内在价值观和处世哲学的体现。传统体育社团在塑造人的精神状态方面有显著效果。有研究者指出，中国民间体育的精神品质包括积极的身心修养观和养生观，受到道家、儒家和阴阳五行学说的影响，而儒学强调人伦道德，道家强调道法自然，阴阳学强调和谐平衡，这些精神特质都是以静制动、平和心态，进而达到人与社会、自然、自身互动过程的和谐。因此，中国民间体育中所蕴含的"和"是其精神主干。③ 例如太极拳中所蕴含的"生命和谐"、"斗争中求平衡，变换中求和谐"的和谐理念。太极拳的推广不仅是健身方法的推广，其和谐精神的倡导与传播是从民间文化交流的角度实践"和谐世界"理念，是共建和谐、和平的国际发展环境的重要手段。④ 所以，从活动内容上，传统体育社团有助于平和的意志品质和精神状态的培养和形成。

① 李林：《中国民间传统体育锻炼对心境状态的影响及其与心理健康的关系》，《北京体育大学学报》2000年第2期。

② 王岗：《太极拳对现代人心理调节的作用》，《武汉体育学院学报》2001年第1期。

③ 王京龙、李志向：《战国百家争鸣与中华传统体育精神构架》，《北京体育大学学报》2009年第6期。

④ 林小美、苏欣、杨建营：《论太极拳和谐思想与当今和谐社会》，《体育科学》2007年第11期。

四　传统体育社团的宏观福利：提升社会质量

在宏观福利层面，传统体育社团在社会整体层面可以激发社会活力，提高社会整体发展水平。近年来，在体育部门和民政部门的推动下，传统体育社团这一新型社会组织有了较大的发展空间和优势，其在推动社会建设和社会治理，满足社会需求，解决社会问题等方面发挥了自身的优势，成为参与社会治理不可或缺的主体，在社会质量的提升方面发挥着非常重要的功能。下面我们从社会整合、社会包容、社会赋权三个方面讨论传统体育社团的宏观福利功能。

（一）传统体育社团对社会整合的影响

传统体育社团增强人们的系统信任感和公共责任感，对于现代社会整合具有积极意义。社会整合主要包含系统信任和公共责任两个方面的内容。系统信任是指社会成员对系统对象，比如媒体系统、司法系统、政治系统的信任程度。公共责任主要是指社会成员对社会公共利益和社会弱势群体的关爱意识。现代社会交往的实现，需要一定程度的普遍信任和系统信任。传统体育社团活动及其规则，为陌生人之间的社会交往创造了条件，增强了系统信任意识。同时，传统体育社团的社会活动包含公益性的社会活动，在公益活动中能增强对弱势群体的关爱意识。有研究发现，参加传统体育社团的人对媒体系统、司法系统和政府的公信力持更加肯定的态度，他们也更愿意帮助失业者、老年人、残疾人、孤儿和灾民等困难群体，更加热心公益。[①]所以大力发展传统体育社团是提高社会凝聚力的重要路径之一。

（二）传统体育社团对社会包容的影响

传统体育社团有助于提高社会包容程度，即提高社会成员的群体融入程度、社会接纳程度和制度融合程度。群体融入程度是指社会成员融入非正式群体的程度，如与亲属、朋友、邻居等社会关系的交往频率和交往状况，是否感到孤独等；社会接纳程度是指社会成员是否因社会地位、身体状况、性别、外表、学历、户籍等原因被歧视；制度融合是指社会成员与

---

① 焦玉良：《体育社团活动对城市居民社会质量的影响》，《沈阳体育学院学报》2015 年第 6 期。

制度化对象之间的交往，如是否与政策、政府机关、干部、医院等发生过冲突。传统体育社团等横向的民间社团，能推动社会公众之间的普遍信任，使个体顺利融入社会之中。针对老年群体的研究发现，体育社团参与，例如老年人健身社团，会消除社会歧见，对老年人的社会参与和社会互动提供了稳定的组织支撑，使他们更好地融入社会生活。①

（三）传统体育社团对社会赋权的影响

参加传统体育社团有助于增加社会赋权程度，会提高主体能力感，培育积极的社会心态。传统体育社团对身体、心理、人格都发挥着积极作用，反映在社会交往方面表现为社会赋权状况的改善。社会赋权状况是社会质量的一个重要维度，主要反映社会中个体的主体能力感和社会心态。主体能力感体现了个体的控制力和自由度，如一个社会成员是否觉得通过自身努力可以获得成功，是否有表达意见诉求的自由；社会心态主要体现在被遗弃感、被强迫感、被轻视感、乐观程度、挫折感等等。民间体育活动可以转移社会的攻击能量，能缓解矛盾，消除对立，弥合低收入群体因贫富差距带来的矛盾和不良心态。有研究发现，传统体育社团能提高参与者的社会赋权指数，增加其尊严感，对参与者形成积极的社会心态有推动作用。而且，参加传统体育社团时间越久，就越倾向于认为自身努力是成功的最重要因素，他们在生活中更少感受到被强迫感、被遗弃感、被轻视感、顾虑感和挫败感，而更加自主、自信，看问题更加客观和乐观。② 所以从社会赋权的意义上，体育社团和体育活动具有安全阀功能。

五　传统体育社团的中观福利：培育现代社会资本

传统（私人）社会资本和现代（公共）社会资本在公共参与意识、普遍信任程度和社会网络结构这三个方面表现出不同的倾向。在传统社会资本中，公共参与意识是消极的，普遍信任程度是脆弱的，社会网络结构是内向并且封闭的；而现代社会资本的公共参与意识是积极的，普遍信任程度是强的，社会网络结构是外向并且开放的。普特南在讨论到社会资本

---

① 任海：《体育与"乡—城移民"的社会融入》，《体育与科学》2013 年第 1 期。

② 焦玉良：《体育社团活动对城市居民社会质量的影响》，《沈阳体育学院学报》2015 年第 6 期。

的现代转型时写道："意大利一些地区的大多数公民都通过参与社会团体热切地关心社会事务……居民们相互信任、行为公允、遵守法律。"① 指出各类社团在培育现代社会资本过程中的功能，对公共参与意识，普遍信任程度和社会网络结构等方面的推动作用。笔者也曾对我国胶东地区的传统体育社团进行调查，发现传统体育社团在活动内容上虽然很多是传统体育项目，但是在其社会福利功能上，起到了培育现代社会资本的作用②。下面，我们分别梳理传统体育社团在上述三个方面对现代社会资本的培育功能。

（一）传统体育社团有助于提高人们的公共参与意识

参与社会的公共事务是现代公民主体地位的体现，表现为对公共事务的关注程度和责任意识。对公共事务的关注程度是认知层面的公共参与，是对社会公共事务的了解情况；对公共事务的责任意识，是态度层面的公共参与，是参与公共事务并尽到公民责任的意愿。参与传统体育社团在很大程度上反映了人们对于公共事务的较高认知和积极态度。体育社团活动既为人们提供了众多社会参与的机会，为社会行动者赋予了某种特定的社团身份，使其有机会践行公民权利和公民义务，传统体育社团带来的参与精神和实践行动推动了公民社会的发展。③ 所以，传统体育社团蕴含着某些政治身份，以多样的途径培育着现代社会所需要的理性、自由、有社会责任的社会群体。例如塞佩尔（Seippel）在挪威的调查也发现，参加体育社团能提高社会信任水平和公共参与程度，参加体育社团的人群参加政治选举的投票率要高于其他人群。④ 还有研究指出，参加传统体育社团，能显著提高人们对社会公共事务的认知度，也能明显增强人们参与公共事务的意愿。⑤

（二）传统体育社团有助于提高人们的普遍信任程度

普遍信任与特殊信任不同，是一种公共信任，其信任对象从具体的个

---

① ［英］罗伯特·普特南：《使民主运转起来》，王列、赖海榕译，江西人民出版社 2001 年版。

② 尹海立：《城市社团发展与社会资本培育》，《山东社会科学》2015 年第 12 期。

③ 王晓红、李春泽：《我国公民体育身份的社会认同及其提升路径研究》，《南京体育学院学报》（社会科学版）2014 年第 4 期。

④ Seippel, Sport and Social Capital, *Acta Sociologica*, Vol. 49, No. 2, 2006.

⑤ 尹海立：《体育社团参与与现代社会资本培育》，《南通大学学报》（社会科学版）2015 年第 4 期。

人转向法律、商品、权力等一般性的交往媒介，它建立在公共规则的有效性这一前提之下，在规则有效性的保障之下。普特南认为，社团参与增强了普遍信任，从而降低了社会交往的成本。[①] 实际上，体育社团为参与者进行社会行动特别是集体行动提供了资源支持，也能促进成员间的互信互助，所以本身可被视为一种值得信任的社会资本。通过参加体育社团这一交往媒介，增加社会成员之间的互动频率，也相应形成了一些陌生人之间能彼此都认可的原则，结果是在社会上建立起普遍信任所需要的外部环境和文化氛围。胡荣对厦门市居民的研究发现，参加民间社团对于人们的普遍信任存在明显的正向作用，并且指出，在中国城市社会要培育普遍信任，就应该让居民更多地参与民间社团。[②]

（三）传统体育社团有助于提高社会网络结构的开放程度

社会网络结构也就是社会成员的社会交往结构，传统的社会网络结构具有封闭性的特征，即人们倾向于同与自身有血缘、地缘等关系的熟悉对象交往，有意识地拒绝或减少与陌生对象的交往，从而降低社会交往的风险。但是这种传统社会交往网络的内向性很大程度上依赖交往双方在有限地域内的频繁交往，而不适应现代社会日益扩大的社会生活。市场经济要求社会交往呈现开放性，并实现与陌生和匿名对象的交往。传统体育社团开展的社会活动使参加者和活动的受益者意识到，在一定的规则保障之下，与陌生人之间的交往也是可期可控的。如前所述，有很多研究表明，传统体育社团的参与者相比普通人更愿意求助于私人关系以外的、正式的公共资源。这些研究证实了民间体育组织对拓展社会网络，培育社会资本等方面存在积极影响。社会转型要求人们的社会网络结构呈现开放性，并且通过建立普遍信任和积极的公共参与来获取公共资源。而传统体育社团能够起到现代社会资本的培育功能。

六 "大福利"框架中的传统体育社团

综上所述，从微观福利来看，传统体育社团能改善参与者的健康状

---

① Putnam, Robert D., The Prosperous Community: Social Capital and Public Life, *American Prospect*, Vol. 13, No. 13, 1993.

② 胡荣、李静雅:《城市居民信任的构成及影响因素》,《社会》2006 年第 6 期。

况、情绪状况和精神状态，提升个体生命质量。从宏观福利来看，传统体育社团与社会质量各个维度之间也存在正向关系：有助于提高社会凝聚力，能够增加城市居民的系统信任程度和公共责任感；有助于提高社会包容程度，能促进城市居民的群体融入和社会接纳，能够有效调节个人与制度之间的紧张关系；有助于增加社会赋权程度，提高城市居民的主体能力感，培育积极的社会心态。从中观福利来看，传统体育社团推动社会资本的现代转型，对现代社会资本的培育起到了积极作用，对推动公共参与意识，提高普遍信任程度，拓展社会网络结构都会产生积极效果。因而，在当前迈向"大福利"社会的背景下，通过营造健康和谐的传统体育社团，建立起自上而下的、草根的民间社会生活体系，对于保证经济、政治在内的宏观社会的正常运行，具有深远的现实意义。传统体育社团的社会福利功能是显著的，这些功能应当引起体育组织管理部门的重视，有针对性地制定传统体育社团的促进政策，努力挖掘利用民间体育文化资源、合理开发民间体育项目。同时，地方政府也应加大相关公共服务供给力度，加强体育设施的建设和资金支持力度。

第三章　传统体育社团发展与社会政策

本章将系统介绍传统体育社团的发展史、传统体育社团的发展与社会政策之间的关系，并以烟台市传统体育社团的发展、现状为例具体展示传统体育社团发展与相关社会政策之间的互动关系，分析并探究其互动机制。从历时态分析，中国传统体育社团依发展主特征可以大致划分为四个发展阶段：反抗阶段，困难阶段，市场化阶段和科学发展阶段。每个阶段都存在一些问题，也取得了一些成绩，但是都与社会政策密不可分。目前，传统体育社团正处在最好的发展时期，社会政策有利，发展环境宽松，中国传统体育社团发展呈现出良好的发展势头。以烟台市为例，传统体育社团的规模、管理、活动、经费等都有了非常明显的改善和提高，这与当地的社会政策和文化环境也有密切的关联。

第一节　传统体育社团的发展回顾

中国传统体育社团发展源远流长，但由于中国社会的封闭性，在鸦片战争之前，传统体育社团大多无法取得官方认定的身份，多是以民间草根形式存在的。真正具有现代社团属性雏形的传统体育社团发展则是鸦片战争之后的事。本节长时段梳理 1840 年以来中国传统体育社团的建立、发展的社会背景与政策机制，并依据其在不同时段的目标设置、推动机制等划分为四个发展阶段，即反对封建，抗击外敌（1840—1949 年）；积极领导，逐步发展（1949—1978 年）；深化改革，走向市场，以法治团（1978—2000 年）；以人为本，倡导科学健身，"增强全民族体质"（2000年至今）。

一　反对封建，抗击外敌（1840—1949 年）

（一）提倡尚武，强国强民（1840—1919 年）

近代，是指中英鸦片战争开始（1840 年）到五四运动（1919 年）这中间的一段时间（1919—1949 年为现代，1949 年以后为当代），历经清王朝晚期与中华民国临时政府时期、北洋军阀时期和国民政府时期，是中国半殖民地半封建社会逐渐形成到瓦解的一段历史，也是中华民族历尽苦难的一段历史。

1841 年，三元里抗英斗争是近代中国人民第一次自发的武装抗英斗争。通过广州工人参加三元里抗英斗争情况调查记录得知，在当时机行（即丝织业）中的工人在工余时间，常请武术拳师到馆教武艺。另外，当时就有武术馆、堂几十间，并且各馆、堂都立有规则，因为有组织有武艺，就形成了一种力量。极大地鼓舞了中国人民不畏强暴，敢于同西方列强拼搏的斗争勇气，它是近代中国人民反侵略斗争的第一面光辉旗帜。同时，三元里抗英斗争后，在清政府支持下，广州一带的社学纷纷改组为以练武为目的的新社学，以练武自卫为主要内容。

1851 年，爆发了席卷半个中国的太平天国运动，这是一场反对清朝封建统治和外国资本主义侵略的农民起义战争，也是 19 世纪中叶中国的一场大规模反清运动。太平天国运动发生在中国进入近代社会的初期，它不只是一场单纯的农民战争，又带有旧资产阶级民主革命的性质，可以说是拉开了中国近代史上旧民主主义革命的序幕。据史料记载，在长达 13 年的武装斗争过程中，传统体育一直是太平军的主要练习内容。例如，太平天国时的考试制度仍以马步射、开弓、舞刀、举石等为主要考试内容，并根据考试结果分别授予艺士、英士、毅士、猛士和武状元。太平天国运动给人民带来最大的利益就是《天朝田亩制度》的颁布，把农民平均主义思想发展到了顶峰。

1899 年，爆发了义和团运动，义和团又称义和拳，是以"扶清灭洋"为口号，是中国华北地区农民延续民间结社的组织形式，开设拳坛，针对西方在华人士包括在华传教士及中国基督徒所进行大规模群众暴力运动，对传统体育产生了重大影响。主要的意义有阻止了帝国主义列强瓜分中国、保存了中国的文化和文明、遏制了一场可能爆发的帝国主义战争、促进了中国广大人民群众的觉醒等。义和团运动后，中国人民深知落后就要挨打，因此提倡尚武精神，强国强民、民族爱国主义较为流行，各种体育会纷纷成立，也为近代体育的发展产生了极为重要的影响。

在清代底层民众中，社团在很大程度上是民间秘密宗教传习及秘密结社的代称，这些民间秘密组织，常常是代表民意揭竿而起的组织者，故统治阶级更是严厉禁止。《清实录·顺治朝》载，"敕令都察院、五城御史、巡捕衙门及在外抚按等官，如遇各色教门，即行严捕，处以重罪"。这一时期很多中国的民间武术社团被认为是不合法的，是不能公开存在的，民间武术社团的建立受到很大的限制，民间习武和武术的传播也受到了相应的影响。①

1898 年 9 月 21 日，以慈禧太后为首的顽固派残酷镇压了维新变法运动，戊戌变法期间出现的近代社团全部被查封。但这并没有缓和清政府的统治危机，不久，慈禧太后就在八国联军的炮声中仓皇逃到了西安。为了挽救其灭顶之灾，清廷于光绪二十七年（1901 年）八月二十日发布《变法自强谕》，"须知国势至此，断非苟且补直所能挽回厄运。惟有变法自强，为国家安危之命脉，亦即中国生民之转机"②，清末新政由此拉开了序幕，近代社团也因此得以复兴。据桑兵先生统计，1901—1904 年，全国各地设立的不同类型的社团至少 271 个，其中 127 个设于大城市，62 个设于州县以下基层地方。③ 1904 年，又颁布上谕普赦维新派："因思从前获罪人员，除谋逆立会之康有为、梁启超、孙文三犯，实属罪大恶极，无可赦免外，其余戊戌案内各员，均著宽其以往，予以自新。曾经革职者，俱著开复原衔，其通伤缉拿，并现在监禁及地方管束者，著即一体开释。"④ 这一上谕的颁布表明清政府正式放弃了实施两百多年的党禁制度；1905 年，立宪日本打败了专制俄国，全国舆论一片哗然，清政府在社会舆论的压力下也颁布上谕，派五大臣出洋考察各国政治，仿行宪政呼之欲出。1906 年，清廷宣布预备立宪，以实现"大权统于朝廷，庶政公诸舆

---

① 李少杰：《传统武术拳种社团化管理研究》，河南大学硕士学位论文，2008 年。

② 刘锦藻：《清朝续文献通考》（四），商务印书馆中华民国二十五年版。

③ 桑兵：《清末新知识界的社团与活动》，生活·读书·新知三联书店 1994 年版。

④ 《大清德宗景皇帝实录》（八），中华书局影印本 1987 年版，第 486 页。

论"① 的目的。在此历史背景下，清朝政府还陆续颁布了一些法令，逐步承认了近代社团的合法地位：1904 年，清廷颁布了《商会简明章程》，规定"凡商务繁富之地，不论系省域或商埠，均应设立商务总会，商务发达稍次之地则设立商务分会，卜前此所设商务公所等组织，一律改为商会，以为各省之倡"②，商会因此获得了合法地位；1906 年，清政府又颁布了《奏定教育会章程折》正式确立了各种教育团体的法律地位；1907 年农工商部制定和颁布了《农会简明章程》二十一条，规定"各省应于省城地方设立农务总会，于府厅州县酌设分会，其余乡镇村落市集等处并应次第酌设分所"③，农会获得了合法地位；1909 年，清廷又颁布了《结社集会律》进一步明确了各类社团的合法地位。尽管这些律令是迫于压力颁布的，清廷颁布这些律令的主要目的也是对这些社团进行限制和控制，但它们却都承认了社团的合法地位，这无疑刺激了中国近代社团的发展，社团数量迅速膨胀，据统计，"到 1905 年，全国共创设商务总会和分会约 70 个，而次年，一年之内所设立的商会就达 108 个"④，到 1911 年，全国成立的商会（包括总会、分会和商务分所）就有两千多个⑤。各地建立的教育会 1909 年就有 723 个⑥，到 1911 年，全国共设立农务总会 19 个，农务分会已达 276 个。⑦ 仅此三项就超过了 3000 个。在这些社团快速发展的同时，社会各界人士自发成立了各色各样的社会团体。这类社团主要有三种：第一种是清廷宣布预备立宪后，资产阶级立宪派设立的以推动宪政实施和改良社会风气为宗旨的社团组织，这类团体（包括海外华侨和留学生设立的）将近 80 个。⑧ 第二种是资产阶级革命派所建立的革命团体，这类团体共有 240 余个。但这类社团主要是留学生设立的，其中绝

---

① 刘锦藻：《清朝续文献通考》（四），商务印书馆中华民国二十五年版。

② 《商部奏定商会简明章程折》，《东方杂志》1904 年第 5 期。

③ 《大清光绪新法令》第十类《实业》，第 41 页。

④ 孙保良：《中国的社与会》，浙江人民出版 1996 年版，第 237 页。

⑤ 朱英：《辛亥革命前的农会》，《历史研究》1991 年第 5 期。

⑥ 金顺明：《中国近代教育团体的发展历程》，《华东师范大学学报》（教育科学版）2002 年第 1 期。

⑦ 夏如冰：《清末的农政机构与农业政策》，《南京农业大学学报》（社会科学版）2002 年第 3 期。

⑧ 李新：《中华民国史》，中华书局 1982 年版，第 61 页。

大多数设在国外。在国内，这些社团是清廷严格禁止的，根本无法公开活动，不符合本文前面所列举的社团条件，再加上本文的篇幅所限，故对这类社团不予考察。第三种是妇女团体，这类团体大体有 35 个。①

这个时期，我国也出现了著名武术机构和组织，例如 1910 年霍元甲创办的"精武体育会"；1911 年创办的"天津中华武士会"；1912 年创办的"北京体育研究社"、"北京剑术研究会"和北京的"中华尚武学社"，以及成都的"四川武士会"；1914 年创办的北京"行健会"；1918 年创办的上海"中华武术会"、"武术学会"、"上海第一公共体育场国术部"，"北京武术体育会"；1919 年创办的"重庆冀蜀国术馆"、"青岛中华武术会"、"山东武术传习所"等。② 其中精武体育会是近代武术社团发展的代表，它改变了以往武术在民间松散发展的状况，为武术的广泛传播起到了积极的推动作用。郭玉成、徐杰在《精武体育会与中央国术馆的武术传播研究》中认为，以组织的方式进行武术传播；技术传播内容十分丰富；注重武德传播；注重理论传播与技术传播的结合；传播内容中均有西方体育项目以及重视国际传播等是精武体育会与中央国术馆的共同点，这种组织方式，对民间各个拳种流派的传播，起到了巨大的推动作用，是民间武术走向社会前台的助推器。黄瑾在《"精武会"的推介艺术及其对体育社团的启示》中认为，"精武会"是我国第一个具有近代意义的民间体育团体。并指出：与时俱进、身体力行、以人为本、伸张正义是一个体育社团获得成功的必要条件，也只有这样才能真正将体育提升到哲学的神圣高度。在大力弘扬中华武术的今天，精武体育会的发展思路，也为武术协会的发展提供了参考。陈根福、王国志的《上海精武体育会对中华武术发展的影响》文章认为上海精武体育会对武术发展起到了以下作用：推动了传统武术拳种的发展，促进了武术的普及，推动了武术的国际化传播，加快了武术产业化发展的步伐。尤其是将武术引入学校，使武术的传播有了更加广阔的空间。③

这一时期，封建社会制度的弊端日益显现，西方列强入侵激发了爱国

---

① 张莲波：《二十世纪初的妇女团体》，《史学月刊》1991 年第 2 期。

② 罗时铭：《试论近代中国民族传统体育与奥林匹克文化的抗争与融合》，《成都体育学院学报》2006 年第 3 期。

③ 李少杰：《传统武术拳种社团化管理研究》，河南大学硕士毕业论文，2005 年。

人士的抵抗侵略的决心和斗志，在整个社会中形成了尚武强国的历史氛围，也是民族传统体育发展的旧民主主义时期。由于封建社会的打压，所有社团的发展都受到严重阻碍，所幸在预备立宪之后颁布的一系列章程，给了民间社团一定的生存和发展空间，传统体育社团在尚武强国的历史氛围下开始蓬勃发展。

（二）唤人民觉醒，为抗日服务（1919—1949 年）

到 20 世纪 20 年代，结社活动在中国社会较为普遍，尤其是以传统体育为载体的结社比比皆是。例如，1920 年创办的上海 "中华国技研究会"；1922 年创办的北京 "中华国技武术研究社"；1923 年创办的上海 "武术研究会"、北京 "国强武术研究社"、"群武社"，"天津武术学会"、"天津进德武术会"、"天津道德武术研究会"；1924 年创办的北京 "陶然武术团"、"四民武术研究社"，"安徽拳术研究会"；1925 年创办的上海 "致柔拳社" 等。① 到 1925 年，精武体育会的分会在国内外已达到 38 所，成为当时规模最大的群众体育组织。②

进入 20 世纪 30 年代以后，结社的现象在全国普及力越来越大，引起了国民政府的重视，并加强了对社团的监管，颁布了有关法令，规范了社团的组建。1932 年 10 月，国民政府公布了《修正民众团体组织方案》（以下简称《方案》）。这一《方案》首次以法规形式，规定了各种社团成立的程序和遵守的原则，明确了社团必须经过中央的核准，必须遵守所规定的原则和登记程序，并强调民间团体组织绝对服从国民政府和中央的统一管理。《方案》的颁布使体育社团的建立和管理有了基本的依据。为了加强对体育工作的领导和管理，1937 年，成立了由中国共产党领导的体育组织 "陕甘宁辖区体育运动委员会"，由边区政府主席林伯渠同志任名誉会长。1938 年，毛泽东在《论新阶段》一文中指出 "广泛发展民众教育，组织各种补习学校，识字运动、戏剧运动、歌咏运动、体育运动……" 用于 "提高人民的民族文化与民族觉悟"。所以，在一定程度上促进了体育社团的成立和发展。

---

① 罗时铭：《试论近代中国民族传统体育与奥林匹克文化的抗争与融合》，《成都体育学院学报》2006 年第 3 期。

② 谭华：《体育史》，高等教育出版社 2005 年版，第 262 页。

　　1940 年，根据中共中央青年工作委员会的倡议，召集延安各单位体育积极分子议决正式成立了"延安体育会"，该会的主要任务就是积极组织和推动各机关、部队、学校及工厂的群众体育运动，增强体质，提高工作、生产和学习效率，以战胜日本侵略者，体育会还负责组织体育表演，进行宣传工作，举办竞赛活动。同时，中国共产党也颁发了相关社团管理的法规，如 1942 年颁布了《陕甘宁边区民众团体组织纲要》（以下简称《纲要》）和《陕甘宁边区民众团体登记办法》（以下简称《办法》），在《纲要》中明确规定了民众团体的建立要遵循自愿原则、经费自愿原则、公益原则和登记原则等四项基本原则。《纲要》和《办法》是当时革命根据地民众结社的依据。在团结、教育和改造旧体育工作者的同时，人民政府也十分注意保护原有的体育设施。1948 年 2 月，中共中央在批转《中央工委关于恢复石家庄的城市工作经验》中，就强调指出，我们在城市工作中的"方针是建设，而不是破坏"[①]。1948 年 12 月 22 日，平津前线司令部特别发布布告，宣布约法八章，其中第四条指出："保护学校、医院、文化教育机关、体育场所，及其他一些公共建筑，任何人不得破坏。"[②] 1949 年 4 月 25 日，毛泽东在《中国人民解放军布告》中明确要求："保护一切公私学校、医院、文化教育机关、体育场所，和其他一切公益事业。"以上的这些指示、经验和做法，使体育设施得到了有效的保护。例如 1949 年 5 月，原上海的 31 片体育场地全部由上海市人民政府接管、保护起来，在经费十分紧张的情况下，政府一边修复、改造旧的体育场地，同时又着手建设新的体育场地，以满足人们体育锻炼的需要。到 1953 年年底，上海市能向群众开放的体育场地已达 53 片。[③] 另外，在抗战时期的体育社团影响最大的是延安体育会，在中国共产党领导下，在艰苦的战争年代开展以工农劳苦大众为主体的新式人民大众体育运动。[④] 通过体育锻炼提高军队的作战素养。例如，在军事训练中的刺杀、格斗以及自制刀枪等，说明当时的传统体育在抗日战争时期处于重要地位。

---

① 胡绳：《中国共产党的七十年》，中共党史出版社 1991 年版，第 238 页。
② 毛礼锐：《中国教育通史》（第六卷），山东教育出版社 1989 年版，第 20 页。
③ 上海体育志编纂委员会：《上海体育志》，上海社会科学院出版社 1996 年版，第 8 页。
④ 党挺：《延安体育建设及其对新中国体育的影响》，《西安体育学院学报》2010 年第 3 期。

　　这一时期，民主共和的观念深入人心，全国人民团结对抗外敌，传统体育社团作为强身健体和抵抗侵略的重要载体得到了发展，规模和数量都有了很大的提升，也成了抗日战争的重要力量，被称为传统体育社团发展的新民主主义时期。另外，在抗战即将胜利和胜利之后，国家出台的相应政策，使体育设施和场所得以留存，满足了公益事业和全民健身的需要。

　　综上所述，中国近代传统体育社团可以分为旧民主主义时期和新民主主义时期。旧民主主义时期的传统体育社团的主要特征是人民反对外国的侵略和本国的封建思想，自发组织的、规模较小，更倾向于中国人民思想上的觉醒。新民主主义时期的传统体育社团的主要特征是规模较大，具有一定的组织性，更倾向于为抗日战争服务。整个近代传统体育社团的特征主要是受革命武装力量的影响，传统武术非常盛行，传统武术体育社团处于主导地位；在规模上由小到大；由最初的自发性组织结社到发展成立了全国性体育社团组织。

二　积极领导，逐步发展（1949—1978 年）

（一）助力"体育为人民服务"思想的形成（1949—1966 年）

　　在新中国成立前，解放区体育就已经开始了坚持体育大众化、生活化与经常化的发展方向，从而为新中国成立初期新体育的建设奠定了坚实的思想和实践基础。在思想方法上，根据地和解放区的体育形成了民族的、多样化和创新的思路，其中有一条是这样表述的："必须采取各种各样的形式去开展体育运动，不仅是田径、球类等应当继续发展，对于国术、打拳、劈刀、刺枪、骑马等，也必须提倡和发扬。"[1] 新中国成立后，党和政府为了更好地管理和发展体育社团，先后制定了有关体育社团的政策。例如 1950 年 9 月，政务院制定了《社会团体登记暂行办法》，确立了社会团体的类别、登记的范围、筹备登记、成立登记的程序、原则、登记事项以及处罚等内容。1953 年 3 月，内务部又制定了《社会团体登记暂行办法实施细则》。这些登记办法和实施细则使带有封建、迷信色彩的秘宗会、神武会等体育社团组织被清理出门。[2] 1949 年 10 月 26—27 日，在北

---

① 傅砚农、曹守和：《新中国体育指导思想研究》，人民出版社 2012 年版，第 5 页。

② 黄亚玲：《论中国体育社团》，北京体育大学博士学位论文，2003 年。

京召开了"全国体育工作者代表大会",中央人民政府副主席朱德在会议讲话中指出:"现在我们的体育事业,一定要为人民服务,要为国防和国民健康服务。"指出了新中国体育的基本任务与宗旨。为了充分地体现出体育事业为了国防和国民健康,党和政府越来越重视群众体育的发展,例如1951年试行的《准备劳动与保卫祖国体育制度》与1955年在全国正式推行的《劳卫制》。也正是由于当时国家和政府的高度重视,在这种社会管理体制下,单位也必然承担起组织和管理群众体育活动的责任,在这时期各行各业以单位的形式组织各种各类的体育活动,利用群众的节假日以及部分的休息、工作和学习时间举办群众体育比赛。① 在这期间,传统体育也得到了党和政府的大力支持和关怀,也在体育事业中占据了重要的地位。例如,1952年国家体委成立后,即设置了民族体育研究会,主要负责民族体育项目的具体工作。② 同年6月,毛泽东主席为中华全国体育总会第二届代表大会题写了"发展体育运动,增强人民体质",并号召人们做体操、打球、跑步、爬山、游泳、打太极拳等。1953年11月8—12日,在天津举行了全国民族形式体育表演及竞赛大会。武术是这次大会的主要表演项目之一。有145名运动员进行了332个武术项目表演。政务院副总理兼国家体委主任的贺龙提出了发掘、整理、提高、发扬、光大武术的主张,对武术运动的发展有着重要的指导意义。1954年,国家体委在中央体育学院(北京体育大学前身)组建第一支国家武术队(因种种原因当年年底解散)。在国家体委运动司主持下,汇聚全国太极拳名家研讨,后由李天骥执笔,在传统杨式太极拳基础上,创编了24式简化太极拳,以便学练。此成为新中国简化拳种之始。1955年,国家体委运动司下设武术科,后改为武术处。1956年3月,在同体委负责人谈话时,刘少奇同志就明确指出:"要加强研究,改进武术、气功等我国传统体育项目。研究其科学价值,采用各种办法,传播推广。"③ 4月28日,通过《中华人民共和国运动竞赛制度暂行规定(草案)》,把武术列为表演项

---

　　① 宋雅琦:《我国城市社区自发性群众体育组织研究——以回龙观足球联赛为例》,北京体育大学硕士学位论文,2011年。

　　② 周伟良:《中国武术史》,高等教育出版社2003年版,第122页。

　　③ 中国武术百科全书编纂委员会编:《中国武术百科全书》,中国大百科全书出版社1998年版,第618页。

目。定期举行，使武术作为体育竞赛项目，迈开了新的一步。11 月 1—7 日，在京举行的十二单位武术表演大会上，首次试行打分办法，区分运动员技术水平的高低，使武术竞赛向规范化方向迈进了一步。1957 年 1 月，通过《关于 1956 年体育工作总结及 1957 年工作的要求》，第一次把武术列为国家竞赛项目。6 月 16—21 日，全国武术表演评比大会在京举行，27 个省、自治区、直辖市 183 名男女运动员参加。1958 年 8 月 5—23 日，国家体委在青岛召开全国体育院校负责人座谈会，强调要把武术列为体育学院必修或选修课程。会后，北京体育学院、上海体育学院相继成立武术系。9 月 7—16 日，全国武术运动会在北京举行，27 个单位的 260 名运动员参加比赛。9 月，中国武术协会在京成立，李梦华任主席，其任务是团结全国武术工作者，继承、发掘、研究、整理武术遗产，广泛推动群众性武术运动，不断提高运动技术水平，开展科研活动，协助国家武术管理部门研究审定武术项目的比赛和表演规则，组织全国比赛，审查考核等级教练员和裁判员等。[1] 之后，在上海、天津、浙江、四川等 18 个省、直辖市相应成立了省、市武术协会和研究会。1959 年，中国武术协会起草了中国第一部《武术竞赛规则》，由国家体委批准后公布实施。9 月 13 日—10 月 3 日，第一届全国运动会在京举行，设有武术比赛项目和表演项目。1960 年，中国青年武术队随中国体育代表团赴捷克斯洛伐克参加该国第二届全运会"友谊晚会"的表演，揭开了武术对外交流的序幕。当年年底，作为对外交流的友好使者，中国武术队随周恩来总理率领的访缅友好代表团赴缅甸巡回表演，受到缅甸人民的热烈欢迎。1961 年，由教育部组织修订的《中小学体育教学大纲》将武术列入中小学体育教学。1959—1961 年，即三年自然灾害时期，在这一阶段国民食不果腹，颠沛流离，体育社团的发展受到很大的影响，无论是从社团的成立数量还是举办的活动与比赛的次数明显减少。然而，在 20 世纪 60 年代初期，气功作为一种传统健身方式，受到人们的热爱，气功社团数量和规模也迅速增加和扩大，这也是气功社团从发展以来出现的第一次小高峰。因此，传统体育社团又开始出现新的发展契机。这一时期，传统体育社团更加规范，在

---

① 高亮、孙庆平：《我国武术社团发展的历程回顾与展望》，《军事体育进修学院学报》2007 年第 1 期。

国家政策推动下，尤其毛泽东"发展体育运动，增强人民体质"口号传遍大江南北，体育社团更倾向为人民服务，为公益服务。因为遭受三年自然灾害的影响，传统体育社团的发展也出现了短暂的停滞甚至倒退，但总体来看，自新中国成立后，党和政府重视体育的发展，增强国民体质，动员全社会力量，挖掘整理各种体育资源，号召人民参加体育锻炼。

（二）对极"左"思想的抵制（1966—1976 年）

1966—1976 年的十年"文化大革命"，使我国的体育事业遭到极其严重的挫折和破坏。在盲目、狂热的政治激情氛围中，人们在对"革命"的虔诚心理支配下，压抑了对娱乐的需求。体育领导机构完全丧失了组织竞技比赛和群体活动的能力，体育场多为集会场所而关闭。开展体育活动失去了社会安定这个最基本的条件和必备的物质条件。因此，城市体育就整个状况与"文化大革命"前相比较，是大大地衰退了。[1] 例如，城市中的大部分学校、体校及武馆被停滞，冲击了武术运动；武术家的迫害；大量器械、书籍及有关武术的资料被收缴和烧毁；群众体育也受到了重大影响。

"文化大革命"期间，农村体育也受到重大的影响，例如一些农村传统的民间体育被列为"四旧"活动而遭到批判，而各类现代体育项目则因条件限制而很难在广大农村普及。[2] 但相对城市而言，农村的社会环境相对稳定。傅砚农先生认为，娱乐和观赏的需要，是农村体育活动得以广泛开展的主要原因之一。"文化大革命"时，早先流行于农村的节令性民间娱乐活动，诸如舞龙、竞渡、舞狮、庙会等，作为"四旧"被一扫绝迹。在精神、文化生活十分单调和贫乏的年代里，体育活动作为娱乐方式，大受欢迎。[3]

至 1976 年 10 月"四人帮"被粉碎以后，体育界和全国人民走出了灾难深重的十年浩劫，迎来了新的春天，在"文化大革命"中遭到严重破坏甚至瘫痪的各级体育系统和组织得到了恢复，此后全国体育工作逐渐

---

[1]　傅砚农：《"文革"中农村体育"兴盛"现象的思考》，《成都体育学院学报》1990 年第 7 期。

[2]　郝勤：《体育史》，人民体育出版社 2006 年版，第 409 页。

[3]　傅砚农：《"文革"中农村体育"兴盛"现象的思考》，《成都体育学院学报》1990 年第 7 期。

走上正轨。[①]

这一时期，是体育社团遭受重创的黑暗时期，只在"文化大革命"末期，武术作为外交的一个重要桥梁，才有了一丝喘息的空间，传统体育社团的衰败之势才得以缓和。例如，1974 年 6 月 3—7 日，中国武术代表团应邀出访美国，获得成功，美国总统尼克松在白宫广场会见了代表团全体成员，并观看了武术表演，在国际上产生了强烈的反响。6 月由佐藤隆之助为团长的日本太极拳代表团一行 16 人访问我国北京、上海、杭州、广州等城市。

综上所述，改革开放前的传统体育社团可以分为"文化大革命"前的传统体育社团和"文化大革命"时期的传统体育社团。"文化大革命"前的传统体育社团的特征是在新中国成立后，政治和经济得到大力发展，传统体育社团得到快速的发展，无论是政策、规模还是机构的完善都得到了空前的发展，政府和人民也越来越重视体育的发展。"文化大革命"时期的传统体育社团的特征是由于当时的政治和经济上的不稳定也导致了传统体育社团的不稳定，整体上的发展比"文化大革命"前严重倒退。"文化大革命"后又逐渐得到恢复。整个改革开放前的传统体育社团的发展呈波浪式前进。

三　深化改革，走向市场，以法治团（1978—2000 年）

1978 年党的十一届三中全会召开，确定了"解放思想、开动脑筋、实事求是、团结一致向前看"的方针，中国开始了改革开放的新时代，改革开放激发了各行各业的活力，使中国的生产力不断得到发展，人民的生活发生了翻天覆地的变化，综合国力日益增强。在这个过程中，体育不但成为中国现代化和民族复兴的一面镜子，而且也对推动社会发展和改善人民生活、提高生活质量作出了巨大的贡献。[②] 随着经济水平不断发展，物质生活逐渐得到满足，人们从之前的追求物质生活到追求精神生活的转变也为传统体育社团带来新的生机和活力。

1979 年 1 月，国家体委下发了《关于发掘、整理武术文化遗产的通

---

①　郝勤：《体育史》，人民体育出版社 2006 年版，第 412 页。

②　谭华：《体育史》，高等教育出版社 2005 年版，第 414 页。

知》并组成武术调研组到 13 个省、区、市进行了较广泛的考察，得到了当时党和国家主要领导人的高度重视，也为国人和全世界华人所瞩目，使所有热爱武术和关心武术的人们无不欢欣鼓舞。当时徐才同志是这样评价的，"党的十一届三中全会以来，国家的政治生活和社会主义建设逐步走上了正确的、健康发展的轨道，各条战线都取得了重大的成就。体育战线捷报频传，我国传统的武术运动也呈现了一片欣欣向荣的景象。武术成为各行各业、男女老少喜爱的运动项目，祖国城乡掀起了一股'武术热'，越来越多的人关注武术运动的发展"①。

　　到 20 世纪 80 年代，1981 年全国武术观摩交流大赛在山西太原举行。1982 年 11 月，全国散手竞赛规则研讨会在京召开，确定了《全国武术散手规则（初稿）》。同年，第一次全国武术工作会议在京召开，除西藏、台湾外的 28 个省、区、市 360 人参加会议。这次会议提出《团结起来，共同奋斗，开创武术运动的新局面》的报告，并正式提出武术散手问题，要求以"积极、慎重、稳妥"的精神发展。提出"积极稳步地向外推广，使武术逐步走向世界"的设想。1983 年，国务院转发了《全国农村体育工作会议纪要》，各级人民政府加强领导，农村体育快速发展。1985 年，国家体委首次颁布实施武术运动员等级试行标准，分为武英级、一级、二级、三级、武童级五个级别。1986 年，国务院批准成立了中国农村体育协会，各级政府也成立了农村体育协会。1987 年国家体委颁布了《全国先进县的标准和评选方法》，对体育活动开展好的地方给予表彰奖励。同年，在深圳市举办首届国际武术教练员训练班，13 个国家 47 名学员参加培训。同时，根据国家体委《关于国家体委武术工作管理体制问题的通知》，将国家体委训练竞赛四司武术处、中国武术协会、国家体委武术研究院合并，统一管理国内武术工作和对外推广工作。训练竞赛四司武术处人员全部转并到武术研究院。武术研究院增设训练竞赛处和秘书处。1988 年 9 月，在全国武术散手、太极推手比赛上，散手项目首次进行设台比赛，自此，武术散手以擂台形式进行比赛被确定下来。1989 年 12 月，武术工作座谈会在湖南省株洲市召开，就如何进一步做好武术工作，建立武

---

① 徐才：《团结起来，共同奋斗，开创武术运动的新局面》，1982 年 12 月 5 日在全国武术工作会议上的讲话。

术基地，办好武术馆校，评选"武术之乡"等问题进行讨论，把民间武术馆校的管理和建设工作提到议事日程上来。

　　进入 20 世纪 90 年代后，国家经济逐渐繁盛，武术竞技也进入快速发展时期。1990 年 4 月，国家体委下发了《关于中国武术协会实体化的通知》，中国武术协会实体化后，既是中华体育总会的团体会员，又是国家直属事业单位，在对本项目业务管理上并有部分行政职能。1991 年 12 月，原国家体委下发《关于开展全国"武术之乡"评选活动的通知》（以下简称《通知》）。《通知》规定：以县、市为单位参加评选；每三年评选一次。首批评定命名 35 个"全国武术之乡"。1992 年第四届全国大学生运动会在武汉举行，首次将武术列为该会正式比赛项目。随着竞技体育的发展，1993 年，国家开始着手制订全民健身计划。1994 年 5 月 30 日，国家体委武术运动管理中心成立。1995 年 6 月，《全民健身计划纲要》开始实施，人们对体育的认识更加深刻，参与人数不断增加，形成了"体育热"的场景。①

　　随着社会经济、政治、文化的发展，在广大乡村社区之间又出现了城镇社区。表现出人们的闲暇时间越来越多，对健康越来越重视，社区体育也得到了快速的发展。1996 年 11 月，原国家体委在湖北召开了第一次全国社区体育工作会议。会上对社区体育的概念、发展方向、现状特点进行了深入的探讨和定位。1997 年 4 月，原国家体委、教委、民政部、建设部、文化部联合下发了《关于加强城市社区体育工作的意见》。对社区体育的概念、社区体育工作的主要任务和职责、组织管理与体制、场地设施的建设与利用等作了明确的阐述。1997 年 11 月，原国家体委以 24 号主任令颁发了《全国城市体育先进社区评定办法（试行）》，同年 12 月 30 日至 1997 年 1 月 3 日，首届全民健身气功养生功交流大会在河北石家庄举行，全国 30 个省、自治区、直辖市体委及行业体协的千余名习练者代表参加了演示与交流。1998 年 2 月，原国家体委下发了《关于开展第一批全国城市体育先进社区评定工作的通知》，随后，全国各区、市均制定了本地区城市体育先进社区标准，并开展了省、市、区级的评定工作。②

---

　　① 谭华：《体育史》，高等教育出版社 2005 年版，第 422 页。
　　② 王凯珍：《社会转型与中国城市社区体育发展》，北京体育大学博士学位论文，2004 年。

　　基于这样的背景下，传统体育社团也得到了快速的发展。20 世纪 80 年代初，第一次全国武术工作会议上提出了"热情鼓励民间业余武术馆、社、校以及个人授拳活动"之后，全国各地自发民间武术社团组织才涌现出来。如北京的八卦掌研究会、湖北的武当拳法研究会、河南的少林拳法研究会、山西省的杨式太极拳协会、山西省形意拳研究会等。这些民间武术组织十分活跃，自筹经费开展群众性的武术活动，成为团结本地区广大武术爱好者，研习武术、相互交流不可缺少的组织力量。① 1982 年年初，国内第一家民间武术组织——北京八卦掌研究会成立。此后，北京市武术运动协会相继成立了 50 多个不同拳种流派的研究会，如北京的形意拳研究会、孙式太极拳研究会、吴式太极拳研究会、陈式太极拳研究会、杨式太极拳会等。② 据统计，1983 年全国 27 个省、区、市已成立县级以上武术协会组织的共 884 个，而至 1987 年，全国各类武协组织已近 2000 个，为各单项运动协会之冠。③ 另外，自 1988 年开始，国家体委开始了运动项目协会实体化的改革试点工作。武术协会作为 12 个运动项目协会实体化的试点之一，被列为国家体委差额预算管理单位的事业性实体协会。1990 年 4 月，原国家体委下发了关于中国武术协会实体化的通知，经中央机构编委会批准，在中国武术协会实体化的基础上，成立了国家体委武术运动管理中心，既是原国家体委直属事业单位，也是中国武协的常设办事机构，具有官民二重性。这为传统体育社团的发展提供了重要的政治保障。武术在国内逐渐恢复并发展的同时，在国际上的发展也取得了一定的成绩。1985 年 8 月 26 日，国际武术联合筹备委员会正式成立。1985 年，在意大利成立了欧洲武术协会。1986 年南美武术功夫联合会成立。1986—1987 年，亚洲武术联合会正式成立。1989 年非洲功夫联合会成立。1990 年，国际武术联合会在北京正式成立。这些国际、洲际武术组织的成立标志着中华武术已经走向世界，在国际上得到推广和普及。1998 年初步改制的"武术运动管理中心"，逐渐完善了武术社团的组织建构，成为独立自主管理的社会性组织形式，在由政府管理型向社会管理型管理体

　　① 于振东：《山西省民间武术社团的现状与发展对策》，山西大学硕士学位论文，2006 年。
　　② 范延波：《北京市民间武术社团组织的现状调查及发展对策研究》，首都体育学院硕士学位论文，2010 年。
　　③ 于振东：《山西省民间武术社团的现状与发展对策》，山西大学硕士学位论文，2006 年。

制的转变过程中更进了一步。在这种形式下，武术协会作为武术社团发挥了更多的业务管理和组织功能，使得武术工作更加贴近了民众，推动了武术运动的进一步普及。①

从 20 世纪 80 年代开始，逐渐在全国范围内形成了一场习练气功的热潮，功法与如何练习功法的研究成千累万，各种气功社团组织纷纷成立，80 年代中后期，当时最大的三个国家级气功社团："中国气功科学研究会"（1985 年）、"中国体育气功研究会"（1987 年）、"中国国际气功研究联合会"（1988 年）相继成立（2000 年清理整顿气功社团中，撤销注册资格）。这股热潮一直持续至 90 年代末，气功社团出现了历史上规模大、数量多，持续时间长的"第二峰"。从国家体育总局健身气功清理整顿工作领导小组办公室的统计资料获得的数据看，在十几年的时间里，仅创编的功法就多达 936 种。② 在 20 世纪 80 年代之前，我国健身气功组织仅 300 个左右，功法也只有 100 多种，气功组织规模、影响范围也不大，一般只是在某一地开展活动，跨省、地区传播者很少。从 80 年代到 90 年代末，我国健身气功组织突然增加到 3000 多个，发展迅速，气功功法也增加到 800 余种，其中新创功法就有 700 多种。在不到 10 年的时间里，健身气功组织增加了 8 倍多，影响和活动范围也不断扩大。根据相关资料统计，在上述 800 余种气功功法中，传播到 3 个以上省市的功法有 139 种，占 16.43%；传播到 20 个省市的功法有 7 种，占 0.83%；传播至海外的功法有 25 种，占 2.96%；其他传播范围则占 79.78%。③

我国传统健身气功具有一定的科学医疗保健功效和健身机理，但由于对气功本身的科学研究和探索尚在长期的发展中。因此，针对气功方面的某些漏洞和尚未完善的地方，使用混淆是非、牵强附会等手法，使一些非法气功组织的歪理邪说，建立和依附于中国传统文化和传统保健气功的体系内，从而具有了极大的欺骗性。④ 这也就使一些非法分子打着"健身气

　　① 李少杰：《传统武术拳种社团化管理研究》，河南大学硕士学位论文，2005 年。
　　② 《全国健身气功情况调查材料汇编》，国家体育总局健身气功清理整顿工作领导小组办公室，2000 年。
　　③ 宋学功：《当代邪教现象及控制模式初探》，《甘肃社会科学》2001 年第 6 期。
　　④ 倪依克：《论中华民族传统体育》，北京体育大学出版社 2005 年版，第 81 页。

功"的幌子进行招摇撞骗，使科学气功和一些传统宗教尤其是被视为臻于气功之极致的佛教气功蒙受了不白之冤，形象被严重扭曲。根据国家体育总局1998年展开的调研显示，气功是我国居民参与体育锻炼的首选运动项目，而根据国家体育总局2001年开展的中国群众体育现状调查显示，"与1996年比较，参与气功锻炼的人在逐渐减少。气功从1996年所处的第一位滑落到第七位，所占比重由46.7%减少到14.9%"。造成这一现象的原因是多方面的，主要是由于在近代气功的发展过程中，一些别有心机的人利用气功之名宣扬愚昧迷信和唯心主义，更有甚者利用气功危害国家安全和政治稳定，一些不良气功功法的恶劣影响并没有完全消除，因此导致气功的发展受到挫折，出现了"谈气色变"的状况。到90年代后期，由于邪教的出现，国家对气功组织进行清理整顿，加强管理，规范了气功社团的活动，解体了有害功法组织，以功法命名的气功社团组织全部被取缔。气功社团的数量明显下降，气功社团的发展陷入低谷。

四 以人为本，倡导科学健身，"增强全民族体质"（2000年至今）

20世纪末，未来学家格雷厄姆·莫利托预言：到2015年，人类将走过"信息时代"的高峰，迈入"休闲时代"。在"休闲时代"来临时，人们对物质的需求逐渐得到满足，而长时间生活在无规律的生活方式之中，人们越来越渴望一种可以让自己内心深处得到平静、缓解压力的娱乐项目。它的主体思想符合传统体育在"休闲时代"的发展方向和趋势。另外，我国现在已经步入"老龄化"时期，根据有关数据显示，2003年是缓慢老化期，人口由成年型向老年型转变。2003—2020年是迅速老化期，彻底进入典型的老年型社会。2020—2050年是高度老化期。① "休闲时代"和"老龄化"时期的到来，对于传统体育社团而言，更是到了一个黄金时期，由于传统体育项目丰富多彩，锻炼形式多样化，强度适中，效果明显，深受人们的喜爱。因此，这个时期的传统体育社团发展进入黄金时期，无论是民间"草根"传统体育组织还是社区传统体育社团以及官方注册的传统社团等都在这一时期得到蓬勃发展。

2000年，颁布实施的《体育类民办非企业单位登记审查与管理暂行

---

① 杜鹏：《中国人口老龄化过程研究》，中国人民大学出版社1994年版。

办法》以来，大量自下而上成立的民间武术队、健身气功以及其他传统体育项目等草根组织在社会体育中发挥了重要的作用并受到越来越多的关注。截至 2010 年年底，全国共有体育类社团 12842 个，体育类民办非企业单位 7062 个①，这一数量还在逐年增加。2007 年，胡锦涛在党的十七大报告中提出"发挥社会组织在促进群众参与，反映群众诉求方面的积极作用，增强社会自治功能"。民间传统体育社团组织分散于城市乡间，能够满足群众娱乐健身的需求。这些草根组织没有注册，没有固定和规范的场地设施，一般结构松散，群众参与锻炼的自主性大，组织程度低，无偿义务传授技能。也正是由于草根组织的随意性大，参加锻炼的人群较多，活动形式多样，满足了相当一部分人群参加传统体育锻炼的需求，丰富人民群众的体育锻炼生活，是推进全民健身活动不可或缺的一部分。相关政府部门也意识到了草根体育组织的社会功效，并采取了相关的扶持工作，例如烟台市在 2012 年兴建了农民健身工程 800 余处，牟平沁水河、鱼鸟河、莱山区逛荡河、海阳东村河、莱阳蚬河、莱州南阳河、开发区夹河和招远金泉河 8 条河已完成体育场地设施的配建工作。这些场地设施的配备为草根组织的锻炼提供了适宜的场所，将极大提高草根组织成员锻炼的积极性。

2000 年颁布的《国家体育总局 2001—2010 年体育改革发展纲要》中提到城市体育以社区为重点。社区是在地缘基础上结成的互助合作的群体，适宜于开展体育活动。社区体育要坚持业余、自愿、小型、多样，应当注重社区体育设施的规划和建设，积极为居民提供方便、实用的身体锻炼的场所。以烟台市为例，为贯彻《全民健身实施计划》，烟台市制订了《烟台市全民健身实施计划（2011—2015 年）》，健身工程建设稳步推进。仅 2012 年，全市建设乡镇（街道）健身中心 16 处、社区健身苑 20 处。2002 年颁发的《关于进一步加强和改进新时期体育工作的意见》中提到构建群众性体育服务体系，着重抓好三个环节：一是建设好群众健身场地，方便群众就地就近参加体育活动；二是健全群众体育活动组织，建立社会体育指导工作队伍和社会化的群众体育网络，完善国民体质监测系统；三是举办经常性群众体育活动，丰富群众文化生活。群众体育工作应

①　王名：《非营利组织管理概论》，中国人民大学出版社 2002 年版，第 1 页。

努力做到亲民、便民、利民。2004 年国家体育总局对《全国城市体育先进社区评定标准》进行了修订，评选对象由街道下放到社区居委会。2004 年将在全国部分省（区、市）启动"社区体育俱乐部"试点工作，首批将从全国选择 25 个社区体育俱乐部试点。[①] 2009 年颁布的《全民健身条例》中提到基层文化体育组织、居民委员会和村民委员会应当组织居民开展全民健身活动，协助政府做好相关工作。鼓励全民健身活动站点、体育俱乐部等群众性体育组织开展全民健身活动，宣传科学健身知识。这些法规条例的颁布极大地鼓励了群众体育建设，促进了社区体育的发展。

健身气功是一项特殊的体育项目，由于 20 世纪 90 年代末"邪教"事件使得气功社团受到极大的影响，为了进一步规范气功活动的开展和气功社团组织，加强对健身气功的管理，保障健身气功的健康发展，国家体育总局于 2000 年 9 月 8 日，颁布了《健身气功管理暂行办法（2000 年）》。2001 年 6 月，国家体育总局健身气功管理中心成立。2004 年 4 月，中国健身气功协会在北京正式成立。2006 年颁布的《健身气功管理办法》等法规条例，为引导健身气功活动健康有序地开展，促进社会主义精神文明建设起到了重要的作用。以山东为例，自 2003 年山东省开展试行推广四种健身气功工作以来，在国家体育总局健身气功管理中心和山东省委 610 办公室的指导帮助下，推广四种健身气功工作全面展开，并多次派人参加了全国的四种健身气功培训班，培训及站点的建立工作在我省顺利实施。截至目前，共举办了八期省级健身气功培训班，培训骨干 1000 余人，省内注册健身气功站点 1760 个，全省参与健身气功习练人数达到 10 万余人。[②] 在全省推动健身气功站点蓬勃发展的同时，各市也做了大量工作。例如，烟台市把加强管理作为做好健身气功工作的重中之重，举办全市的健身气功社会体育指导员培训班，加强对健身气功站点的指导管理，为满足健身气功习练者的需求，在 2014 年的工作计划中预计新建健身气功站点 100 个。国家为加强对健身气功组织的规范化管理，对健身气功组织的社会体育指导员也出台相应政策进行要求。2007 年颁布了健身气功项目实施《社会体育指导员

---

① 王凯珍：《社会转型与中国城市社区体育发展》，北京体育大学博士学位论文，2004 年。
② 山东省体育局健身气功管理中心：《健身气功年检报告》2009 年。

技术等级制度》暂行办法①，做出了例如"申请授予健身气功社会体育指导员技术等级称号者，应参加相应级别的业务培训和考核"等规范性要求，对推动健身气功的发展又迈进了一步。2008年9月29日，胡锦涛总书记在北京奥运会、残奥会总结表彰大会提出了"实现竞技体育和群众体育协调发展，进一步推动我国由体育大国向体育强国迈进"的奋斗目标，为我国体育发展指明了战略方向。要实现这一战略目标，关键在于实现体育体制的改革。体育社团作为体育政府机构职能转换的重要承接物，其社会责任能力的完善必将促进体育体制的改革。刘鹏局长在2012年群体工作会上提出，"要充分发挥各类社会组织的作用，为全民健身事业发展注入新的活力"。因此，作为未来治理主体之一的体育社团承担全民健身公共服务职能是体育社团社会责任的体现，也是体育社团的目标任务。体育社团应该利用自身的优势和从外部可获取的资源，挖掘所涉及项目的优势，吸引不同阶层、年龄、民族、种族的民众，参与体育社团所组织的活动，推动项目的普及和提高，从而使自身在竞技体育、群众体育、学校体育和体育产业方面得到可持续发展，实现真正的体育公共服务，而体育社团社会责任承担的好坏，直接影响了体育公共服务的水平。②

第二节　社会体育政策与传统体育社团发展

中国传统体育社团的孕育发展深嵌于社会体育政策的发展变迁，有明确的路径依赖，并依社会体育政策发展表现出明显的阶段性特征。而随着积极的社会体育政策的推进，中国社会体育的发展、普及迎来了传统体育社团大发展的新契机。与学校体育、竞技体育相比，社会体育具有活动对象广泛性、活动时间随机性、活动性质自发性、活动形式多样性、活动内容自主性和娱乐性以及组织管理复杂性等特点。社会体育最早被称为群众体育，能够增强广大人民群众体质健康，具有健身、健心、健美、医疗以及消遣和娱乐等作用。2000年出版的《体育大词典》，将社区体育明确定

---

① 国家体育总局：《社会体育指导员技术等级制度》，国家体育总局官网（http://www.sport.gov.cn/n16/n1092/n16864/322504.html）。

② 刘润芝：《我国体育社团的社会责任研究》，北京体育大学博士学位论文，2013年。

义为："社会体育是指厂矿、企业、事业、机关的职工、城镇居民与农民，为达到健身、健心、健美、娱乐、医疗等目的而进行的内容丰富、形式多样的身体锻炼活动。"①

一　改革开放前的社会体育政策（1949—1976 年）

（一）新中国成立初期，社会体育政策的产生和形成阶段（1949—1957年）

新中国成立初期，各项建设百废待兴，同时为了摘掉"东亚病夫"这顶帽子，都需要广大的人民群众具有健康的体魄和旺盛的精力。因此，作为一种上层建筑的重要形式，社会体育的价值获得党和国家领导人的高度重视，希望通过体育运动增强全民体质。人民群众体质的增强，不仅担负着洗刷中华民族百年耻辱的历史重任，并且能够恢复和促进新中国成立初期的社会经济的发展，巩固国防事业，从而达到建设国家、稳定社会的目的，摆脱"弱国弱民"的危机。新中国成立初期，根据马斯洛的需求层次论，人民群众更多需要的是物质生活的满足和保证这一基本需求，体育作为心理需求只能属于从属的位置。但是，新中国成立初期共产党在广大人民群众中具有崇高的地位，人们对党无限的信任和爱戴，对新中国无比的忠诚和信赖，正是在这种历史背景下，党和国家政府制定的各项群众体育政策，能从上到下得到有效的执行。

1949 年 9 月 30 日，新中国通过了具有临时宪法性质的《中国人民政治协商会议共同纲领》，其中第 48 条明确规定："国家提倡国民体育，新中国的体育事业是为人民的健康、新民主主义的建设和人民的国防而发展的体育。"② 在不久之后的"全国体育工作者代表大会"上，朱德强调指出："不但学生，而且工人、农民、市民、军队机关和团队都要搞体育。现在我们的体育事业一定要为人民服务，要为国防和国民健康的利益服务。"③ 1952 年 6 月，中华全国体育总会正式成立，正式提出"在现有基础上，从实际出发与实际相结合，使体育运动普及和经常化，积极地发展

① 陈萌生、陈安槐：《体育大词典》，上海辞书出版社 2000 年版，第 6 页。
② 中华人民共和国体育运动文件汇编：《中共中央关于加强人民体育运动工作的指示》第一辑，人民体育出版社 1957 年版，第 7 页。
③ 朱德：《在"八一"体育运动大会开幕式上的讲话》，《新体育》1952 年第 9 期。

体育运动，增强人民体质，为加强生产建设和国防建设而服务"①的口号，明确了"使体育运动普及化和经常化"为这一时期我们体育的发展方针。为了更好地贯彻实施这一方针政策，出台了一系列发展社会体育的相关政策方针：1953 年 11 月 17 日，中央体委党组将《关于加强人民体育运动工作的报告》（以下简称《报告》）呈报中共中央。《报告》认为，"为了使人民更好地实现党和国家的总路线和总任务，就必须按照毛主席'发展体育运动，增强人民体质'的指示，广泛地开展人民体育运动，使之为人民的健康、经济建设和国防建设服务"。《报告》还提出了"当前开展体育运动的方针应当是：开展群众性的体育运动，使体育运动普及和经常化"。1954 年 1 月 8 日，《中共中央关于加强人民体育运动工作的指示》作了重要指示，肯定了中央体委党组目前开展体育运动的方针和各项工作的意见是"正确的"。把"改善人民的健康状况，增强人民体质"提高到"是党的一项重要政治任务"的高度，这对于在全党和全国人民中强化对"增强人民体质"重大意义的认识，起到了关键性的积极作用。②也是此阶段极其重要的指导群众体育的政策文本。1954 年 1 月 8 日，中共中央批准了《中央人民政府体育运动委员会党组关于加强人民体育运动工作报告》的指示，明确指出："改善人民的健康状况，增强人民体质，是党的一项重要政治任务。"1954 年 2 月周恩来同志在《政务院第 205 次政务会议上的讲话》中也明确指示："要在工厂、学校和农村中提倡和开展体育运动"，"只要坚持开展体育运动，五年、十年、十五年，中国人民的体质就会大大改变"。③1954 年 3 月，又颁布了《中央人民政府政务院关于在政府机关中开展工间操和其他体育运动的通知》。1954 年，中华全国总工会也发出了《关于开展厂矿企业中职工群众体育运动的指示》，强调要"在厂矿企业中有计划、有领导、有准备地开展职工群众的体育运动"。1955 年 1 月，中华全国总工会制定了《关于开展职工体育运动暂行办法纲要》。1955 年 2 月，中共中央批复同意《关于全国第一次职工体育工作会议的报告》，随后的第一个五年计划明确提出："在全国人民中，

①　中国大百科全书编委会：《中国体育百科全书》，人民体育出版社 2001 年版，第 55 页。

②　傅砚农、曹守和：《新中国体育指导思想研究》，人民出版社 2012 年版，第 22—23 页。

③　周恩来：《为祖国锻炼身体》，人民出版社 1984 年版，第 130 页。

首先在厂矿、学校、部队和机关的青年中，广泛地开展体育运动，以增强人民的体质"；并于 1955 年建立了中华全国总工会体育部这一管理体育工作的职能部门。综上所述，该阶段主要建立和完善了体育管理机构，加强了体育干部的培养、建立和健全了各级体育组织，通过宣传、举办各种竞赛和建立各种规章制度重点推动群众体育的发展，对民族传统体育进行了整理和研究。

这一时期的群众体育可分为：职工体育、农村体育和军事体育，具有综合性、全民性、公平性和军事化的特征。[①]（1）综合性：新中国成立初期的社会体育政策可以认为是国家体育政策，与竞技体育、学校体育政策是紧密结合在一起的，突出"我中有你，你中有我"和综合性的特点等。（2）全民性：1952 年 10 月，毛泽东为中华全国体育总会成立的题词"发展体育运动，增强人民体质"，倡导全民进行体育锻炼。除了加强职工体育和军事体育，还加强农村体育活动建设。农村体育活动在毛泽东的大力号召下迅速发展，1955 年进入农村体育发展的高潮期，体现了全民性的特点。（3）公平性：新中国成立初期的社会体育政策更加强调公平、公正，在体育设施建设上，要求在工厂、学校及企事业单位多领域进行建设，希望不同阶层、不同民族、不同区域的国民能分摊、共享体育资源。（4）军事化：新中国成立初期的社会体育受毛泽东建军思想的影响，军事化色彩较浓，"体育为国防服务"、"保卫祖国"是国民参加体育锻炼的主要目的。1952 年，新中国第一届全军运动会在北京举办，随后成立了"中央国防体育俱乐部"；1953 年，体育被中央军委正式列为中国人民解放军正规化训练科目，并在军队施行劳卫制。1955 年 10 月 2—9 日，全国第一届工人体育运动大会在北京举行，这是我国历史上第一次工人体育运动大会，是对新中国成立后职工体育运动成果的一次大检阅。1956 年，国防体协正式成立。职工体育开展的活动项目也与军事紧密结合，如投掷、射击等；农村基层开展的体育锻炼也与保卫祖国密不可分倡导体育运动与民兵训练相结合。体育政策突出了军事化的特点。1956 年 3 月 9 日，国家副主席刘少奇在同国家体委负责人的谈话时指出："要加强研究，改

---

① 国家体委政策研究室：《中共中央批复全总党组和国家体委党组关于全国第一次职工体育工作会议的报告》，人民体育出版社 1982 年版，第 274—275 页。

革武术、气功等我国的传统体育项目，研究其科学价值，采用各种办法，传授推广。"①

（二）社会主义建设时期，社会体育曲折发展阶段（1958—1966 年）

这一历史时期，经历了"反右"、"大跃进"等政治性运动，社会体育的发展经历了低潮、稳步发展和逐步恢复三个时期，确定了"普及与提高相结合"的体育发展思路。早在 1956 年党的八大会议上，在第二个五年计划的建议报告中周恩来总理就提出："我们应该在广大群众中进一步开展体育运动，有效地增强人民的体质，并且提高我国体育运动水平。"② 至此，党和国家领导人意识到体育的责任不光是增强人民群众的体质，同时担负着提高整个国家运动水平的重任。1958 年，中共中央在国家体委党组《关于体育活动十年规划的报告》批语中说"在组织了人民公社的地方，体育运动应在人民公社的统一安排下，结合劳动生产，使之成为广大群众热烈喜爱的事情"。1959 年二届人大会议的《政府工作报告》中，周恩来总理明确提出现阶段体育工作的新方针："在体育工作中，应当贯彻执行普及和提高相结合的方针，广泛开展群众性体育运动，逐步提高我国的体育水平。"这一方针的出台，标志着我国体育"普及与提高相结合"发展思路正式形成。

但是，因为"反右"斗争的进一步扩大化和"大跃进"运动，导致社会体育工作出现低潮。1958 年 9 月召开的第一届全运会筹委会，提出群众体育要实行"大跃进"，把"大跃进"运动推向高潮。在当时"不怕做不到，就怕想不到"的社会背景下，体育界也迫不得已在《体育运动十年规划》中体现"大跃进"精神。在某种程度上，"大跃进"运动主观愿望是想把经济建设发展得更快一些，但是由于实际部署超越了综合国力，违背了经济发展的客观规律，认为只要"敢想、敢说、敢干"就能实现和完成办不到的事情。因此，打乱了整个国民经济秩序，同时连续三年自然灾害雪上加霜，导致整个国民经济极其艰难③。1960 年 4 月 25 日，国家体委下达了《关于贯彻中共中央关于卫生工作的指

---

① 国家体委武术研究院：《中国武术史》，人民体育出版社 1997 年版，第 366 页。

② 周恩来：《发展国民经济的第二个五年计划的建议报告》，《中国体育年鉴（1949—1991）》。

③ 本刊评论员：《各地掀起冬季体育锻炼热潮》，《新体育》1958 年第 2 期。

示精神，大力开展群众体育活动的意见》，要求各级体委认真学习并坚决贯彻这一指示，掀起一个轰轰烈烈的体育运动高潮，以更大的成果向全国文教战线群英会献礼。要求广泛地向群众宣传，"务求家喻户晓，深入人心"，"扩大影响，造成声势"。对工厂、农村、学校提出要求，"促使群众体育运动的热潮一浪高一浪地发展下去"①。1960 年年底，党中央、国务院为了调整国民经济和各项工作，提出"调整、巩固、充实、提高"的八字方针政策。响应党和国家的号召，中华全国总工会明确突出继续"反右倾、鼓干劲、把职工体育运动推向新的更高阶段，掀起体育锻炼的热潮"②。但是，到 1960 年城乡人民群众的生活已经非常困难，虽然各级体委在全国"反右倾、鼓干劲"宣传舆论氛围的迫使下，克服众多困难开展群众体育活动，可实际上已经无法大面积普及性地开展群众体育。

　　在这一历史时期，不管是竞技体育、群众体育还是学校体育都出现全面收缩的趋势。因此，确立了"围绕生产、结合生产，根据各种劳动生产的不同特点，开展多种多样的体育活动"③。作为群众体育的根本原则。并根据"广大职工和农民因为生产、工作都比较繁忙，业余时间又要进行各种社会活动"的事实，提出每天坚持十分钟体育活动，活动时间、活动方式灵活多样。农村体育方面，1961 年，由于食品匮乏，"除个别生活极好的地区有体育活动外，基本上暂停活动"。1962 年 3 月下发的《1961 年全国体育工作会议纪要》指出：体育事业发展的规模和速度必须与国家经济建设相适应，要根据生产水平和人民群众生产、生活的实际情况不断调整。体育活动减下来，是为了更好地发展工农业；体育内部调整，是为了保证重点。并要求对体育界知识分子充分的信任和支持，鼓励他们大胆开展工作。1962 国民经济稍有好转，这一时期总的原则是"少搞或不搞体育活动"，尊重广大人民群众的意愿和爱好，让群众自发开展一些娱乐活动，与此同时，利用"社教"和"四清"运动，促进农村体育的进一步开展。在调整中，最大的变化是

---

①　傅砚农、曹守和：《新中国体育指导思想研究》，人民出版社 2012 年版，第 65 页。
②　国家体委政策研究室：《体育运动文件汇编，1949—1981》，人民体育出版社 1982 年版，第 17 页。
③　同上书，第 30 页。

群众体育的指导思想，由过去的大张声势的"群众运动"，转变为根据实际情况和群众的意愿，开展务实、小型、多样的体育活动。尽管这种转变是受客观环境的影响，不是来自于意识形态的自觉，但对开展和发展群众体育还是非常有益的。

随着国民经济进一步的全面好转，1965 年国家体委重新提出"普及和提高相结合，大力开展群众性体育运动，在体育运动广泛开展的基础上提高运动技术水平，不断创造新纪录"的体育工作方针。

这一历史时期群众体育政策可分为两个阶段："大跃进"和"调整、巩固、充实、提高"时期。《体育运动十年规划》是全国"大跃进"的产物，由于严重脱离当时的实际情况，目标定得过高，同时受三年自然灾害的影响，政策执行非常困难，因此提出"缩短战线，保证重点"，并根据实际情况和群众意愿，采用实效、小型、多样的政策方针，有效地促进了群众体育的恢复和发展。[1]

（三）十年动乱时期，社会体育遭到全面破坏阶段（1966—1977 年）

"文化大革命"是新中国成立后一个特殊的历史时期。在这场以文化首当其冲的浩劫中，体育遭到了极其严重的破坏，使体育整个跌入新中国成立以后的最低谷。[2]

从 1966 年"文化大革命"发动开始，至 1968 年年底，全国处于一片混乱的状况，体育整个处于几近湮灭消失的状态；从 1966 年到 1970 年，体育学院的教学工作完全处于停顿状态。1971 年，国家体委召开了"文化大革命"以来的第一次全国体育工作会议。随着体委系统各级体育机构和体育活动的恢复，国际体育往来的重新开展，特别是 1971 年我国乒乓球健儿在第 31 届"世乒赛"上取得好成绩，促成了中美两国乒乓球队的互访，打开了中美两国外交的渠道。1972 年，全国业余体校工作座谈会在西安举行，会议认为，要办好青少年业余体校，首先是要"深入进行思想和政治路线方面的教育，提高执行毛主席革命路线的自觉性"。1973 年，召开了第一届全国中小学运动会。1973 年前

---

① 中华人民共和国体育运动委员会：《中国体育年鉴（1949—1991）》（精华本）上册，人民体育出版社 1993 年版，第 11 页。

② 傅砚农、曹守和：《新中国体育指导思想研究》，人民出版社 2012 年版，第 93 页。

后，随着政治形势的变化，各地开始重新编写体育教材。1974 年 1 月邓小平在接见国家体委负责同志时，强调："就是要加强学校的体育嘛！要把学校的体育工作搞好，要发展少年儿童业余训练。"1975 年 11 月 3 日周荣鑫部长签发了《关于增设体育司的请示报告》并上报国务院，经国务院批准，教育部建立体育司。1971 年以"乒乓外交"为契机，在竞技体育得以启动恢复的同时，也带动了群体活动全面普及性恢复。1972 年至 1975 年年底，全国的群众性体育活动复苏而蓬勃地开展，以致出现畸形兴盛的状况。①

"文化大革命"是一场对社会秩序影响巨大的运动。② 在这一个特殊的历史时期，受"左"的错误思想指导，对领导者盲目狂热的崇拜导致新中国成立以来一切正确的体育政策都被认为是修正主义而被彻底取消。"文化大革命"期间没有具体的、明确的群众体育政策。但是，实际上"左"的方针和体育主要为"无产阶级政治服务"口号在某种意义上指导群众体育动向，在体育工作中以政治挂帅，突出政治，群众体育与政治运动牢牢相结合。严格地讲，群众体育成为政治的附属品和工具，因此群众体育带有浓厚的政治色彩，例如，在机关、工厂内开展做"语录操"活动，鼓励跳"忠字舞"。由于受其特殊社会环境的影响，"文化大革命"对农村体育影响相对较小。同时"文化大革命"期间开展的"知识青年上山下乡"政策，城市知识分子相对具有较好的体育基础，闲暇时间间接地促进了农村体育活动的开展。此外，周恩来等国家领导人在与林彪、"四人帮"做斗争过程中，对体育工作也做出一些指示，主要体现在保护体育界干部，落实党的干部政策和提倡业务学习，纠正"左"的路线。

"文化大革命"时期采取的体育政策，使我国群众体育事业遭到较大程度的破坏。其产生的主要原因是政策制定缺乏民主性，以及对体育功能认识的片面性。这段时期体育政策表现的基本特征为：文本少、稳定性差；指导思想失误，具有强烈的政治色彩。

---

① 傅砚农、曹守和：《新中国体育指导思想研究》，人民出版社 2012 年版，第 93—111 页。
② 邓小平：《邓小平文选》（第三卷），人民体育出版社 1993 年版，第 237 页。

二　改革开放后的社会体育政策（1978 年至今）

（一）体育政策探索、创新和社会化时期（1978—1994 年）

1978 年 5 月 12 日，国务院发文转批国家体委《1978 年全国体育工作会议纪要》。国务院在批示中强调，要在党的第十一届三中全会精神指引下高速发展体育事业，坚持普及与提高相结合的方针，进一步广泛开展群众体育运动。① 从 1979 年开始，在集中优势、突出重点、优化结构、分类管理的思想指导下，做了重点布局，进行了竞技运动项目调整，并取得了明显的成效。另外，我国传统的武术和围棋等传统类项目继续在全国广泛开展，采取建立武术馆、棋院等方式提高水平。② 十一届三中全会，社会各界都进行"拨乱反正"和社会主义改革，体育工作也由过去集中精力抓政治运动转变为重点抓体育业务工作。体育工作重点集中在高速发展体育事业，适应四个现代化的需要。20 世纪 70 年代末期，为了参加 1980 年奥运会，在我国一些项目成绩较差达不到奥运会报名标准的压力下，国家体委和省一级体委第一次在体育工作方针中明确提出"普及和提高相结合的前提下，侧重抓提高"。标志着我国体育工作的重点由群众体育转为竞技体育。对于群众体育，国家体委认为通过重点带动一般，推进群众体育的发展。

20 世纪 80 年代以来，我国各种社会团体在改革中获得适当"土壤"和"气候"而迅速成长，到 1992 年有全国性社团 1400 个，省级社团 19601 个，县级社团 16000 个（据《中国日报》，1992 年 5 月 7 日），"社团发展的转折与中国政治经济体制发展的转折吻合，绝不是巧合，而表明其中的内在联系。这种联系就在于政治经济环境产生一种客观力量，然后转化为民间结社愿望和自由的主观力量，自下而上地推动社团的崛起"③。体育社团也在这个时期得到迅速发展。在长期实践的基础上，80 年代国家体委根据国家实际情况提出了全民健身和奥运战略，并要求在实践中能够将两者有机地协调起来。1980 年 1 月

---

① 傅砚农、曹守和：《新中国体育指导思想研究》，人民出版社 2012 年版，第 152 页。

② 同上书，第 157 页。

③ 孙炳耀：《中国社会团体官民二重性研究》，《中国社会科学季刊》1994 年第 2 期。

7 日，体委主任王猛在全国体工会议上的报告中，对以行政手段进行管理，管体育与办体育不分的领导管理体制，提出了应该进行调整，实际是意向性地提出了改革思路：依靠大家办体育。王猛认为，体育是全党全民的一件大事："单靠体委是不行的，必须依靠社会各方面合作来完成这项工作。"这里的"大家"就是教育、工会、共青团、妇联等职能部门和群众组织。"体委的工作绝不能单纯依靠指令和行政措施，而是要充分发挥体育总会和分会、产业系统和基层的体育协会，以及单项运动协会等群众性体育团体的作用。"① 1981 年 2 月召开的全国体委主任会议上，提出"当前优先发展城市体育"、"鼓励社会力量和群众自办体育"、"民办体育作为国家发展体育的辅助和补充"。1982年制定的《中华人民共和国宪法》第一次明确提出："国家发展体育运动，开展群众体育活动，增强人民体质。"这一规定确定了我国发展社会体育的最根本方针，即增强人民体质。同时，也非常确切地表明国家在发展社会体育事业中担负的责任以及国家和各级人民政府在发展社会体育事业中的主导地位。在同年举行的全国体育工作会议上，提出要"挖掘、整理、继承、提高以武术为主的民族传统体育"，并成功地举办了第一届少数民族运动会。1983 年在《关于进一步开创体育新局面的请示》报告中，明确指出发动全社会力量办体育是体育改革的重中之重。随后在1984 年中共中央颁布了《中共中央关于进一步发展体育运动的通知》（以下简称《通知》），《通知》中提出："必须坚持普及与提高相结合的方针，积极发展城乡体育活动。"《通知》中还提出"抓好体育社会化这一环节"，所谓"体育社会化"，主要目的就是由社会来办群众体育，国家体委集中精力抓竞技体育。这一《通知》标志着我国社会体育进入改革和发展的新时期。《通知》要求体育经费和体育基础建设投资纳入各级政府的国民经济和社会发展计划中，要求增加人民群众体育活动的场地。因此，国家体委制定并下发了《国家体委关于体育体制改革的决定（草案）》，提出要"发挥各方面的优势，把群众体育推向新的广度和深度"，明确指出各级体委不能只抓竞技体育，还要抓紧对群众体育的建设，这项

---

① 傅砚农、曹守和：《新中国体育指导思想研究》，人民出版社 2012 年版，第 165页。

草案的实施标志着我国体育进入法制改革的攻坚阶段。

20 世纪 80 年代中期，城市首先成为社会主义改革的重中之重，社会福利制度发生改变：由原来的国家负责的社会福利制度转化为社会化的福利制度，在街道建立"社会福利服务网络"，并于 1987 年首次公开提出"社区服务"的概念。在这种背景下，社区体育作为社区精神文明和社区服务的重要内容，引起各级政府部门和体育管理机构的重视，对群众体育的社会化起到非常重要的促进作用。1991 年原国家体委在天津召开了"全国部分城市社区体育工作研讨会"，会中明确指出"要大力推广城市社区体育"。社区体育逐渐成为社会体育的主流模式。

1992 年邓小平发表南方讲话，建立社会主义市场经济体制成为改革的重点。由计划经济体制向市场经济体制的转轨形成了不同的利益集团，社会力量的不断壮大，为群众体育政策的创新提供了坚实的现实社会基础；千篇一律的政府管理以及单调的"群众运动"体育模式已经远远不能适应时代发展的需要，同时随着经济的进一步发展，社会也逐渐具备了初步的承接群众体育发展的能力，使体育社会化成为可能。顺应改革的需要，1993 年《国家体委关于深化体育改革的意见》（以下简称《意见》）中进一步强调提出"坚持社会化方向，加快群众体育发展"，通过社会力量加快群众体育发展成为改革的主要思路。《意见》中制订了《全面健身计划》，要求各个政府加强体育场地设施的建设，同时提出各个行业的体育工作由其主管部门负责，充分发挥各个行业、系统体育协会的作用，鼓励建立基层体育组织，大力发展乡镇体育，鼓励社会各界兴办群众性体育健身俱乐部。1994 年颁布了《全民健身计划纲要》，将《全面健身计划》纳入国民经济和社会发展的总体规划中，要求各级政府加强宣传工作，加强各级政府对全面健身工作的重视，增强全民体育健身意识；在国家整体经济预算中逐步增加群众体育事业的支出比重；实施体质监测制度，定期对全民体质进行监测和公布；充分发挥各级群众组织以及各种社会团体的重要作用，建立、健全各个系统、行业体育协会和其他群众体育组织，逐渐形成社会化的全民健身组织网络。同年，《社会体育指导员技术等级制度》公布，标志着我国社会体育工作的管理开始逐步向正规化和法制化迈进。同时也要求各级部门加强对社会体育骨干队伍的建设和培养，通过推广简便易行的体育健身方法，促进民族、民间传统体育的大力发展。

在这一阶段，在整个社会"拨乱反正"和"改革开放"的大环境下，我国群众体育政策在重新选择和创造性中发展。首先，随着国家与社会间的结构分化与关系调整，计划经济向市场经济体制的转轨，国家经济的快速发展，社会力量的不断壮大，为群众体育政策的创新提供了坚实的现实社会基础；尽管由于政策执行者的价值取向，重点仍然是倾向于竞技体育的发展，群众体育的发展处于"自由化"阶段。但总体而言，此阶段国家提出群众体育社会化的方针政策，实现了体育价值的多元化，充分体现了国家对体育认识的深入化。其次，群众体育更加注重人文精神。群众体育政策由以往的注重军事体育和政治体育更多地转向提高人民群众的身心健康和丰富文化生活。在制定的各个政策文本中，明确提出体育的主要目的是促进人民的身心健康、丰富人民的文化生活。人民群众体育锻炼的项目和时间由自己支配，锻炼成为自己的事情，不再与政治挂钩。1983年4月中国老年人体育协会和中国伤残人体育协会的成立，标志着国家开始对弱势群体体育进行重视，充分体现了体育人文关怀精神。

虽然这一阶段，群众体育有了长足的发展，但是在群众体育执行的过程中仍然存在严重的惰性。通过合理的政策鼓励促进各级地方政府因地制宜发展群众体育，充分利用体育社团和各类体育组织促进群众体育的社会化无疑是促进群众体育发展的最好方式，但是在我国现代化进程中，过分地强调GDP的增长率，使其成为衡量各级地方政府和官员政绩的首要标准，无疑迫使各级政府部门将经济总量的增长作为其唯一主要发展目标。而群众体育由于不能直接推动GDP增长，因此虽然发展群众体育是各级政府的责任，但是不能充分引起各级政府部门的重视，对群众体育政策的执行力度不够，应付其事。其次，我国群众体育管理存在两种现象：一种是政社不分，我国城市社区权力主体是城市最基层的政府机构——街道办事处，而实际管理组织则是民选的居民委员会；另一种是"条块分割"，在社区这一特定的空间里存在各级不同的单位，不同的单位都是自成系统、相对封闭，造成管理的条块分割。在这种客观条件下，直接导致群众体育政策的制定与执行之间的脱轨，在某种程度上损害了群众体育政策的权威性和有效性。

（二）体育政策法制化、民主化和科学化时期（1995—2008年）

随着体育发展趋势日益大众化和生活化，传统的体育观念和组织行为发生着翻天覆地的变化。在《体育运动国际宪章》中，联合国教科文组织明确指出：参加体育运动是所有人的一项基本权利，因此，"体育人口"这一新概念普遍被当今国际社会所接受，并且随着认识程度的提高，"体育人口"逐渐演变成衡量一个国家体育发展水平和体育社会化程度的一项基本指标。同时，随着国际政治形势的改变、国家经济条件的进一步发展和改善，社会对群众体育提出了更高的要求，我国政府提供的体育资源已经远远落后于整个社会对群众体育的需求，无法满足人民日益增长的锻炼需要。因此，制定合理的促进群众体育发展的激励政策已经成为国家的一项重要任务。"群众体育与竞技体育协调发展"成为这一时期新体育工作的最基本的指导方针。

为顺应社会发展的要求，在 1995 年 3 月召开的第八届全国人民代表大会第三次会议上，李鹏总理作的《政府工作报告》中明确指出："体育工作要坚持群众体育和竞技体育协调发展的方针，把发展群众体育，推行全民健身计划，普遍增强国民体质作为重点。"同年 6 月 28 日，国家体委颁布了《全民健身计划纲要》（以下简称《纲要》），《纲要》明确指出："把推行全民健身计划纳入国民经济和社会发展的总体规划，坚持群众体育与竞技体育协调发展的方针，以普遍增强人民体育为重点，加强领导，统筹规划，切实抓出成效。"《纲要》首次提出群众体育与竞技体育协调发展的方针，同时还要求积极发展社区体育，更明确了街道办事处、居民委员会在发展社区体育中的组织领导作用，对发展社区体育做出的明确规定，对各地政府、相关部门开展社区体育工作起到了积极的推动作用，各省、市、县相继分别制订本级的全民健身发展计划，发展社区体育。8 月29 日，经全国人大批准颁布了《中华人民共和国体育法》（以下简称《体育法》）。《体育法》第二条阐明："体育工作坚持以开展全民健身活动为基础，实行普及与提高相结合，促进各类体育的发展。"《纲要》和《体育法》的颁布标志着"群众体育和竞技体育协调发展"的战略，成了新时期体育工作最基本的指导方针。《体育法》还明确提出："城市应当发挥居民委员会等社区基层组织的作用，组织居民开展体育活动，开展社区体育。"从法规上对社区体育正式做了明确。这是我国第一部真正意义上的体育法，为以后社区体育规范化、法制化发展，提供了法律的依据，是我国体育法制化一个重要的里程碑。随后，于 1996 年 7 月颁布的《中国成年人体质测定标准施行办法》标志着我国终于有了自己的成人体质监测标志。1996 年、2000 年和 2005 年的三次大规模全国群众体育现状调查，使国家对我国社会体育发展的整体状况有了基本了解，也标志着我国群众体育科研迈上了新的台阶。1997 年国家教委、国家体委、民政部、建设部、文化部联合颁发《关于加强城市社区体育工作的意见》中提到：我国城市社区体育（以下简称社区体育）是体育社会化的产物，是社会发展的必然趋势，是城市精神文明建设的重要内容。社区体育主要是在街道办事处的辖区内，以自然环境和体育设施为物质基础，以全体社区成员为主要对象，以满足社区成员的体育需求，增进社区成员的身心健康为主要目的，就地就近开展的区域性的群众体育。社区体育工作的主要任务是：采用多种方式，发动、引导、组织社区成员开展经常性的体育健身活动，提供门类众多的体育服务，满足社区成员的体育需求，增强体质，提高身心健康水平和生活质量，建立文明、健康、科学的社区生活。原国家体委 1998 年 2 月下发的《关于开展第一批全国城市体育先进社区评定工作的通知》是一个建立城市社区体育激励机制及表彰群众体育工作的重要文件。随后，我国各省（区、市）均制定本地区城市体育先进社区标准，推动了我国社区体育的蓬勃发展。到 2006 年，共有 1123 个社区被授予全国城市体育先进社区的称号。[1]

　　2000 年 12 月，国家体育总局正式制定了《2001—2010 年体育改革与发展纲要》，提出今后 10 年发展群众体育的主要目标：大力普及和提高群众体育，争取"体育人口"在现有基础上增加到占全国总人数的 40%，并在城市社区和乡镇大量建设方便居民进行健身运动的体育设施。2002 年 8 月，中共中央和国务院联合发布了《关于进一步加强和改进新时期体育工作的意见》中要明确政府和社会的事权划分，实行管办分离，把不应由政府行使的职能转移给事业单位、社会团体和中介组织的要求，应理顺政府体育行政部门与各种体育社会团体之间的关系，清晰不同管理主体的职责权限。这是实现政府体育管理职能转变的关键。[2] 同时，特别强

---

　　①　刘明生：《上海市社区体育组织现状及发展对策》，《上海体育学院学报》1999 年第 1 期。

　　②　刘润芝：《我国体育社团的社会责任研究》，北京体育大学博士学位论文，2013 年。

调"以满足广大人民群众日益增长的体育文化需求为出发点,把增强人民体质、提高全民族整体素质作为根本目标"作为体育工作的重点,并提出了构建群众性多样化体育服务体系的设想和要求,以"适应各方面的体育健身需求,保障广大人民群众享有基本的体育服务"。随后召开的十六大,在党的十六大报告中明确提出:"提高全民族健康素质、形成比较完善的全民健身体系作为全面建设小康社会的目标之一",对体育事业发展提出了更高的要求。2006 年召开的第十届全国人民代表大会第四次会议制定了体育事业发展的"十一五"规划,明确提出体育发展的总体目标是"以举办和参加 2008 年奥运会为契机,广泛开展群众体育活动,初步建成具有中国特色的全民健身体系,不断满足群众日益增长的体育文化"。首次将群众体育发展的目标放在竞技体育的前面。"十一五"时期群众体育的发展目标是:坚持群众体育与奥运同行,抓住筹备和举办北京奥运会的历史机遇,提高群众的体育意识,培养群众的健身习惯,在全社会营造浓厚的健身氛围;本着亲民、便民、利民的原则,让更多的人享受体育发展的成果。"十一五"时期要实现公共体育设施明显增多,群众体育组织进一步健全,群众的健康素质显著提高,形成政府领导,体育部门组织协调,有关部门各负其责、共同推进,社会力量积极兴办,群众广泛参与的格局,基本建成具有中国特色的全民健身体系。并要求加强城乡社区体育设施建设,根据建设社会主义新农村的总体部署,实施"农民体育健身工程";继续实施"全民健身路径工程"和"雪炭工程"。力争到2010 年,人均体育设施场地面积达到 1.40 平方米,城市社区和农村村镇的公共体育设施条件有明显改善。加强对群众体育的组织和指导,不断壮大社会体育指导员队伍。

这一时期,群众体育得到长足的发展。为了落实全民健身计划,推动群众体育的发展,国家采取了一系列的具体措施:(1)全民健身路径工程。从 1997 年开始,由国家体育总局利用体育彩票公益金,修建健身路径。(2)全民健身活动中心。在"路径工程"的基础上,从 2001 年起,探索性在人口密集、交通便利的大中城市建设"中国体育彩票全民健身活动中心",坚持从实际出发、以人为本、经济实用、建出特色、服务群众的原则,在整体设计上具有超前意识。(3)"雪炭工程"。为了实施西部大开发和支持贫困地区,国家体育总局于 2001 年始,每年利用体育彩票公益金分期分批在"老、少、边、穷"地区援建经济实用的公共体育设施。重点援建县（区）级的公共体育设施，坚持"从实际出发、量力而行、因地制宜、以人为本、小型多样、经济实用、讲求实效、服务群众"的原则。（4）建立全民健身活动基地。在大体育观的指导下，充分利用和整合区域体育资源，促进体育旅游、休闲体育的发展。

第三节　传统体育社团的发展现状——以烟台市为例

随着社会团体在普特南等社会资本孕育理论中组织先决地位的确立，社会团体，尤其是民间社团、志愿性社团的培育发展受到了更多的关注。深受中国社会政策影响，国内社会团体在发展类型、规模及其路径上要复杂得多。但随着相关政策的推进、落实，我国的社会团体在20世纪90年代终于逐步规范、有序地发展了起来。1998年国务院发布了第250号令，要求实行国务院第八次常务会议上通过的《社会团体登记管理条例》。[①]在社团的发展方向上提出了总体目标，即在"十五"期间建立一个"结构优化、布局合理"的社团群体。为确保社团管理规范有序，国家体育总局于2001年颁布了《全国性体育社团管理暂行办法》有关体育社团的分类标准，对如何划分体育社团做了详细规定，推动了社团的建设。据民政部统计，截至2004年年底，中国社会团体的数量已经达到15.3万个[②]，各类社团在不同领域发挥着日益重要的作用。2007年10月，胡锦涛总书记在党的第十七次全国代表大会上再次强调要重视社会组织建设与管理，健全基层社会管理体制。一系列条例、措施等的颁布、实施以及国家领导人的高度重视预示着中国的社团组织必将进入一个高速发展期。

体育社团是社团组织的重要组成部分，传统体育社团又是体育社团的重要类别，是体育活动的重要组织形式之一。20世纪80年代中期国家体委就确立了以社会化为突破口的战略指导思想，体育社会化战略的制定与实施必然要求社会不断构建与群体活动需要相适应的体育服务体系和组织

---

① 国务院：《社会团体登记管理条例》，1998年。

② 潘跃：《政府扶贫资源首次向非政府组织开放》，《人民日报》2005年12月20日第二版。

机构，对中国体育社团的发展起到了至关重要的推动作用。1993 年，国家体委将 90 年代体育改革基本方向确定为生活化、普遍化、社会化、科学化、产业化和法制化等 "六化"，并提出了 6 大类 29 项改革措施。其中包括建立有中国特色的协会制，坚持社会化方向，加快群众体育发展，增强体育自我发展能力等。1998 年的政府机构改革进一步改变了 "强政府、弱社会" 的格局，"小政府、大社会" 成为最终的发展趋势，这为社团的发展提供了更广阔的空间。

在这样的大背景下，烟台市积极响应 "全民健身" 的号召，在全民健身、社团建设中做了大量工作。自 2012 年烟台市被确定为全国首批 "全民健身示范城市（区）" 试点单位之后，市政府连续下发了《烟台市创建全国全民健身示范城市试点工作方案》（烟政办〔2012〕1 号文）和《烟台市全民健身计划领导小组成员名单》（烟政办发〔2012〕6 号文）。为确保工作计划的顺利实施，烟台市体育局确立了 "大群体" 工作格局，要求各县市区不断创新理念，精心组织，狠抓落实，确保实现各项工作达到 "全国一流，全省前列" 的要求。同时，为贯彻落实党的十八大精神，烟台市体育局深入实施《烟台市全民健身实施计划（2011—2015 年）》，进一步加强健身站点建设，优化健身指导员结构，全市各级社会体育指导员总数达到 11075 人，以不断满足人民群众不断增长的体育健身需求。目前，烟台市每年都组织开展项目众多、形式多样的群众性体育活动，同时，各类体育社团根据自己项目的特点，组织或参加各类体育竞赛、展演，组队出游或参加义工活动等，丰富了烟台市文体活动的发展。但由于体育社团尤其是传统体育社团呈现分散化、多样式的发展，为统一的监管和扶持带来了不便。当前，烟台市许多注册的传统体育社团依然无法打破政府与体育社团组织 "同构" 状态的僵局。而对于许多散布于城乡间的非注册传统体育社团，它们是体育社团开展活动的直接载体，是群众直接参与体育社团活动的媒介，却出现无人管理、无人资助的尴尬境遇。如何使传统体育社团组织更好地发展、如何使传统体育社团为建设和谐社会服务成为烟台市全民健身计划中亟待解决的问题。

一　社团发展基本概况

烟台市传统体育社团在群众体育工作处管辖范围内。烟台市群众体育工作坚持以积极创建全国全民健身示范城市为总抓手，深入贯彻《全民健身条例》，大力实施《全民健身计划》。在政府营造的良好城市健身氛围中，烟台市的传统体育社团蓬勃发展。据统计，烟台市级体育社团组织发展到 28 个，全民健身活动站点达到 3681 个，其中传统体育社团是其重要组成部分，仅芝罘区注册的传统体育社团数量就达到了 75 个。为确保各社团、站点运转有序，群众健身质量有保障，烟台市加大了对社会体育指导员的培训力度，社会体育指导员人数逐年增加。截至 2013 年，烟台市社会体育指导员总数已达 11075 人。在保证指导员数量的同时，本市还建立起社会体育指导员注册和挂牌上岗制度，全面推行社会体育指导员挂靠基层健身站点服务模式，积极开展全民健身志愿服务活动。同时，为全市所有健身站点统一配备便携式音箱。近年来，烟台市体育局充分利用网络平台，在胶东在线中开设了"快乐健身"板块，并将全市的健身点绘制成电子地图，方便市民找到最近的活动健身地点。

据调查显示，烟台市的传统体育社团开展都具有一定的规模，开展的项目包罗万象，各具特色。在所调研的社团中，社团成员数量在几人到上千人不等，有的甚至发展到 1240 人。锻炼的人群来自不同行业，许多已经退休，有的依然在上班，但坚持利用空余时间参加传统体育社团的锻炼。各个社团锻炼的项目种类多样，有太极拳、马叉、健身气功、陀螺、舞龙舞狮等。各个社团的活动地点遍布于烟台市的各个地区，有的在市区文化广场，有的在市区公园的空地，有的在景区的山上，有的甚至在马路边建筑物前的停车场等。虽然场地条件不高，但有的传统体育社团已经在简陋的场地上活动了几十年。随着烟台市健身气功站点数量的扩大，推广普及范围越来越广，烟台市把加强管理放在做好健身气功工作的重中之重。烟台市加大力度，成立市级健身气功协会，各县市区也按照市里模式成立县级健身气功协会。并举办健身气功社会体育指导员培训班，新建健身气功站点 100 个，举办 200 多人的健身气功培训班。在举办全民健身运动会和节日活动期间组织健身气功比赛或交流展示活动，为健身气功习练者提供交流展示平台，扩大健身气功的社会影响力，引导广大群众科学习练健身气功。

二　社团成员管理情况

（一）会员、社会体育指导员、医务人员情况

会员是一个社团构成的重要成员，也是社团活动开展和服务的主要人群，会员的数量体现着社团发展的繁荣程度。据本研究调查，当前烟台市的传统体育社团会员数量相对较多，如芝罘区西炮台社区社团会员总数超过 1000 人，下设的社团活动站点会员数量在 40—50 人。

社会体育指导员，是指在群众性体育活动中从事技能传授、锻炼指导和组织管理工作的人员，是发展我国体育事业，增进公民身心健康，提高生活质量，建设社会主义精神文明的一支重要力量。为提高我国群众性体育活动的质量，提高全民健身服务的水平，自 1993 年起，我国推行社会体育指导员技术等级制度，1998 年我国约有 10 万人荣获各级社会体育指导员。而截至 2013 年，烟台市社会体育指导员总数已达到 11075 人。社会体育指导员的数量在 20 年的时间内成倍增长，为全民健身不断注入生机力量。当前，烟台市社会体育指导员数量在逐年增加，本研究调查的 72 个传统体育社团中 58 个社团有社会体育指导员，有的社团规模较小，只有 1 名社会体育指导员，有的社团规模较大，则有 2 名以上的社会体育指导员。其余 14 个社团中担任教练等工作的是拳师、武术爱好者或者其他传统体育项目的练习者。相关部门应及时关注这些社团，给予社会体育指导员的配备。

医务人员情况。在本研究调查的 72 个烟台市传统体育社团中，配备医务人员的社团只有 8 个，比例仅为 11.11%，而没有医务人员的社团比例占到了 88.89%。医务人员配备状况不容乐观，参与社团活动锻炼的会员锻炼健康状况得不到很好的保障。另据数据统计，11.11% 的社团虽然没有专门医务人员，但每年设有社团成员体质健康监测，对社团成员的健康状况进行全面的诊断。当前，烟台市全民体质检测中心在原有的身体成分、骨密度、亚健康等高档次检测器材的基础上，又向财政申请了 50 万元，购置了平衡训练测试仪、动脉硬化检测仪和国民体质监测仪器，检测能力进一步得到了提高。这也为全市传统体育社团进一步加强体质监测力度提供了硬件设施的保障。

（二）机构设置

社团机构设置对于一个社团能否运转协调起到非常重要的作用。社团机构的合理设置，能保证整个组织分工明确，职责清晰，保证每一个部门工作的正常运行，同时保证整个组织管理流程的畅通。据本研究调查，当前烟台市的传统体育社团中机构设置状况不容乐观。统计数据显示，在所调研的72个社团中，69.44%的社团没有机构设置。虽然许多社团已经在政府注册并开展许多活动，但组织是无序、零散的，没有专门的部门分管各项工作。因为传统体育社团注重的是身体的锻炼，所以有30.56%的社团设置有训练部门，专门分管训练活动，能够保障参与会员的锻炼权利，同时也能保证活动的质量。72个社团中设有宣传部门的占到19.44%，对于社团的长远发展，这样的比例体现出多数社团存在的宣传不到位的情况，这种情况亟须改善。另据统计数据显示，在组织部门、财务部门和秘书部门三个部门设置方面，分别只有2.78%的社团有设置，这说明现有当前烟台市传统体育社团在组织活动、财务管理和秘书工作上存在很大疏漏。在所调查的72个社团中，管理层人员经常进行培训的社团占63.89%，27.78%的社团管理层人员偶尔接受培训，但也有8.33%的社团中管理层人员从不接受培训，在现代管理制度与形式快速发展的今天，传统体育社团的管理层人员也应通过培训等多渠道进行自我能力的提升。

评比是激励的一种方式，社团内部与外部的评比都可以成为促进成员锻炼，加强社团完善的形式。据统计数据显示，在72个政府注册的传统体育社团中，19.44%的社团设有会员间的评比项目，因为有的社团管理层机构设置不完善，所以设有管理层间的评比的社团只有16.67%。有的社团只以带领成员锻炼为主，在各项活动举办方面并不积极，也就没有评比等这些形式，统计数据显示，这样的社团也占到了23.53%。另外，这些社团虽没有会员间的评比和管理层间的评比等内部评比内容，但是它们有时会进行社团与社团间的评比，这样的社团占到了38.89%。无论哪种形式的评比，对于参与社团的成员都将起到激励与促进的作用，能有效提高会员锻炼的积极性。

（二）社团宣传

宣传是当代社会必不可少的一种沟通形式。社团的宣传一方面能够扩大本社团的社会影响力；另一方面能够使更多的人了解进而参与本社团，带动越来越多的人加入全民健身的行列。宣传方式运用是否恰当或充分将直接影响到本社团的宣传效果。据本研究调查，当前烟台市的传统体育社团中采用的宣传方式及统计数据如下：排在第一位的宣传方式为口头传播，因为口头传播比较普遍而且简单易行，所以，75%的社团中有这种宣传方式。排在第二位的传播方式为悬挂条幅，比例为30.56%。一般情况下，传统体育社团会在举办活动时在重要街道或路口悬挂条幅进行宣传。排在第三位的为报纸和社区广告栏宣传，传统体育社团可以通过当地的《烟台日报》、《烟台晚报》、《今晨6点》等报纸进行自我宣传，同时利用社区广告宣传栏进行宣传。8.33%的社团利用广播等其他方式进行宣传，因当前烟台市在公交站点等一些公共场所设置广播设备，广播宣传的发展前景广阔。由于网络通信的兴起，电视宣传的形式逐渐淡化，在所调查的72个政府注册的传统体育社团中利用电视进行自我宣传的比率仅为13.89%。综上所述，当前烟台市政府注册的传统体育社团宣传形式多样、内容丰富，对社团的长远发展发挥着重要作用。

（三）入会与退会形式

作为一个社团，会员加入需要有一定的形式，或是书面，或是口头。当前烟台市政府注册的传统体育社团中，会员加入形式比较松散，而退出形式更是不规范，这些问题的存在说明当前烟台市政府注册的传统体育社团管理中存在的不足。本研究统计显示，在72个调查的社团中以书面形式入会的社团数量为22个，比例为30.56%。这部分社团多为烟台市老年人体育协会下设的社团，每个会员在入会时都会领到一个烟台市老年人体育协会颁发的会员证。另外，有多达55.56%的社团只是以口头的方式加入社团。会员由于多方因素导致中途退会的情况时有出现。据本研究调查，72个社团中没有社团会员以书面形式退会，占66.67%的社团中的会员只以口头的方式退会；另外30.56%的社团中的会员退会时既无书面，也无口头，自行不再参加社团活动。这种松散式的入会、退会形式对于一个社团的正规化发展是不利的。

（四）社团成文规定、计划

当代社会，政治、经济、文化等领域内的社团不断兴起，然而，并不是所有新兴起的社团组织都能长久发展，有的随时间的推移渐渐淡出公众的视野。探究这些社团，有无成文的章程、政策等是影响它们发展的重要因素。本研究在对烟台市 72 个传统体育社团在有无成文章程、有无政策方面做了调查。统计数据显示，在所调查的社团中，27.78% 的社团有成文章程，52.78% 的社团无成文章程，但是有口头约定俗成的章程。有书面或口头的章程的社团占到了调查社团的 80.56%，比重较高，说明这些社团在实际运行中有章可依，这对社团的规范性建设是必要的。但仍然有 19.44% 的社团既无书面章程也无口头约定俗成的章程，说明体育局或其他相关政府部门在工作中存在疏漏，应及时对这类社团进行扶持。

在社团有无政策方面，27.78% 的社团有专门政策，这些社团多数在市老年体协进行了注册。但有 72.22% 的社团无具体政策可依，如此庞大的数量说明多数社团在实际的社团组织运行过程中没有享受到政府或其他政策的引导、扶持等，这需要引起相关部门重视，加大传统体育社团的扶持力度。

因传统体育社团属于体育类组织，包括太极拳、陀螺、健身气功等项目。必要的项目规则是体育运动项目开展的前提条件之一，也是保证项目长久发展的要求之一。据本研究调查，当前烟台市传统体育社团设立项目规则的统计数据显示，75% 的社团设有项目规则，而其余 25% 的社团无项目规则。另据调查，有的社团虽然设有项目规则，但并未全部以书面形式列出，因此在实际情况中都不能按照既定的项目规则进行教习或活动评判，这些需要改进。对于那些没有项目规则的社团，多数是因为社团成员只以身体锻炼为目的，对其他方面并无要求。

计划是行动的前提条件。计划能提前梳理出活动顺序、活动所需和活动问题，类似于制订计划者的思维彩排，是对行动的保障。一个社团要想运转协调，必须制订活动计划，包括年计划、月计划、周计划等。据本研究调查，在调查的烟台市 72 个传统体育社团中，72.22% 的社团有活动计划。如工人文化宫广场的一个社团，每年年末就计划出下一年的比赛次数、旅游次数等，这一社团因为有活动计划的适时制订，社团办得有声有色，会员的兴致高涨，参加训练和活动的积极性很高。另据数据显示，有 27.78% 的社团没有活动计划。据调查了解，这类社团多是随机组织训练或比赛等，没有专门的制订活动计划。对于一个有会员参与的组织，没有活动计划是对会员的不负责任，没有计划就很难保证实施，因此会员的权利也无从保障。

三　社团活动开展情况

（一）活动频率情况

本研究对烟台市 72 个传统体育社团在活动频率方面也做了调查。据了解，所有社团的活动形式主要包括两大类：训练和活动。所有的社团每天都进行锻炼，多数社团每周锻炼 7 次，也有的早晚都有锻炼。除锻炼之外，多数社团每年都进行一定数量的体育活动和比赛。据统计，72 个社团中，社团举办体育活动或比赛的平均次数为 6 次。举办多的社团数量超过了 15 次，但也有的社团没有任何形式的体育活动或比赛。另据统计，多数社团内部每年举办不同形式的聚会、交友、旅游等活动，平均次数在 5 次左右，多数每年举办 2—3 次，如东山太极拳活动站点每年都组织社团成员进行社团间的交流表演，而且，每年的元旦都组织成员开茶话会，丰富了社团成员的业余生活。

（二）成员锻炼情况

传统体育社团的活动形式以身体锻炼为主。由于参与锻炼的人群多集中在中老年人，有的因为家庭或工作等原因导致参与锻炼的时间相对分散，本研究统计的烟台市 72 个传统体育社团的成员锻炼时间情况数据显示，83.33% 的社团中的成员选择在清晨进行锻炼；58.33% 的社团中的成员选择在晚饭后进行锻炼。本研究调研人员一般在早上 6：00 左右到达调研地点，这时的锻炼人群最集中，人数也最多。而晚饭后有的人因为天气或家中事务等就不能参加社团的锻炼，所以人数比清晨少。因为除这两个时段外，多数人都在工作，所以参与锻炼的人非常少。另据本研究调查，每个社团成员参与锻炼的强度是不一样的，多数社团中的成员锻炼强度适中，只有少数社团的锻炼强度较大或较小。在走访调查的 72 个社团中，社团成员一次锻炼的时间在 60—120 分钟，其中多数社团的锻炼时间为 60—90 分钟。

影响社团成员参与体育活动的因素很多，有外部原因也有锻炼人群自身的原因。据本研究统计数据显示，排在第一位的是闲暇时间不足，比例占到了 66.67%。排在第二位的是可用体育场地设施不足，比例为 36.11%。这是因为当前类似于传统体育社团的社团数量较多，但市区可用空闲场地资源是有限的。排在第三位的是活动场所距离住所太远，比例占到了 35.29% 。排在第四位的是活动场地不适宜开展体育活动，比例占到了 25% 。这主要是因为这些场地本来是市区内的小公园，地面不平而且多以土地面为主，雨雪过后就不能再使用。另外，因为是小公园，晚上的灯光很昏暗，用电情况很危险，社团成员学习新动作或进行练习非常不方便。

另据调查，社团成员缺乏必要的体育消费能力、体育健身知识缺乏、缺乏较高层次的展示平台和对体育健身功效认识不足等方面的因素也是影响社团成员锻炼的原因。也有许多参与社团锻炼的人急于求成，锻炼一段时间后因为身体健康状况无明显变化，信心逐渐丢失，进而中断锻炼。

（三）主要活动形式

当前，烟台市传统体育社团的活动形式丰富多彩，主要包括训练、展演、比赛、大众普及、娱乐健身等。其中，比赛是最主要的活动形式，77.78% 的社团每年都会组织成员参加市老年体协、烟台市或更高层次的比赛。烟台市是全民健身活动的示范城市，开展大众普及的社团比例占到了 69.44% 。传统体育社团以健身锻炼为主，所以多数社团的主要活动形式中有训练项目。另外，随着人们物质生活的不断满足，更多的人注重精神的给养，在调查的社团中有 27.78% 的社团开设娱乐健身活动项目。

在市场化高度发展的今天，体育经济成为市场中越来越重要的一个分支。据调查，烟台市传统体育社团中有商业开发项目的社团大约占到 38.89% 。另外，根据各类社团主要开设项目的不同，活动形式还有很多分类。

（四）主要项目情况

据本研究调查，当前烟台市传统体育社团开设的项目相对集中，主要以练习太极拳、健身气功和其他导引养生为主。其中，主要以太极为主的社团数量占总数的 83.33% ，占到了第一位。这些社团主要练习太极拳、太极剑、太极刀、太极扇等不同的太极项目。排在第二位的是健身气功项目，比例占到了 61.11% ，主要练习五禽戏、易筋经等。排在第三位的是其他导引养生项目，比例为 47.22% 。另外，因为每个社团都是根据相同爱好才聚集在一起，也有 47.22% 的社团主要开设项目为其他种类，例如舞龙舞狮、陀螺等。在调查中发现，开设八卦、螳螂拳、形意、通背、太极等项目的社团很少，烟台是螳螂拳的故乡，其中螳螂拳习练少是很出乎调查之外的。

四 社团经费场地情况

（一）社团经费收支情况

经费是支撑一个社团运转的前提，经费来源则是一个社团经费的保障。据本研究调查，当前，烟台市 52.78% 的传统体育社团经费需要自筹，38.89% 的社团经费来源是会员缴纳会费。国家财政直接拨款或间接到达社团的经费很少，而且只有 11.11% 的社团能享受到这些待遇。也有部分社团的经费来源是企事业捐赠或个人捐赠。而多达 27.78% 的社团是没有经费来源的，整个社团的运转处于无经费状态。当前，烟台市传统体育社团的经费支出数额从几百元到几万元不等。经费支出的主要方面包括训练、宣传、场地、竞赛和福利等。其中 52.78% 的社团经费主要用在竞赛上，比例占到了第一位。36.11% 的社团经费主要用在训练上，比例占到了第二位。只有少部分社团的经费用在宣传、租用场地和发放福利等方面。也有很多社团经费用在了购买服装、器械、设备和举办聚会等方面。

（二）会费消费情况

参与传统体育社团活动的成员个人也有消费，主要用于购买练功服装、器械、书籍、影像资料，缴纳学费，购票进入公园或场馆，参加比赛，以及交通费用等方面。其中 80.56% 的社团中的成员主要消费用于购买服装和器械；61.11% 的社团中的成员主要花费在购买书籍、影像资料。多于 50% 的社团中的成员主要消费用于参加各类比赛和训练往返的交通费用上。只有 22.22% 的社团需要会员缴纳会费。

（三）社团场地设施现状

据调查，当前烟台市的传统体育社团以室外活动场地为主，主要是室外活动广场和市区公园。室内场地主要是社区或村庄内的综合文体活动室。其中 80.56% 的社团活动场地为室外活动广场；30.56% 的社团在市区公园开展活动；只有 16.67% 的社团能使用到综合文体活动室。另外，也有小部分社团利用其他健身活动路径进行锻炼。只有极个别的社团利用的场地为社区或学校的篮球场、羽毛球场和武术馆等。

五　社团与社会的关系

（一）社团与社会的关系

社团在运行中不是孤立存在的，它与社会有着多种关系。在本研究调查的 72 个传统体育社团中，77.78% 的社团与周边社团有交流，并且定期开展活动。当前，烟台市的传统体育社团主要通过网络、电视、报纸、杂志等媒体渠道，参加健身知识讲座和通过体育社团健身宣传栏，以及与周边社团的交流等渠道获取体育信息。其中，77.78% 的社团通过网络、电视、报刊等媒体获取信息；69.44% 的社团在与其他社团的交流和学习中获取体育信息。随着政府和人民健身意识的增强，健身知识讲座开展的次数不断增多，36.11% 的社团通过这一渠道获取体育信息。另外，还有不少社团通过社区或市武术协会直接通知以及师傅传授等形式获取体育信息。

传统体育社团在运行中还不断得到社会的支持，主要包括个人或企事业单位的资助，高校或其他专业机构的支持，社区居民的认可以及志愿者的帮助等。因为传统体育社团是以群众为主的基层组织，所以 66.67% 的社团得到了社区居民的认可，这也是社团发展的直接动力。在资金方面，36.11% 的社团得到了个人或企事业单位的资助，其中以企业资助为主。另外，11.11% 的社团还得到团外志愿者的帮助。

传统体育社团在接受社会帮助的同时不断发挥着自身的功能。主要体现在对社团整体的指导和管理，举办、承办或协办体育竞赛活动，与各体育组织进行沟通和交流，宣传和推进全民健身运动，维护会员合法权利，沟通社会与会员，开展各类资讯和培训，组织会员进行体育理论、运动技术的学习和研究。在调查的 72 个社团中，83.33% 的社团进行着宣传和推进全民健身的工作，有超过 50% 的社团发挥着举办、承办或协办体育竞赛活动以及与各体育组织进行沟通和交流的功能。

（二）社团与政府的关系

社团发展离不开政府的管理和支持，与政府有着不可分割的关系。据本研究调查，在 72 个体育社团中，52.78% 的社团得到了政府或社区提供的场地支持；33.33% 的社团得到了政府或社区提供的政策支持；30.56% 的社团得到了政府或社区提供的设施支持；另外 22.22% 的社团得到了政府或社区提供的资金支持。据了解，随着烟台市相关政府部门对体育社团扶持力度的增强，将有更多的社团得到政府支持。基于此，本研究也对当前社团对政府支持的满意度做了调查，其中，30.56%的社团表示满意；16.67%的社团表示比较满意；27.78%的社团表示一般；13.89%的社团表示不太满意；没有表示不满意的社团。综上所述，当前烟台市传统体育社团对政府支持总体上是满意的，但相关部门仍需加大扶持范围和力度。

六 社团现存问题

当前，烟台市的传统体育社团在种类和数量上发展势头良好，但依然存在诸多问题。主要表现在政策不健全，设施不完善，资金短缺，活动场地缺乏，管理人才缺乏，宣传力度不够和自主能力不足等方面。其中困扰社团发展的最大问题是资金短缺和活动场地缺乏，分别有63.89%和58.33%的社团存在这些问题。另外也有超过38%的社团设施不完善，27.78%的社团政策不健全。另外，作为一个团体，16.67%的社团存在管理人才缺乏的问题。这些都是传统体育社团发展亟须解决的问题，更是促进全民健身运动开展不可忽视的问题。

第四章　传统体育社团的福利功能
及其效能评估

　　"大福利"在本质上是一种福利理念，旨在构建一种普遍整合的、底线公平的、可持续的公共服务与社会保障体系。"大福利"在制度理念上拓展了"福利"或"保障"的传统及其说明，强调以制度整合为手段，以公共服务与社会保障均等化为目标，以全面提升国民福祉为主旨。就本文而言，"大福利"既不是单纯的国家社会政策、保障制度的演进完善，又不是纯粹的个人层面的公共服务与社会保障的获得。在结构层次上，"大福利"视域是在体现为对个人的微观福利，对社会的宏观福利，以及对个人—社会之间关系促进的中观福利。显然，研究不只从三个维度的静态的观察、刻画，后续章节还会有更为深入的福利功能发挥与社团组织乃至相关社会政策的互动分析。然而，考察传统体育社团面向个人的身体健康与愉悦功能，面向社会整体的社会质量的提升功能，面向个人与社会关系的社会资本的培育功能，并对上述功能进行评估是本章的核心。

　　首先，我们主要分析微观上的身体健康和愉悦功能。基于大样本问卷调查，SF－36量表分析，旨在发现并直观凸显社区体育之于生命质量提升的首要地位与关键作用。研究认为，社区体育社团拓展的不只是参与者的体质、心境，提升个体生命治理，还在事实上有助于社区意识的形成与社会团结的培育，潜在有利于社会的整体和谐。其次，我们分析宏观上的社会质量提升功能。基于大样本调查的数据，考察参加体育社团活动对社会资本的影响。研究发现，体育社团活动会促使城市居民社会资本的性质从传统向现代转变，对现代社会资本的培育起到了积极作用。具体而言，参与体育社团活动有助于推动城市居民的公共参与意识，提高城市居民的普遍信任程度，相对拓展城市居民的信任网络结构以及运用网络资源的能力。但是参加体育社团不能根本上改变中国人人格中的差序格局。最后，我们分析中观上的社会资本培育功能。基于大样本调查的数据，考察参加体育社团活动对社会质量的影响。研究发现，体育社团活动与社会质量各个维度之间存在正向关系：参加体育社团活动有助于提高社会凝聚力，能够增加城市居民的系统信任程度和公共责任感；参加体育社团活动有助于提高社会包容程度，能促进城市居民的群体融入和社会接纳，能够有效调节个人与制度之间的紧张关系；参加体育社团活动有助于增加社会赋权程度，会提高城市居民的主体能力感，培育积极的社会心态，最终有利于构建和谐社会。

第一节　传统体育社团的身体健康与愉悦功能及评估

生命质量（Quality of Life，QOL）又称为生存质量、生活质量，是指随着人类客观健康水平提高以及主观健康观念不断更新而产生的一套评价健康水平的指标体系。世界卫生行为（WTO）将生命质量定义为："不同文化和价值体系中的个体对于他们的目标、期望、标准以及所关心的事情、有关生存状况的体验，包括个体生理、心理、社会功能及其物质状态四个方面。"[1] 关于生命质量的研究，最初研究主要集中在个人的幸福感和满意度方面。[2][3][4] 后来，学者们把生命质量研究延伸为生活水平、生活标准、社会福利水平、人类福祉等。[5][6] 近年来，国际上关于生命质量问题的研究进一步拓展，寻找影响生命质量的因素，采取措施实施针对性的

---

[1]　周长城等：《社会发展与生活质量》，社会科学文献出版社 2001 年版，第 15 页。

[2]　Bradbum N. , *The Structure of Psychological Well - being*, Chicago Alding, 1969, p. 34.

[3]　Cantril H. , *The Pattern of Human Concerns*, New Brunswick, N. J. : Rutgers University Press, 1965, p. 45.

[4]　Priestman T. J. & Baum M. , Evaluation of Quality of Life in Patients Receiving Treatment for Advanced Breast Cancer, *Lancet*, Vol. 1, No. 7965, 1976.

[5]　Cantril H. , *The Pattern of Human Concerns*, New Brunswick, N. J. , Rutgers University Press, 1965, p. 45.

[6]　Walter O. Spitzer, Annette J. Dobson, Jane Hall, et al. Catch Love Measuring the qualitv of Life of Cancer Patients: A Concise QL - Index for Use by Physicians, *Journal of Chronic Diseases*, Vol. 34, No. 12, 1981.

干预，制定政策，解决社会矛盾，改善居民生命质量等已成为研究生命质量的新取向。[1][2] 在我国，生命质量研究从 20 世纪 80 年代中期逐渐开始，主要由社会学和经济学的学者从国外引入，研究最初主要集中在生活质量指标、居民生活质量调查和人口生命质量的实证分析等方面。[3][4][5] 进入 21 世纪，我国生命质量研究在社会学、经济学、心理学、医学等领域得到全面发展，而且，在各学科之间的相互借鉴和融合也做出了很多优秀成果。生命质量研究不仅有助于了解人类个体各系统的功能水平，还可以了解个体的心理状态、社会环境适应能力等，更全面地反映个体的健康状况，体现积极的健康观。在我国经历 30 多年的经济改革开放后，人们生活条件得以较大改善，健康水平得以较大提高，生命质量得以不断提升。然而，随着中国社会发展进入新的历史转型期，新的社会问题与矛盾也集中凸显，社会结构、居民幸福感和满意度等问题已经开始制约我国社会居民生命质量的整体提高。

健身行为是指人们在内因与外界环境互动作用影响下，有目的、有意识地利用业余时间、运用体育锻炼的手段和方法，为谋求身体、心理和社会健康而进行的锻炼的实践活动。体育健身行为作为人类体育活动和行为方式的重要表现形式之一，它伴随人类对健康的追求而发展壮大。20 世纪末，随着"冷战"结束，西方发达国家积极调整发展战略，全球的政治、经济、文化、科技、教育等都得到快速发展，同时也促进了体育休闲娱乐和健身养生活动的热潮，在这种国际化背景下，体育健身行为研究逐渐引起国外学者的关注，其中，运用较为成熟的行为模型理论来分析、预测、解释健身行为变化过程

① Suzanne C. Lechner, Michael H. Antoni, David Lydston, et al., Stephen Weiss Cognitive – Behavioral Interventions Improve Quality of Life in Women with AIDS, *Journal of Psychosomatic Research*, Vol. 54, No. 3, 2003.

② Sik Hung N., Ping Kwong Kam & W. M. Raymond, People Living in Ageing Buildings: Their Quality of Life and Sense of Belonging, *Journal of Environmental Psychology*, Vol. 25, No. 3, 2005.

③ 郭慧珍：《关于我国居民生活质量指标体系的探讨》，《经济科学》1987 年第 6 期。

④ 张新平：《胃癌患者生命质量的测定与评价》，《同济医科大学学报》1997 年第 6 期。

⑤ 李凌江、张亚林等：《社区人群生活质量研究》，《中国心理卫生杂志》1995 年第 4 期。

成为研究的重点。[1][2] 进入 21 世纪以来，对体育健身行为的研究更呈多样化发展，一方面是运用各类成熟或者最新理论对体育健身行为改变、坚持等机制的深入研究。[3][4] 另一方面是对不同社会特征及环境、文化等因素影响下的行为主体进行宏观或横向比较研究，进而观察社会、经济、地位等不同状态下体育健身行为的表现特征和对体育健身行为的选择情况。[5][6] 同时期，我国对体育健身行为的研究相对落后于西方学者，但是，伴随我国经济的快速发展和大众体育健身意识的增强，国内有关体育健身行为的研究得到跨越式发展，目前已逐步实现与国际体育健身行为研究的接轨。[7][8]

传统体育是传统文化的组成部分，是与传统社会同步形成和发展的。传统体育是在远古和古代产生、发展并保留较为固定的形制而影响至今的体育及近似的体育活动。随着时代的变迁，它或多或少地会受到不同时代的影响，并产生顺应社会变革的变化。据 1990 年出版的《中华民族传统体育志》统计，我国民族传统体育项目达 977 项，其中 55 个少数民族有 676 项，占全国人口 90% 以上的汉民族有 301 项，共同构筑了传统体育文化的灿烂画卷。本研究的传统体育健身行为，是指社会公民以街道、社区、公园、广场等为活动范围，以传统

---

① Kerry S. Courneya, Understanding Readiness for Regular Physical Activity in Older Individuals, *An Application of the Theory of Planned Behavior Health Psycholohy*, Vol. 14, No. 1, 1995.

② Anne W., Garcia Nola J., Pender N., Cathy L. Antonakos, David L. & Ronis, Changes in Physical Activity Beliefs and Behaviors of Bovs and Girls Across the Transition to Junior, *High School Joumal of Adolescent Health*, Vol. 22, No. 5, 1998.

③ Christopher J. Armitage , Can the Theory of Planned Behavior Predict the Maintenance of Physical Activity? *Health Psychology*, Vol. 24, No. 3, 2005.

④ Cindy S., John H. K. & Irene T. F., Wong Motives for and Barriers to Physical Activity Participation in Middle – aged, *Chinese Women Psychology of Sport and Exercise*, Vol. 9, No. 3, 2008.

⑤ Lindstrom M., BertilS. & OstergrenH., Socioeconomic Differences in Leisuretime Physical Activity: The Role of Social Participation and Social Capital in Shaping Health Related Behavior Social Science, *Medicine*, Vol. 52, No. 3, 2001.

⑥ Haughton M. N., Matthew W. K. & Subramanian S. V., Social Environment and Physical Activity: Areview of Concepts and Evidence Social Science, *Medicine*, Vol. 63, No. 4, 2006.

⑦ 汤国杰、丛湖平：《社会分层视野下城市居民体育锻炼行为及影响因素的研究》，《中国体育科技》2010 年第 1 期。

⑧ 马申、云霞、朱伟：《大学生体育锻炼行为分阶段干预效果的动态观察》，《中国行为医学科学》2006 年第 12 期。

体育项目为锻炼手段，以实现健身健体、娱悦身心为共同意愿的身体锻炼的实践活动。① 本研究之所以没有选择现代体育健身行为作为研究对象，而是选择了传统体育健身行为作为研究对象，主要是因为不管是政府主导的还是民间的体育行为，都更注重现代体育健身的作用，比如在公共体育设施的投入以及相关活动的宣传上忽略了传统体育健身的重要价值。而具有中华民族特色的传统体育项目除了其本身所具有的民族性和地方性以外，一般都具有很高的健身、养生、娱乐价值，特别是在当代社会城市居民面临"看病难、看病贵"的困境，传统体育为提高居民身体健康水平和减少医疗费用支出等方面扮演着很重要的角色。因此，以传统体育健身行为为研究平台，充分发挥和挖掘传统体育健身行为的社会功能及其价值，进而探讨当代社会所需要的高水平生活方式和高层次的生命质量，对推动社区全面发展、促进城市建设、构建和谐社会、实现人的全面发展具有重要意义。

目前，SIP、NHP、QWB 改进版、SF－36、WHOQOL－100 和 WHO－QOL－BREF 等量表已经在社会学和医学领域广泛使用，其中，SF－36 生命质量量表被认为适合各层次人群使用，也是目前在国际各个学科应用比较广泛的普通生命质量量表。目前关于生命质量的影响因素的分析大多集中于主观感觉（如幸福感、满意度等）、客观指标（如收入状况、职业、阶层等）或社会资本（社会关系网络等），而就某一行为选择对生命质量的影响的分析并不多见，尤其是有着深刻民族印记与地方色彩的传统体育健身行为对生命质量的影响究竟如何更是少有人关注。这一研究对于深入理解传统体育文化的合理性与合法性有着重要意义，对于思考如何在现代化背景下提升国民生命质量问题也有着积极的现实参考价值。因此，本研究采用 SF－36 量表对城市社区参加传统体育健身行为运动的人群进行生命质量调查，试图了解传统体育健身行为对普通人群生命质量现状，并通过与未参加传统体育锻炼的人群的比较分析，探讨传统体育锻炼对普通人群生命质量的影响，为更深入地开展和普及传统体育运动提供理论和实践依据。

---

① 中国体育博物馆编：《中华民族传统体育志》，广西民族出版社 1990 年版，第 8 页。

一　SF - 36 量表及本研究的样本说明

作为一个多条目的问卷，SF - 36 生命质量量表中关于健康状况方面的调查包含多个条目。因此，当某一维度调查对象回答至少一半问题，则认为该维度有效，缺失条目的得分为所在维度其他条目得分的平均分。反之，如果该维度调查对象回答问题少于一半，则认为该维度为缺损值，问卷作废。

问卷回收一周后，随机从参加传统体育健身行为运动和普通人群中各随机抽取 100 名进行重复问卷调查，对一周前后各个量表得分进行简单相关分析，相关系数分别为 93.47% 和 90.12%。同时，采用 Cronbach's alpha 系数对 SF - 36 生命质量量表各个维度的信度进行检验，检验结果显示：SF - 36 生命质量量表各个维度其内部一致性 α 系数均在 0.75 以上，说明该量表八个维度都具有较高的内部一致性，在对烟台城市社区有传统体育健身行为人群和普通人群生命质量检测中信度较高，检测功能稳定。

表 4—1　　　　　　　　　　SF - 36 量表各维度得分表

维度	各条目实际评分	最低和最高可能评分	一般可能评分平均分
躯体健康（PF）	3a + 3b + 3c + 3d + 3e + 3f + 3g + 3h + 3i + 3j	10, 30	20
躯体角色功能（RP）	4a + 4b + 4c + 4d	4, 8	4
躯体疼痛（BP）	7 + 8	2, 12	10
总体健康	1 + 11a + 11b + 11c + 11d	5, 25	20
精力（VT）	9a + 9e + 9g + 9i	4, 24	20
社会功能（SF）	6 + 10	2, 10	8
情绪角色功能（RE）	5a + 5b + 5c	3, 6	3
心理健康（MH）	9b + 9c + 9d + 9f + 9h	5, 30	25

采用 SF - 36 量表对烟台市参加传统体育健身锻炼的成员进行问卷调查。调查样本基本情况如下。参与传统体育健身行为人群：女性 272 人，占 74.73%；男性 92 人，占 25.27%。普通人群：男性 72 人，占 40.00%；女性 108 人，占 60.00%；年龄分布：传统体

育健身行为人群青年（30 岁以下）26 人，占 7.14%；中年（31—60 岁）166 人，占 45.60%；老年人（61 岁以上）172 人，占 47.25%。普通人群：青年（30 岁以下）20 人，占 11.11%；中年（31—60 岁）84 人，占 46.67%；老年人（61 岁以上）76 人，占 42.22%。

二　研究结果与分析

生命质量评价体系包括对生存质量评价、生存质量满意度评价、健康状况满意度评价、生活满意度评价等四个小方面的评价。在某种意义上，生命质量实际上是个体对自己身体、心理以及其他综合状态的一种主观感觉和体验，具有很强的主观性特点。因此，作为一种主观评价指标，任何生命质量量表都不可避免的出现主观评价的弊端。

表 4—2　　普通和参与传统体育健身行为人群青年人生命质量的比较分析

	女性		男性	
	普通人群	参与传统体育健身行为人群	普通人群	参与传统体育健身行为人群
躯体健康	78.34 ± 16.42	96.05 ± 11.82***	83.33 ± 9.56	96.43 ± 9.45***
躯体角色功能	75.62 ± 18.29	93.46 ± 6.53****	66.67 ± 8.07	95.72 ± 4.18****
躯体疼痛	81.55 ± 19.48	91.22 ± 16.08**	77.08 ± 6.17	95.60 ± 4.68****
总体健康	85.00 ± 15.49	90.66 ± 14.24	87.50 ± 12.36	94.29 ± 17.89
社会功能	76.65 ± 19.64	76.66 ± 9.68	73.34 ± 6.06	95.71 ± 5.35****
情绪角色功能	87.50 ± 22.36	93.33 ± 7.37	78.57 ± 18.54	87.50 ± 17.92
精力	70.75 ± 12.82	82.89 ± 6.19***	66.67 ± 9.24	77.98 ± 8.58*
心理健康	81.71 ± 18.04	87.25 ± 8.14	60.00 ± 6.17	73.81 ± 4.88***
平均分	79.00 ± 16.35	87.74 ± 7.36*	74.01 ± 8.73	87.26 ± 5.68***

*表示 0.01 < P≤0.05 具有显著性差异；＊＊表示：0.005 < P≤0.01 具有较显著性差异；＊＊＊表示 0.0001 < P≤0.005 具有极其显著性差异；＊＊＊＊表示 P≤0.0001 具有显著性差异。

（一）普通人群和参与传统体育健身行为人群青年人生命质量现状

由图4—1和图4—2可以看出，参与传统体育健身行为青年男性八个维度的得分除了总体健康、社会功能、情绪角色功能和心理健康与普通人群组没有显著性差异，其他四个维度和平均分都明显大于普通人群组，组间比较都具有显著性差异，其中躯体角色功能组间差异最显著（P≤0.0001）。参与传统体育健身行为的青年女性除了总体健康和情绪角色功能没有显著性差异，其他各项组间都具有显著性差异，其中躯体角色功能、躯体疼痛、社会功能组间比较具有极其显著性差异（P≤0.0001）。

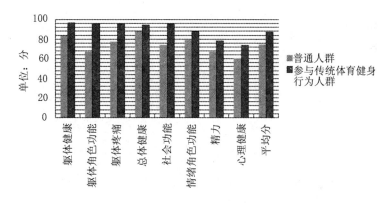

图4—1 青年男性生命质量各维度得分对比表

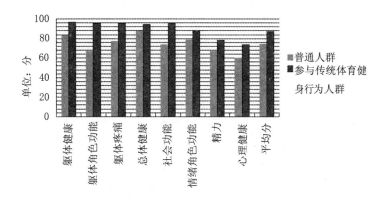

图4—2 青年女性生命质量各维度得分对比表

（二）普通人群和参与传统体育健身行为人群中年人生命质量现状

如表4—3表示，参加传统体育健身运动中年女性生命质量各维度得分和平均分都明显大于普通人群组，组间比较除了社会功能差异较小（0.01＜P≤0.05），其余各维度和平均分组间比较都具有极其显著性差异（P≤0.0001）。

表4—3　　普通和参与传统体育健身行为中年人生命质量的比较分析

	女性		男性	
	普通人群	参与传统体育健身行为人群	普通人群	参与传统体育健身行为人群
躯体健康	69.08 ± 17.38	85.11 ± 20.62****	62.59 ± 7.26	82.03 ± 22.47****
躯体角色功能	63.54 ± 18.23	86.57 ± 11.21****	53.70 ± 7.03	91.88 ± 13.91****
躯体疼痛	64.41 ± 18.36	84.08 ± 19.91****	59.49 ± 9.24	82.42 ± 14.25****
总体健康	51.88 ± 18.40	87.95 ± 9.96****	47.78 ± 13.33	65.31 ± 12.49****
社会功能	58.74 ± 26.11	69.74 ± 15.21**	51.86 ± 14.62	80.00 ± 16.95****
情绪角色功能	65.28 ± 21.15	85.32 ± 14.22****	65.28 ± 17.71	76.04 ± 21.56*
精力	55.47 ± 20.76	79.83 ± 11.93****	50.46 ± 11.52	73.80 ± 14.66****
心理健康	54.15 ± 22.17	78.75 ± 10.77****	49.63 ± 10.74	72.92 ± 10.83****
平均分	60.57 ± 18.5	81.54 ± 9.84****	55.10 ± 9.04	78.05 ± 10.79****

参加传统体育健身行为中年男性各个维度得分和平均分也明显大于普通人群组，除了RE组间比较显著性较小（0.01＜P≤0.05），其余各维度和平均分组间比较都具有极其显著性差异（P≤0.0001）（见表4—3）。说明参与传统体育健身行为能够有效地增强中年人的生命质量，促进其心理和生理的健康。

（三）普通人群和参与传统体育健身行为人群老年人生命质量现状

如表4—4所示，参与传统体育健身行为的老年女性除了社会功能与普通组差异不明显，其余各个维度的得分和平均分都优于普通人群组，组间比较都具有显著差异。其中心理健康组间差异最小（0.01＜P≤0.05），其次是平均分（0.005＜P≤0.01）和精力（0.0001＜

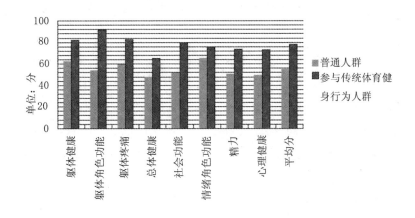

图4—3　中年男性生命质量各维度得分对比表

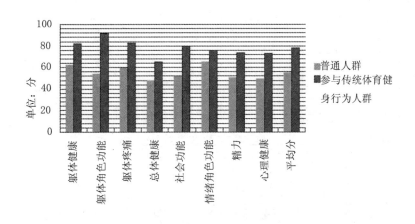

图4—4　中年女性生命质量各维度得分对比表

P≤0.005），其余各维度组间比较都具有极其显著性差异（P≤0.0001）；参与传统体育健身行为的老年男性除了情绪角色功能与普通人群组没有显著性之外，其余各个维度和平均分组间比较都具有显著性差异，其中躯体健康和总体健康差异（0.01＜P≤0.05），最小精力、心理健康和平均分差异最明显，组间比较具有极其显著性差异（P≤0.0001）。实验结果提示参与传统体育健身行为能相对有效提高老年人的身体健康和心理健康，增进老年人社会交往能力，促进其生命质量的全面提高。

表4—4　　　普通和参与传统体育健身行为人群老年人生命质量的比较分析

	女性		男性	
	普通人群	参与传统体育 健身行为人群	普通人群	参与传统体育 健身行为人群
躯体健康	68.18±16.42	81.67±21.19****	73.04±17.11	83.65±21.23*
躯体角色功能	69.32±20.43	85.81±10.68****	72.92±23.85	83.33±8.85***
躯体疼痛	64.20±14.93	82.94±21.73****	75.52±23.01	87.04±10.69***
总体健康	54.09±18.47	85.93±12.32****	54.69±13.29	60.67±13.37*
社会功能	59.40±19.44	63.83±15.67	73.23±24.84	85.83±14.21***
情绪角色功能	59.09±13.18	86.17±13.79****	78.12±22.67	85.26±20.52
精力	62.88±18.01	79.79±11.30***	67.19±19.45	80.19±9.79****
心理健康	77.07±10.39	89.55±8.74*	62.34±15.93	76.85±10.39****
平均分	62.40±10.85	81.26±17.92**	69.63±17.09	80.35±9.93****

　　说明：SF-36生命质量量表包括躯体健康（PF）、躯体角色功能（RP）、躯体疼痛（BP）、总体健康（GH）、精力（VT）、社会功能（SF）、情绪角色功能（RE）、心理健康（MH）8个维度，35个具体指标，总计最低能得分35分，最高可能得分为145分。

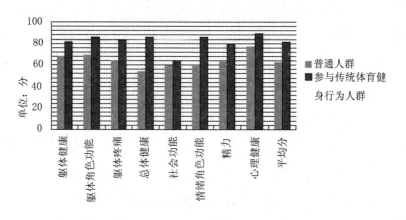

图4—5　老年男性生命质量各维度得分对比表

　　本研究中参与传统体育健身行为的各个年龄阶段人群生命质量各个维度得分均高于普通人群，显然，通过参与传统体育健身行为能相对有效地提高各个年龄阶段人群的身体健康、心理健康，对提高个体生命质量具有

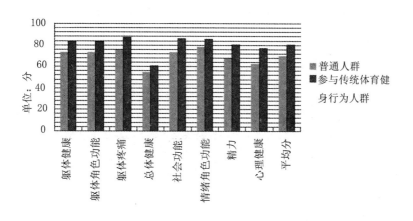

图4—6　老年女性生命质量各维度得分对比表

非常重要的作用。参与传统体育健身行为可以增强参与者的体质，改善机体各个器官的功能，还可以防治和减少慢性疾病的发生，延缓衰老。同时，参与传统体育健身行为还可以拓宽参与者的交往圈子，提高社交能力，体现自己的社会价值。参加者在锻炼中能够处于一种快乐、放松的状态中，不受约束和控制，可以释放生活的压力，缓解心中苦闷，从而激发人们对生活的乐趣。

（四）不同年龄阶段研究对象生命质量现状

由表4—5可以看出，普通人群随着年龄增长，SF－36量表八个维度和平均分都呈现下降趋势。未经常参与传统体育健身行为的中年女性SF－36量表八个维度得分和平均分明显小于青年女性，组间比较都具有显著性差异，其中总体健康差异最明显（$0.0001 < P \leqslant 0.005$），其次是躯体疼痛、情绪角色功能和心理健康（$0.005 < P \leqslant 0.01$）；老年女性与青年女性相比，除了躯体角色功能、精力和心理健康没有显著性差异，其余各项和平均分与青年女性相比组间都具有显著差异，其中情绪角色功能差异最明显（$0.0001 < P \leqslant 0.005$）；中年女性与老年女性相比，八个维度得分与平均分除了心理健康中年女性明显小于老年女性（$0.005 < P \leqslant 0.01$），其余各项维度得分组间都没有显著性差异。与青年人相比，中年男性各个维度量表得分都明显小于青年男性，组间比较都具有显著性差异，其中总体健康差异最明显，组间比较具有极其显著性差异（$P \leqslant 0.0001$），其次是躯体健康、躯体疼痛、社会功能和平均分（$0.005 < P \leqslant 0.01$）；与老年

人相比，中年人八个维度得分和平均分都小于老年人，除了躯体健康、精力和总体健康差异不明显外，其余各项指标组间相比都具有显著性差异。老年男性总体健康得分明显小于青年人，组间比较具有较显著性差异（$0.0001 < P \leqslant 0.005$），其次为躯体健康和躯体角色功能，其余各个维度得分和平均分与青年人差异不明显。

表 4—5　　　不同年龄阶段普通人群研究对象生命质量各维度得分表

	女性			男性		
	青年人	中年人	老年人	青年人	中年人	老年人
躯体健康	78.34 ± 16.42	$69.08 \pm 17.38^*$	$68.18 \pm 16.42^*$	83.33 ± 9.56	$62.59 \pm 7.26^{**}$	$73.04 \pm 17.11^*$
躯体角色功能	75.62 ± 18.29	$63.54 \pm 18.23^*$	69.32 ± 20.43	66.67 ± 8.07	$53.70 \pm 7.03^*$	$72.92 \pm 23.85^{*\triangle\triangle}$
躯体疼痛	81.55 ± 19.48	$64.41 \pm 18.36^{**}$	$64.20 \pm 14.93^{**}$	77.08 ± 6.17	$59.49 \pm 9.24^{**}$	$75.52 \pm 23.01^{\triangle\triangle}$
总体健康	85.00 ± 15.49	$51.88 \pm 18.40^{**}$	$54.09 \pm 18.47^{**}$	87.50 ± 12.36	$47.78 \pm 13.33^{****}$	$54.69 \pm 13.29^{***}$
社会功能	76.65 ± 19.64	$58.74 \pm 26.11^*$	$59.40 \pm 19.44^*$	73.34 ± 6.06	$51.86 \pm 14.62^*$	$73.23 \pm 24.84^{\triangle\triangle}$
情绪角色功能	87.50 ± 22.36	$65.28 \pm 21.15^*$	$59.09 \pm 13.18^{***}$	78.57 ± 18.54	$65.28 \pm 17.71^*$	$78.12 \pm 22.67^{\triangle}$
精力	70.75 ± 12.82	$55.47 \pm 20.76^*$	62.88 ± 18.01	66.67 ± 9.24	$50.46 \pm 11.52^*$	67.19 ± 19.45
心理健康	81.71 ± 18.04	$54.15 \pm 22.17^{**}$	$77.07 \pm 10.39^{\triangle}$	60.00 ± 6.17	$49.63 \pm 10.74^*$	$62.34 \pm 15.93^{\triangle}$
平均分	79.00 ± 16.35	$60.57 \pm 18.5^*$	$62.40 \pm 10.85^*$	74.01 ± 8.73	$55.10 \pm 9.04^{**}$	$69.63 \pm 17.09^{\triangle}$

　　注：*表示中、老年人与青年人的比较；△表示中年人与老年人的比较。

随着年龄增长，参与传统体育健身行为的研究对象各个维度的得分和平均分也呈现出减小的趋势，但是其减小幅度明显小于普通人群。与青年女性相比，中年女性各个维度得分和平均分均减少，总体健康、情绪角色功能、精力和平均分四个维度得分差异不明显，组间比较没有显著性差异，其余各个维度得分都具有显著性差异（$0.005 < P \leqslant 0.01$）；与老年女性相比，除了心理健康得分明显小于老年女性，组间比较具有显著差异（$0.005 < P \leqslant 0.01$），其余各个维度得分和平均分组间比较差异不明显；与青年人相比，老年人各个维度得分和平均分除了心理健康得分相比不明显，其余各个维度得分和平均分与中年人的变化趋势一致。与青年男性相比，中年男性除了躯体角色功能、精力和心理健康差异不明显，其余各项指标组间比较都具有显著性差异，其中总体健康差异最明显，组间比较具有较显著性差异（$0.005 < P \leqslant 0.01$）；中年男性与老年男性 SF－36 量表八个维度

得分和平均分之间没有明显变化，组间比较没有显著性差异。与青年男性相比，老年男性除了躯体健康、躯体角色功能和总体健康三个维度得分明显减小，组间比较都具有显著性差异，其中总体健康得分减少最明显（$0.005 < P \leq 0.01$），其余各项指标组间都没有显著性差异（见表4—6）。

表4—6　　不同年龄段参与传统体育健身行为人群研究对象生命质量得分表

	女性			男性		
	青年人	中年人	老年人	青年人	中年人	老年人
躯体健康	96.05 ± 11.82	85.11 ± 20.62 *	81.67 ± 21.19 *	96.43 ± 9.45	82.03 ± 22.47 *	83.65 ± 21.23 *
躯体角色功能	93.46 ± 6.53	86.57 ± 11.21 *	85.81 ± 10.68 *	95.72 ± 4.18	91.88 ± 13.91	83.33 ± 8.85 *
躯体疼痛	91.22 ± 16.08	84.08 ± 19.91 *	82.94 ± 21.73 *	95.60 ± 4.68	82.42 ± 14.25 *	87.04 ± 10.69
总体健康	90.66 ± 14.24	87.95 ± 9.96	85.93 ± 12.32	94.29 ± 17.89	65.31 ± 12.49 * * *	60.67 ± 13.37 * * *
社会功能	76.66 ± 9.68	69.74 ± 15.21 *	63.83 ± 15.67 *	95.71 ± 5.35	80.00 ± 16.95 *	85.83 ± 14.21
情绪角色功能	93.33 ± 7.37	85.32 ± 14.22	86.17 ± 13.79	87.50 ± 17.92	76.04 ± 21.56 *	85.26 ± 20.52
精力	82.89 ± 6.19	79.83 ± 11.93	79.79 ± 11.3	77.98 ± 8.58	73.80 ± 14.66	80.19 ± 9.79
心理健康	87.25 ± 8.14	78.75 ± 10.77 *	89.55 ± 8.74 △	73.81 ± 4.88	72.92 ± 10.83	76.85 ± 10.39
平均分	87.74 ± 7.36	81.54 ± 9.84	81.26 ± 17.92	87.26 ± 5.68	78.05 ± 10.79 *	80.35 ± 9.93

注：*表示中、老年人与青年人的比较；△表示中年人与老年人的比较。

由上述数据可以看出，相对于青年人，不论男性还是女性，普通人群的中年人SF - 36各个维度得分和平均分都明显性降低，有些指标甚至低于老年人，中年男性表现得更加突出。说明中年人生命质量现状堪忧，应该引起我们的重视。中年人特别是普通人群的中年人生命质量明显下降。现实生活中，中年人的工作都相对稳定，但是激烈竞争的社会环境下，很多人会产生被小字辈追赶和超越带来的紧迫感，甚至是失落感，从而导致心理失衡产生压抑、抑郁等心理问题。除了紧张的工作之外，还要照顾和赡养年迈的父母，而其自身体质也在逐年下降；同时又要承担起正读高中或大学的子女学费、生活费。因此，中年人面临着较大的生活压力，从而导致其生命质量下降。

本次的研究数据还显示，参与传统体育健身行为的中年人各个维度得分和平均分虽然较青年人也有所减少，但是减少的幅度明显低于普通人群的中年人，说明经常参与传统体育健身行为能相对有效地提高中年人的生命质量。

（五）参与传统体育健身行为对不同性别人群生命质量的影响

普通人群的青年人女性心理健康明显大于男性，组间比较具有较显著差异（$0.005 < P \leq 0.01$）；参与传统体育健身行为的青年人，女性心理健康也大

于男性（$0.01 < P \leq 0.05$），但是差异明显减少。心理健康是指人格完整，有较好的自控能力，能正确认知社会，并且有明确的生活目标，能够不断进取。影响人的心理健康的因素繁多而复杂，和谐融洽的生活环境，会使我们保持良好的心态，可以促进我们的心理健康。[①] 由上述数据可以看出，传统体育健身行为可更好地促进青年男性的心理健康水平。参与传统体育健身行为青年男性社会功能明显大于女性（$0.005 < P \leq 0.01$），社会功能是指我们在社会上所起到的作用。心理学中所讲的社会功能一般包括人际交往能力和工作能力两方面。说明，参与传统体育健身行为的男性人际交往能力和工作能力提高幅度明显优于女性（见表4—7）。

表4—7　　　　　　普通人群研究对象生命质量各维度得分表

	青年人		中年人		老年人	
	男性	女性	男性	女性	男性	女性
躯体健康	78.34 ± 16.42	83.33 ± 9.56	69.08 ± 17.38	62.59 ± 7.26	68.18 ± 16.42	73.04 ± 17.11
躯体角色功能	75.62 ± 18.29	66.67 ± 8.07	63.54 ± 18.23	53.70 ± 7.03	69.32 ± 20.43	72.92 ± 23.8*
躯体疼痛	81.55 ± 19.48	77.08 ± 6.17	64.41 ± 18.36	59.49 ± 9.24	64.20 ± 14.93	75.52 ± 23.01*
总体健康	85.00 ± 15.49	87.50 ± 12.36	51.88 ± 18.40	47.78 ± 13.33	54.09 ± 18.47	54.69 ± 13.29
社会功能	76.65 ± 19.64	73.34 ± 6.06	58.74 ± 26.11	51.86 ± 14.62	59.40 ± 19.44	73.23 ± 24.84**
情绪角色功能	87.50 ± 22.36	78.57 ± 18.54	65.28 ± 21.15	65.28 ± 17.71	59.09 ± 13.18	78.12 ± 22.67**
精力	70.75 ± 12.82	66.67 ± 9.24	55.47 ± 20.76	50.46 ± 11.52	62.88 ± 18.01	67.19 ± 19.45
心理健康	81.71 ± 18.04	60.00 ± 6.177**	54.15 ± 22.1	49.63 ± 10.74	77.07 ± 10.39	62.34 ± 15.93*
平均分	79.00 ± 16.35	74.01 ± 8.73	60.57 ± 18.5	55.10 ± 9.04	62.40 ± 10.85	69.63 ± 17.09

普通人群的中年男性和女性各个维度得分和平均分差异不明显，参与传统体育健身行为中年人男性总体健康水平相对于普通人群的中年男性明

_____

① 季浏：《体育与健康》，华东师范大学出版社2000年版，第2页。

显增加，但是还是明显低于女性，社会功能中年男性的得分明显大于中年女性。组间比较具有较显著性差异（0.005 < P ≤ 0.01）。说明传统体育健身行为能更好地促进男性的社会功能的提高，而对促进女性的身体健康方面的功能要优于男性。

普通人群中老年男性躯体功能角色、躯体疼痛、社会功能、情绪角色功能四个维度得分明显大于老年女性，心理健康得分明显小于女性，组间比较都具有显著性差异（0.005 < P ≤ 0.01，0.01 < P ≤ 0.05），其余各项维度得分和平均分差异不明显；有传统体育健身行为的老年男性总体健康和心理功能都有所提高，但是还是明显小于老年女性，组间比较具有显著性差异（0.005 < P ≤ 0.01，0.01 < P ≤ 0.05）；参与传统体育健身行为的老年女性社会功能得分也明显提高，但是还是明显小于老年男性（0.005 < P ≤ 0.01）。由此可见，老年女性社会功能应该引起我们的重视。一般意义上，社会功能主要体现在人际交往能力和工作能力两个方面。老年人退休后与人交往的概率明显降低，而老年女性本身生活圈子相对狭窄，通过参加各种健身行为运动可增加老年女性之间的相互交流，从而提高老年人的社会功能（见表4—8）。

表4—8　　参与传统体育健身行为对不同性别人群生命质量的影响

	青年人		中年人		老年人	
	男性	女性	男性	女性	男性	女性
躯体健康	96.05 ± 11.82	96.43 ± 9.45	85.11 ± 20.62	82.03 ± 22.47	81.67 ± 21.19	83.65 ± 21.23
躯体角色功能	93.46 ± 6.53	95.72 ± 4.18	86.57 ± 11.21	91.88 ± 13.91	85.81 ± 10.68	83.33 ± 8.85
躯体疼痛	91.22 ± 16.08	95.60 ± 4.68	84.08 ± 19.91	82.42 ± 14.25	82.94 ± 21.73	87.04 ± 10.69
总体健康	90.66 ± 14.24	94.29 ± 17.89	87.95 ± 9.96	65.31 ± 12.49**	85.93 ± 12.32	60.67 ± 13.37**
社会功能	76.66 ± 9.68	95.71 ± 5.35**	69.74 ± 15.21	80.00 ± 16.95**	63.83 ± 15.67	85.83 ± 14.21**
情绪角色功能	93.33 ± 7.37	87.50 ± 17.92	85.32 ± 14.22	76.04 ± 21.56	86.17 ± 13.79	85.26 ± 20.52

续表

	青年人		中年人		老年人	
	男性	女性	男性	女性	男性	女性
精力	82.89 ± 6.19	77.98 ± 8.58	79.83 ± 11.93	73.80 ± 14.66	79.79 ± 11.30	80.19 ± 9.79
心理健康	87.25 ± 8.14	73.81 ± 4.88*	78.75 ± 10.77	72.92 ± 10.83	89.55 ± 8.74	76.85 ± 10.39*
平均分	87.74 ± 7.36	87.26 ± 5.68	81.54 ± 9.84	78.05 ± 10.79	81.26 ± 17.92	80.35 ± 9.93

三 结论和建议

（一）结论

（1）三个年龄段，不管是男性还是女性，参与传统体育健身行为的 SF-36 量表八个维度得分和平均分都明显大于普通人群，说明传统体育健身行为能相对有效地提高不同人群的生命质量。

（2）未参加传统体育健身行为的中年人 SF-36 量表八个维度得分和平均分相对青年人明显低，有些指标甚至低于老年人，说明中年人生命质量现状堪忧，应该引起重视。参与传统体育健身行为的中年人的得分减少幅度明显低于普通人群的中年人，说明参与传统体育健身行为能相对有效地提高中年人的生命质量。

（3）未参与传统体育健身行为的老年人男性社会功能都明显大于女性，通过参与传统体育健身行为虽然使上述情况得到改善，但老年女性社会功能得分还是明显低于男性，说明退休后老年女性社会功能问题应值得关注。

（4）未参与传统体育健身行为的中老年男性和女性总体健康水平差异不明显，有传统体育健身行为中老年男性总体健康水平得到改善，但是改善程度明显小于中老年女性。

（二）建议

（1）建议政府有关部门有针对性地制定居民健康促进政策或策略，引领相关部门组织努力挖掘利用传统体育文化遗产、合理开发改良传统体育文化项目、大力提倡传统体育健身行为，满足中老年人的健身需求，同时激发年轻人对传统体育健身项目的热爱，社区和地方政府也应加大相关公共服务供给力度，健全相关制度，加强配套设施的建设。

（2）建议体育行政部门将民族传统体育纳入全民健身计划，在新型城市化建设和全民健身工程中，重点扶持传统体育，因地制宜，建设传统体育健身路径，进而壮大传统体育健身人群。

第二节　传统体育社团对社会质量的提升功能及评估

在我看来，大福利不唯国家福利或政策福利，指涉的应当是一种多元福利提供模式、就其内容而言甚或超越了传统的公共服务与社会保障的理解范畴，近似于"福祉"——"指代所有对人类有益，以及能够帮助人们提高生活水平的事物。它包括物质的丰富，如收入和财富；也包括身心的愉悦，即健康和快乐；还包括在民主和法律制度下得到的受教育机会和参与公民社会的能力……显而易见，健康是讨论福祉问题的起点。"[①] 所指的是不同于"福利国家"模式的"福利社会"模式。与"福利国家"是一种自上而下的，基于国家通过社会政策和公共财政干预的福利模式不同，"福利社会"则被认为是一种市民社会为主导的福利模式，体现了一种福利社会化和福利多元化的取向。福利社会模式采取的是自下而上的视野来看待社会福利，强调社会的自我运作，主张通过非政府组织、市场、志愿者等多种主体来满足人们的福利需求，而不是依赖国家公共财政和社会政策。林卡认为，从宏观看来，福利社会的水平可以用社会发展指标或社会质量指标来衡量，社会质量体现的是社会大福利的总体水平，是"大福利"框架中的重要内容。[②] "大福利"社会的实现，需要福利主体的多元化和福利资源的社会化，所追求的福利目标从最低标准转变为社会

---

① ［美］安格斯·迪顿：《逃离不平等：健康、财富及不平等的起源》，崔传刚译，中信出版社2014年版，第4页。

② 林卡：《走向福利社会？——"福利社会"概念辨析及其蕴意》，《人民论坛》2009年第20期。

质量，此时，作为福利主体之一的社会团体引起了学界的注意。① 就本研究而言，在"大福利"的视野下考察传统体育社团活动的功能，就需要分析它对社会质量各个方面产生的影响。

一　概念与操作化：社会质量的测量维度

1989 年王沪宁在《中国：社会质量与新政治秩序》一文中首次提出了"社会质量"概念。该著着眼于在中国建立现实可行的政治秩序，将社会质量界定为"社会非政治有序化程度"，也就是在没有政治控制和干预的情况下社会的自我组织水平。王沪宁指出，就中国社会而言，历来受政治的干预较深，在缺少政治干预的条件下存在较大风险。② 与王沪宁注重社会质量的社会秩序化内涵不同，吴忠民把社会质量理解为社会自我满足程度，他认为高质量社会是指这样一个运转良好的社会：在一定时代条件之下，社会机体在运转与发展过程中能够最大限度地满足自身的内在规定要求与需求。③ 在欧洲，"社会质量"（Social Quality）是 20 世纪 90 年代欧盟学者采用的一个用以衡量总体社会发展状况的概念。1997 年，1000 多名学者在阿姆斯特丹通过了《社会质量阿姆斯特丹宣言》，该宣言给出了提出社会质量这一概念的根本缘由："考虑到所有市民的基本尊严，我们声明：我们不想在欧洲城市目睹日益增长的乞讨者、流浪汉，我们也不希望面对数量巨大的失业群体，日益增长的贫困人群，以及只能获得有限医疗服务和社会服务的人群。"④《社会质量阿姆斯特丹宣言》将社会质量概念表述为"社会质量是指人们能够在多大程度上参与其共同体的社会与经济生活，并且这种生活能够提升其福利和潜能"⑤。不难发现，社会质量在欧洲被视为社会福利的发展水平。张海东认为，不管是在中国还是在欧洲，社会质量概念的提出，实现了社会发展研究范式的转变，一

---

①　田北海、钟涨宝：《社会福利社会化的价值理念——福利多元主义的一个四维分析框架》，《探索与争鸣》2009 年第 8 期。

②　王沪宁：《中国：社会质量与新政治秩序》，《社会科学》1989 年第 6 期。

③　吴忠民：《论社会质量》，《社会学研究》1990 年第 4 期。

④　Beck, Wolfgang, Laurent J. G. Vander Maesen, Fleur Thomese and Alan Walker, Social Quality: A Vision for Europe, *Kluwer Law International*, 2001, p. 375.

⑤　Beck, Wolfgang, Laurent J. G. Vander Maesen, Fleur Thomese and Alan Walker, Social Quality: A Vision for Europe, *Kluwer Law International*, 2001, pp. 375、6 - 7、334.

方面，社会质量的研究不仅将社会发展研究的重点从发展的道路模式引向具体社会的质量的衡量和测度；另一方面，更重要的是社会质量的研究把握到了社会发展的目标和本质所在。① 总之，社会质量既反映了一个社会的自我组织能力，也代表着一个社会的发展水平，是涵盖在大福利的理论架构之内的概念。

对于社会质量的测量指标，王沪宁提出社会质量可以分为两大类指标：物质性的指标和价值性的指标。前者包括经济、人口、教育、文化等方面的发展水平；后者包括社会整合、自主、自律、稳定、适应、开放等方面的发展水平。其中价值性指标是社会质量的直接表现。② 而根据《社会质量阿姆斯特丹宣言》对社会质量概念的界定，这个概念包含了四个方面的内容：社会经济保障、社会凝聚、社会包容和社会赋权。社会经济保障是指人们获取可用来提升个人与他人互动所必需的物质资源和环境资源的机会，这些资源包括收入、教育、健康照顾、社会服务、环境、公共卫生和个人安全等，所指向的是那些抗拒社会给个人造成的风险的社会正义。社会凝聚是指以团结为基础的集体认同，指向的是团结和整合问题，揭示的是基于共享的价值规范基础上的社会关系本质。社会包容是指人们接近那些构成日常生活的多样化制度和社会关系的可能性，人们在何种程度上可以获得来自制度和社会关系的支持，指向的是共同平等的权利和价值，并在此维度上减少社会排斥。而社会赋权是指个人的力量和能力在何种程度上通过社会结构发挥出来，社会关系能在何种程度上的提高个人的行动能力，关注的是社会为个人发挥自身能力而提供的社会机会是否公平，它指向人的尊严。③ 张海东在分析了上述指标后指出，在经验研究方面，社会质量的四个维度可以继续细分为一系列的次级维度，并进一步操作化为一系列测量指标。社会经济保障维度包括健康维持、就业保障、住房保障、食品和环境保障等指标；社会凝聚维度包括代际团结、社会资本、人际信任等指标；社会包容维度包括就业市场、教育系统和服务、社

① 张海东：《从发展道路到社会质量：社会发展研究的范式转换》，《江海学刊》2010 年第 3 期。

② 王沪宁：《中国：社会质量与新政治秩序》，《社会科学》1989 年第 6 期。

③ 沃克·艾伦、张海东：《社会质量取向：连接亚洲与欧洲的桥梁》，《江海学刊》2010 年第 4 期。

会保障体系以及社区融入、政治融入等指标；社会赋权维度包含文化赋权、社会流动机会等。[①]

借鉴上面这些论述，在本研究中，我们设计问卷时将社会质量概念进行了如下操作：将社会质量划分为社会经济保障、社会凝聚、社会包容和社会赋权4个维度。具体说来，将社会经济保障操作化为储蓄状况和住房状况；将社会凝聚问题操作化为系统信任指数和公共责任指数；将社会包容问题操作化为群体融入指数、社会接纳指数和制度融合指数；将社会赋权问题操作化为主体能力感指数和社会心态指数。

二　理论与假设：传统体育社团与社会质量

参加传统体育社团活动会对社会质量会产生何种影响？目前在这一课题领域尚没有代表性研究成果，但是有关参加社团活动或者体育社团活动与某些社会质量指标之间的关系已经引起了研究者的注意。

首先是社团参与同社会质量之间的关系方面。例如，近年来进行的一些实证研究：折晓叶等人发现，社团活动会缓和民间与政府的紧张关系，增强社会凝聚和社会包容，化解社会矛盾。通过"自上而下"与"自下而上"的双向运作过程，社团将政府目标和社会利益有机地协调起来，"纵向的官方行政目标有可能通过社团变通为一般组织和个人易于接受的行为规范，横向的民间利益和目标，则可以通过社团的协商和协调作用，影响党政部门的政策和决策"[②]。而刘明前等人的对大学生群体的调查发现，大学生投入大学社团的时间、参与社团的质量均是其主观幸福感认知评价成分——生活满意感的显著正向预测源。同时，大学生在社团中的身份以及参与社团的质量均是主观幸福感情绪体验成分中的积极情感的显著正向预测源。因此，高质量的社团参与活动是大学生主观幸福感提升的重要来源。这说明社团参与能够提高个体的自我成就感和尊严感。[③]除此之

---

①　张海东：《从发展道路到社会质量：社会发展研究的范式转换》，《江海学刊》2010年第3期。

②　王颖、折晓叶、孙炳耀：《社会中间层——改革与中国的社团组织》，中国发展出版社1993年版，第317页。

③　刘明前、胡三嫚：《大学生社团参与状况对其主观幸福感的影响》，《重庆文理学院学报》（社会科学版）2012年第4期。

外，他们还发现大学生社团参与同其就业能力之间存在正向的相关性。①
陈黎黎等人的研究发现，参与学生社团对大学生的道德认知、道德参与、
政治情感和态度、自我认知都产生了积极的作用。具体说来，社团参与越
深的学生，其道德行为越好，政治情感和态度越积极，政治参与热情越
高，角色认知越清晰，角色行为越符合社会角色要求。② 但也并不是所有
的研究都证实了社团参与同社会质量各个指标之间存在正向关系。例如，
胡荣等人指出，社团参与对于城市居民与农民工之间的社会距离的影响不
具有统计显著性。也就是说，对于社会质量的社会包容维度而言，社团参
与并不发生明显的作用。③

　　其次是体育社团活动与社会质量之间的关系。邹师等人从社会心态
管理角度系统地提出了体育社团活动对于促进社会稳定的意义，认为体
育活动可以转移社会的不满情绪，发泄人类的攻击能量，能缓解矛盾，
消除对立，同时体育的公平性可以改善人们的相对剥夺感，增强社会凝
聚力。体育社团还是连接个人与政府的桥梁，有利于缓解个人与政府之
间的对立。可见体育活动和参加体育社团能调节社会心态，疏导不良情
绪，进而有利于提高社会凝聚力，维持社会稳定。④ 通过开展体育活动
以及修建体育设施，可以缓解、转移、缝合低收入群体因贫富差距带来
的矛盾和不良心态。⑤ 胡依心对球迷社团的研究发现，球迷社团所具有
的广泛联系性，使得他们易于疏导、化解球迷间的冲突。⑥ 球迷团体有
利于配合公安政法部门对球迷群体进行动员与整合，明确社团自身的权
力与责任，可以有效提升球迷社团参与球迷骚乱治理的能力与效率。这

---

　　① 胡三嫚、刘明前：《大学生就业能力实证研究：基于社团参与的视角》，《宁波大学学
报》（教育科学版）2011 年第 6 期。

　　② 陈黎黎、薛林峰：《高校学生社团参与对大学生社会化的影响》，《研究河北广播电视大
学学报》2008 年第 5 期。

　　③ 胡荣、王晓：《社会资本与城市居民对外来农民工的社会距离》，《社会科学研究》2012
年 3 期。

　　④ 邹师、章思琪：《体育促进社会稳定的机制》，《体育学刊》2008 年第 9 期。

　　⑤ 孙丽雯、章思琪：《体育对低收入群体不良心态的疏导机制研究综述》，《辽宁体育科
技》2010 年第 3 期。

　　⑥ 胡依心：《球迷社团参与球迷骚乱治理的社会学分析》，《广州体育学院学报》2013 年
第 5 期。

说明，参与体育社团活动有助于社会的整合和凝聚。这些实证研究的结论都从不同侧面支持了参与体育社团有助于社会凝聚、社会包容和社会赋权提高的观点。

在建立模型时我们发现，由于既不能在理论上推断参与体育社团与社会质量的"社会经济保障"维度之间存在因果联系，同时也没有研究发现社会经济保障状况因参与体育社团而有所改进的社会事实，我们将不考察参与体育社团对这一维度的影响。相反，我们把"社会经济保障"维度这一社会质量的"物质性指标"看作是其他"价值性指标"影响因素。在统计时作为控制变量。综上所述，根据已有的文献，我们对参与体育社团与社会质量之间的因果关系提出以下假设：

总假设：参加体育社团活动会有效提高社会质量的各项指标。

研究假设一：参加体育社团活动会增加社会凝聚。

假设1.1：参加体育社团活动会增加系统信任感，即参加体育社团活动会增加人们对公共机构的信任感。

假设1.2：参加体育社团活动会增加公共责任感，即参加体育社团活动会增加人们帮助社会中弱势群体的意愿。

研究假设二：参加体育社团活动会促进社会包容。

假设2.1：参加体育社团活动会促进群体融入，即参加体育社团活动会增加人们与周围人的互动频率，减少孤独感。

假设2.2：参加体育社团活动会促进社会接纳，即参加体育社团活动会帮助人们较少地受到各种社会歧视。

假设2.3：参加体育社团活动会促进制度融合，即参加体育社团活动会帮助人们减少与制度之间的冲突。

研究假设三：参加体育社团活动会提高社会赋权。

假设3.1：参加体育社团活动会提高主体能力感，即参加体育社团活动会提高人们通过自身能力获得成功的信心，也提高人们表达诉求的勇气。

假设3.2：参加体育社团活动会改善社会心态。即参加体育社团活动会让人们的心态更加积极、乐观、向上。

三　研究设计：变量测量和模型建立

（一）因变量及其测量

1. 社会凝聚维度

系统信任指数

（问题 B15）您对以下机构（报社、电视台、司法机关、地方政府、中央政府、人大，注：每个类型均打分）的信任程度如何？完全不信任（1 分）；不太信任（2 分）；一般（3 分）；比较信任（4 分）；完全信任（5 分）

公共责任指数

（问题 B16）如果现在有一个计划，是从您的收入中扣除 10% 去帮助改善一些人（失业者、残疾人、老年人、穷人、孤儿、灾民，注：每个类型均打分）的生活状况，您是否愿意支持该计划？非常不愿意（1 分）；不愿意（2 分）；愿意（3 分）；非常愿意（4 分）

2. 社会包容维度

群体融入指数

（问题 B17）过去的一年您与下列人员 [家属、朋友、同事（非工作时间）、邻居，注：每个类型均打分] 直接或间接保持联系的情况？从不（1 分）；一年几次（2 分）；至少每月一次（3 分）；至少一周一次（4 分）；一天多次（5 分）

（问题 B18）您在日常生活中是否感到孤独？是（0 分）；否（1 分）

社会接纳指数

（问题 B19）在过去的 12 个月，您是否因以下因素（社会地位低、身体残疾、年龄、性别、外表、出生地、学历、疾病、户籍、信仰、其他，注：每个类型均打分）受到歧视？有（0 分）；没有（1 分）

制度融合指数

（问题 B20）在过去的 12 个月中，您和您的家人是否经历过下列事情（对自己家庭不利的政策；与政府干部发生过冲突；在政府机构办事时受到不合理的拖延和推诿；在政府机构办事时受到不合理收费；与所在小区保安发生过冲突；被强制性捐款；医患纠纷；不当执法。注：每个类型均打分）？有（0 分）；没有（1 分）

3. 社会赋权维度

主体能力感指数

（问题 B21）您觉得一个人是否有可能通过自己的努力获得更高的社会或经济地位？非常有可能（5 分）；有可能（4 分）；中立（3 分）；不大可能（2 分）；非常不可能（1 分）

（问题 B22）您觉得能否公开自主表达个人意见？按程度从 1—10 打分

社会心态指数

（问题 B23）您对以下五种情况（我感觉被社会遗弃；要获得成功，我被迫去做不正确的事；有些人轻视我；我对未来不乐观；现实与理想之间差距较大）分别持何种态度？非常不同意（5 分）；不同意（4 分）；中立（3 分）；同意（2 分）；非常同意（1 分）

我们将每个维度各个指标的得分之和设定为该维度的指数得分，即：

社会凝聚指数 = 系统信任指数 + 公共责任指数；

社会包容指数 = 群体融入指数 + 社会接纳指数 + 制度融合指数；

社会赋权指数 = 主体能力感指数 + 社会心态指数。

这样我们总共得到了 10 个因变量指数。为了比较参加传统体育社团对三个维度影响的差异，我们分别对社会凝聚指数、社会包容指数、社会赋权指数进行了加权，分值上限设为 10 分。

（二）自变量和控制变量的操作测量

本研究将自变量设为参加传统体育社团的年数；控制了以下变量：性别（虚拟为"男性"，以"女性"为参照变量），年龄段［青年（30 岁以下，参照变量），中年（31—60 岁），老年（61 岁以上）］，教育程度［没受过教育、小学、初中、高中（普通高中、职业高中、中专、技校）、大学、研究生］，宗教信仰（虚拟为"信教"，将"不信教"作为参照变量）；政治面貌（虚拟为"党员"，将"非党员"作为参照变量）；工作性质（虚拟为"体制内工作"，参照变量为"非体制内工作"）；储蓄状况［有余款可储蓄（4 分），收入勉强维持生活（3 分），需动用储蓄（2 分），需要借款维持生计（1 分）］；住房状况［自有住房（1 分），无自有住房（0 分）］。

（三）统计模型

本文使用了多元线性回归来检验研究假设，回归系数以普通最小二乘法估计（OLS）。方程式为：

$$Y = \alpha + \beta X + \gamma C$$

其中，Y 是因变量矩阵，包括社会质量的 3 个维度及 7 个指标共 10 个因变量；X 是自变量，本研究中将"参加传统体育社团的年数"作为唯一自变量；C 是控制变量矩阵，包括性别、年龄段、教育程度、宗教信仰、政治面貌、工作性质、储蓄状况、住房状况等 8 个变量。α、β、γ 是回归参数向量，衡量独立变量的效果。

四　统计分析结果

（一）参加传统体育社团对社会凝聚的影响

社会凝聚基于集体认同指向社会团结和整合，揭示的是基于共享的价值规范基础上的社会关系本质，涉及现代社会的系统信任和公共责任。我们分别将社会凝聚指数、系统信任指数、公共责任指数作为因变量，以参加传统体育社团的年数作为唯一自变量，并控制性别、年龄段、宗教信仰、教育程度、政治面貌、工作性质、储蓄状况和住房状况后，建立模型 1、模型 2 和模型 3。模型 1 显示，参加传统体育社团的年数与社会凝聚指数之间存在显著的正向关系，参加年限越长，社会凝聚指数也就越高。具体说来，参加传统体育社团的年数与系统信任指标（模型 2）和公共责任指标（模型 3）之间都呈现显著正向关系，即参加体育社团的时间越长，人们的系统信任感和公共责任感也都越强。在系统信任方面，对于参加传统体育社团的人来说，他们更愿意选择"大部分人都值得信任"，同时也更认可报社、电视台、司法机关和政府一类的公共机构的公信力。在公共责任方面，参加体育社团的时间越长，人们也就越愿意帮助失业者、残疾人、老年人、穷人、孤儿和灾民这样的弱势群体，投身于公益事业。从这个意义上讲，参加体育社团培养了人们的系统信任和公共责任，有利于社会形成普遍有效的规范，保证了社会的良性整合和持续凝聚。在控制变量方面，模型显示性别、教育程度、工作性质和住房状况等因素对社会凝聚、系统信任和社会责任均没有显著影响。在年龄方面，与青年人相比，中年人的社会凝聚指数、系统信任指数、公共信任指数均偏低，说明年轻人更愿意相信公共机构，也具有更强的社会责任感。模型还显示，与不信教的人相比，信教者更不愿意相信公共机构。党员比非党员更愿意相信公共机构，也更具有社会责任感。居民的储蓄状况对社会凝聚力、系统信任度和公共责任感均有显著影响，家境越宽裕的人，系统信任度和公共责任感越强。这说明积极改善居民的经济状况有助于社会稳定和团结。所以总体上看，参加传统体育社团在社会凝聚维度上有助于提高社会质量。三个模型的解释力较高，分别达到了34.1%、29.5%和21.8%。

（二）参加传统体育社团对社会包容的影响

社会包容是指人们与那些构成日常生活的多样化制度和社会关系的接近程度，人们获得来自制度和社会关系的支持的程度，指向平等的权利和价值，减少社会排斥。我们分别将社会包容指数、群体融入指数、社会接纳指数、制度融合指数作为因变量，以参加传统体育社团的年数作为唯一自变量，并控制性别、年龄段、宗教信仰、教育程度、政治面貌、工作性质、储蓄状况和住房状况后，建立模型4、模型5、模型6、模型7。模型4显示，传统体育社团的参加年数与社会包容指数之间存在明显的正向关系。即参加传统体育社团的年数越长，其更能融入身边的群体，适应社会制度，与社会的相容性越好。具体说来，参加传统体育社团有助于个人与周围的人，如家人、朋友、同事和邻居保持更密切的交往，也明显降低了个体的孤独感。模型5显示参加传统体育社团也降低了人们受到社会歧视的感受，减轻社会排斥的感觉。模型6同时显示，参加传统体育社团也增强了个体与制度之间的融合度，人们能更好地处理自己与社会政策、政府机关、社区组织、社会组织、医院等公共机构的关系。模型7显示在控制变量方面，模型显示性别和住房状况对社会包容指数的影响不明显。年龄方面，青年人比中老年人的社会包容性更强，具体而言，青年人比老年人与周围人群之间的联系更密切，比中年人与制度之间的关系更融合。宗教信仰方面，信教者的社会包容程度更高，与群体、社会、制度的融洽程度更好。教育程度方面，教育程度越高，社会包容度反而越差。同时，发现党员的群体融入更好，与制度之间的关系也更和谐。最后，储蓄状况与社会包容指数及其各个指标之间存在显著的正向关系。总体上看，参加传统体育社团在社会包容维度上有助于提高社会质量。四个模型的解释力较高，分别达到了

28.3%、18.3%、23.5%和32.4%。

（三）参加传统体育社团对社会赋权的影响

社会赋权维度主要反映的是生活于某个社会中的个体是否感受到自由和尊严，是否能够感受到通过自身努力就可以达到某种社会和经济的期望，主要包括主体能力感和社会心态等方面的内容。我们分别将社会赋权指数、主体能力感指数、社会心态指数作为因变量，以参加传统体育社团的年数作为唯一自变量，并控制性别、年龄段、宗教信仰、教育程度、政治面貌、工作性质、储蓄状况和住房状况后，建立模型8、模型9、模型10。在模型中可以看到，参加传统体育社团活动有助于提高社会赋权指数，增加人的尊严感，对于形成积极的社会心态有推动作用。从模型8显示具体来说，参加传统体育社团年数越长的人就越倾向于认为通过努力会取得成功，实现梦想。参加传统体育社团时间越长的人，也更感觉到言论方面的自由，而不是压制。模型9显示他们在生活中较少具有被遗弃感、被强迫感、被轻视感、顾虑感和挫败感，而是更加自主、自信、乐观和客观。模型10显示控制变量方面。性别、教育程度和住房状况对社会赋权维度上的各个指标没有明显的影响。年龄方面，与中年人相比，青年人的社会赋权指数更高。宗教信仰方面，信教者的自由感和尊严感不如不信教的人。政治面貌方面，党员的社会赋权指数高于非党员群体。同时，体制内工作的人社会赋权指数更高，主要是因为他们的社会心态更积极乐观。而储蓄状况越富裕的人，社会赋权指数越高，主体能力感更强，社会心态更积极。总体上看，参加传统体育社团在社会赋权维度上有助于提高社会质量。三个模型的解释力较高，分别达到了30.7%、21.9%和26.5%（见表4—9）。

表4—9　　　　社会质量各个维度及其指标的多元线性回归模型

变量	社会凝聚模型1	系统信任模型2	公共责任模型3	社会包容模型4	群体融入模型5	社会接纳模型6	制度融合模型7	社会赋权模型8	主体能力感模型9	社会心态模型10
常项	5.057 *** (.410)	15.215 *** (1.735)	13.927 *** (1.103)	5.864 *** (.445)	11.421 *** (.950)	7.417 *** (.544)	4.618 *** (.607)	4.848 *** (.487)	7.485 *** (.964)	11.905 *** (1.334)
自变量										

续表

变量	社会凝聚模型1	系统信任模型2	公共责任模型3	社会包容模型4	群体融入模型5	社会接纳模型6	制度融合模型7	社会赋权模型8	主体能力感模型9	社会心态模型10
参加年数	1.219***	4.005***	2.789***	1.125***	1.520***	1.178***	1.803***	1.191***	1.999***	2.765***
	(.112)	(.474)	(.301)	(.121)	(.259)	(.149)	(.166)	(.133)	(.263)	(.364)
控制变量										
男性（参照组：女性）	-.068	-.045	-.278	-.077	-.017	-.202	-.089	-.249*	-.342	-.655
	(.126)	(.531)	(.337)	(.136)	(.291)	(.166)	(.186)	(.149)	(.295)	(.408)
中年（参照组：青年）	-.651**	-2.030*	-1.949**	-.383*	-.316	-.313	-.902**	-.919***	-2.016***	-1.661*
	(.211)	(.892)	(.567)	(.229)	(.488)	(.279)	(.312)	(.250)	(.495)	(.686)
老年（参照组：青年）	.032	1.268	-.901	-.511*	-1.299**	-.372	-.375	-.167	-.589	-.080
	(.212)	(.895)	(.568)	(.229)	(.490)	(.280)	(.313)	(.251)	(.497)	(.688)
信教（参照组：不信教）	-.212	-1.823**	-.578	.443**	.664*	.391*	.715**	-.188	-.622*	-.130
	(.148)	(.627)	(.399)	(.161)	(.343)	(.197)	(.220)	(.176)	(.349)	(.482)
教育程度	.006	-.007	-.058	-.369***	-.775***	-.238**	-.465***	-.126	-.191	-.314
	(.068)	(.286)	(.182)	(.073)	(.157)	(.090)	(.100)	(.080)	(.159)	(.220)
党员（参照组：非党员）	.689***	3.147***	.881*	.140	.744*	.219	.404*	.618***	.917**	1.555***
	(.132)	(.558)	(.354)	(.143)	(.305)	(.175)	(.195)	(.157)	(.310)	(.429)
体制内工作（参照组：体制外工作）	.126	.119	-.059	.572***	.751**	.700***	.838***	.451**	.369	1.436***
	(.117)	(.496)	(.315)	(.127)	(.271)	(.155)	(.173)	(.139)	(.275)	(.381)
储蓄状况	.445***	1.291***	.691***	.640***	1.192***	.699***	.667***	.583***	.604**	1.728***
	(.083)	(.351)	(.223)	(.090)	(.192)	(.110)	(.123)	(.099)	(.195)	(.270)

续表

变量	社会凝聚模型1	系统信任模型2	公共责任模型3	社会包容模型4	群体融入模型5	社会接纳模型6	制度融合模型7	社会赋权模型8	主体能力感模型9	社会心态模型10
自有住房（参照组无自有住房）	-.108 (.158)	.811 (.667)	-.842* (.424)	-.132 (.171)	-.538 (.365)	-.060 (.209)	.071 (.234)	-.237 (.187)	.204 (.371)	-1.151 (.513)
N	544	544	544	544	544	544	544	544	544	544
调整后R2	.341	.295	.218	.283	.183	.235	.324	.307	.219	.265
F	29.002	23.686	16.078	22.372	13.107	17.657	26.875	25.023	16.157	20.510
Sig.	.000	.000	.000	.000	.000	.000	.000	.000	.000	.000

注：（1）括号内为标准误差。（2）显著度标识 $*p<0.1$，$**p<0.01$，$***p<0.001$。

五　结论与讨论

对上述模型的统计分析结果基本上支持了在本文第二部分提出的所有假设，即参加传统体育社团会总体上提高社会质量在各维度上的指标，具体说来得出了如下结论。

第一，参加传统体育社团有助于提高社会凝聚力，增加人们的系统信任程度和社会公共责任感，对于现代社会的整合凝聚具有积极意义。现代社会转型使得人们的日常交往对象变得陌生化和匿名化，所以对于现代社会整合而言，需要的是韦伯所说的普遍信任和卢曼所言的系统信任，而不是传统社会的私人信任和关系信任。在现代社会，需要人们更多地尽到公共责任，而不仅仅是私人义务。社团参与和体育活动增强了系统信任和公共责任意识，所以大力发展传统体育社团是提高社会凝聚力的重要途径之一。

第二，参加传统体育社团有助于提高社会包容程度，能促进居民的群体融入，促进个体的社会接纳，并且能够有效调节个人与制度之间的紧张关系，最终有利于构建和谐社会。王颖、折晓叶等人曾经指出社团参与有助于降低个人与社会或国家之间的紧张关系，一方面社团帮助党和政府贯彻、落实政府的政策和法规，甚至直接承担部分行政管理的职能；另一方面社团能够帮助参加者利益聚集、表达和输送，基于成员需要，执行为成员谋取利益的服务职能。社团可以利用自己的身份，与政府行政管理部门对话，以影响政府的实际决策。[①] 实际上，社团参与不仅能帮助个体积极与国家制度之间进行积极互动，也有助于促进个体与周围世界的其他方面的融入度，降低社会排斥感。

第三，参加传统体育社团有助于增加社会赋权程度，会提高主体能力感，培育积极的社会心态。体育被称为现代社会的"安全阀"，一方面，体育社团为参与者提供强有力的社会支持，缓解社会压力，在缝合社会矛盾等多个方面对社会的稳定起到了有效的缓冲作用；另一方面，体育可以使社会不满情绪转移到体育攻击对象上，从而可以分散不满群体的注意力。通过体育竞赛释放和发泄人类的攻击性能量，缓解人们的压抑情绪，稳定和减轻了人类的攻击和侵略行为。所以，对社会而言，体育社团和体育活动具有安全阀功能，通过参与积极的体育社团活动，可以转移人们的不满心理，分散人们对社会产生的某些积怨，消除对立、弥合分歧、缓解矛盾，有利于社会赋权感的提高。

总之，参加传统体育社团对于提高社会质量，构建大福利社会有积极意义。无论是在社会质量的自律内涵还是发展内涵，体育社团都发挥着积极作用。除了以上三点之外，我们在比较参加传统体育社团活动在社会凝聚、社会包容和社会赋权三个维度上的影响发现，对因变量加权后的非标准化影响系数分别为 1.219、1.125 和 1.191，这说明参加传统体育社团活动对社会质量各个维度发挥着较为均衡的积极影响。

但值得注意的是，本研究调查的传统体育社团都是民间自主参与的健身团体，他们的组织性相对宽松，参加者具有较大的自由度。这些传统体育社团强调参与者的个体意识、平等意识和权利意识，是公民社会背景下的体育社团，而不是传统的帮派社团，因此在现代化的背景下有助于社会凝聚、社会包容和社会赋权。如果传统体育社团一旦演变成组织性较强、形成内部等级并对参与者实行较强控制的团体组织，参与者的个体意识、平等意识和权

---

① 王颖、折晓叶、孙炳耀：《社会中间层——改革与中国的社团组织》，中国发展出版社1993年版，第317页。

利意识就会受到压制，其导致的结果可能会呈现出不同的状况。这些推论都需要进一步的研究证实。除此之外，本研究的自变量为"参与体育社团的年数"，其中隐含着"社团参与"和"体育活动"两个子自变量。从以往的研究看，二者对社会质量都发挥积极作用。但是，二者在对社会质量各个指标发生影响时，是单独发挥作用还是交互发挥作用？对社会质量各指标发挥的影响有无偏重？这些在本研究中都没有很好的回答，尚需进一步研究。

第三节　传统体育社团对现代社会资本的培育功能及评估

社会资本能够为人们提供自身需要的各种社会资源，在个体与社会之间搭建桥梁，成为大福利社会的主体要素之一。例如有研究指出，社会资本在情感和财政等诸多方面具有社会支持功能。[1][2][3]　并且，不同的社会资本因素所提供的社会资本有所偏重，张文宏、阮丹青发现，亲属特别是兄弟姐妹在财务支持方面发挥着重要作用，同事和朋友在精神支持网中的作用比其在财务支持网中更大，而在农村，邻居在财务支持和精神支持两方面均具有相当重要的作用。[4]　另外，不少研究发现，社会资本在地位获得方面有积极作用，包括工作就业、职位提升、下岗职工再就业、农民工的城市融入等多个方面。[5][6][7][8][9]　所以，社会资本的培育是大福利社会的重要内涵之一。在现代化的背景下，注重现代社会资本的培育对于构建大福

①　Lai, Gina, Social Support Networks in Urban Shanghai, *Social Networks*, 2001, p. 23.

②　张其仔：《社会网与基层社会生活——晋江市西滨镇跃进村案例研究》，《社会学研究》1999 年第 3 期。

③　张文宏、阮丹青、潘允康：《天津农村居民的社会网》，《社会学研究》1999 年第 2 期。

④　Zhang, Whenhong and Danching Ruan, Social Support Networks in China: An Urban - Rural Comparision, *Social Sciences in China*, No. 2, 2001.

⑤　Bian, Yanjie, Bringing Strongties Back In: Inderect Ties, Network Bridges, and Job Searches in China, *American Sociological Review*, 1997, 62, pp. 266 - 285.

⑥　王汉生、陈智霞：《再就业政策与下岗职工再就业行为》，《社会学研究》1998 年第 4 期。

⑦　丘海雄等：《社会支持结构的改变：从一元到多元》，《社会学研究》1998 年第 4 期。

⑧　李培林：《流动民工的社会网络和社会地位》，《社会学研究》1996 年第 4 期。

⑨　王春光：《流动中的社会网络：温州人在巴黎和北京的行动方式》，《社会学研究》2000 年第 3 期。

利社会意义重大。那么在"大福利"的视野下考察参加传统体育社团活动的社会意义，就不能不考虑它对社会资本培育的影响。

一 概念及其测量：社会资本的测量维度

布迪厄最早提出并较为系统地论述了社会资本的概念，他将社会资本概念引入社会学领域，把它与经济资本和文化资本并列为社会行动的三大结构性资源。布迪厄把社会资本界定为"实际的或潜在的资源的集合体"，这些资源嵌入到社会网络结构之中。他特别强调机构网络是大家共同熟悉的，得到公认的、体制化的网络，它是同某团体的会员制相联系的，它从集体性拥有资本的角度为每个会员提供支持，提供为他们赢得声望的凭证。① 受到布迪厄的影响，科尔曼认为社会资本是与物质资本和人力资本相并存的，每个人生来就具有这三种资本，在三者之间可以实现转换。社会资本的形式有义务与期望、信息网络、规范与有效惩罚、权威关系、多功能社会组织和有意创建的组织等。② 在此之后，普特南、波茨、福山等人进一步发展了社会资本理论，使社会资本理论成为具有重要影响的思潮。那哈皮特（Nahapiet）等人认为社会资本是通过个人或组织的关系网络，能够获得的现实或潜在的资源总和。③ 而林南认为潜在的资源对社会行动不构成实际意义，还算不上社会资本，因此他将社会资本定义为"嵌入于一种社会结构中的可以在有目的的行动中涉取或动员的资源"。这个概念涵盖了社会资本的三个要素：（1）嵌入于一种社会结构的资源（结构的嵌入性）；（2）个人获取这些社会资源的能力（机会的可涉取性）；（3）通过行动者运用或动员这些社会资源（行动导向的运用）。④ 简单来说，当一个行动者有机会运用其社会网络中的一些资源时，这些资源便是该行动中的社会资本，否则，这些资源只能算是未被使用的"潜在

---

① Bourdieu P. and Wacquant L. J. D., 1992; *An Invitation to Reflexive Sociology*, Chicago and London, University of Chicago Press, p. 97.

② Coleman, James, Social Capital in the Creation of Human Capital, *American Journal of Sociology*, 1988 (94).

③ Nahapiet, Ghoshal J., Social Capital, Intellectual Capital, and the Organizational Advantage, *Academy of Management Review*, Vol. 23, No. 2, 1998.

④ Lin, Nan., Building a Network Theory of Social Capital, *Connections*, Vol. 22, No. 1, 1999; *Social Capital: A Theory of Social Structure and Action*, Cambridge University Press, 2001.

的社会资本"。后来的研究大都坚持了林南的观点，即一些资源对于该行动者而言，如果没有运用的机会，那么并不构成社会资本。但若要将这些潜在的社会资本转变为现实的社会资本，就需要行动者付出一定的成本来构建这种关系网络，并动用这些资源。[①] 边燕杰发展了林南的观点，指出社会资本包含了社会关系网络的数量、行动者的位置和动员能力三个方面的内容。[②]

林聚任借鉴斯通（Stone）和休斯（Hughes）对社会资本的测量方法，提出了社会风气观（悲观/乐观）、公共参与（消极/积极）、处世之道（情感义务/利益理性）、信任安全感（弱/强）和关系网络（内向/外向）5 个二维指标，由此区分出了"传统社会资本"和"现代社会资本"两种分析范畴。[③] 这种对社会资本进行"传统—现代"二元划分的做法颇具启发意义，因为实际上该划分也在很大程度上揭示了对社会资本概念内涵理解上的东西方差异。西方学者往往倾向于将社会资本界定为某种可供行动者获取的公共资源或组织资源，是一种现代普遍主义价值体系下，由公平竞争而可得的公共社会资本。[④] 而立足中国本土的研究者则倾向于将社会资本界定为某种可资利用的私人关系资源，是一种传统的特殊主义价值体系下，通过人情、关系来获得的私人社会资本。[⑤] 边燕杰认为社会资本基本内涵就是"社会关系网络"，他通过对中国城市居民的宴请行为进行研究，发现社会关系网络可以划分为三种私人网络：扩大的家庭义务的网络、特定工具性关系的交换网络和非对称交易的社会交换网络。[⑥]

随着中国社会不断推进和深化的社会转型，传统社会资本必然会向现

---

① 刘林平：《企业的社会资本：概念反思和测量途径——兼评边燕杰、丘海雄的"企业的社会资本及其功效"》，《社会学研究》2006 年第 2 期。

② 边燕杰：《城市居民社会资本的来源及作用：网络观点与调查发现》，《中国社会科学》2004 年第 3 期。

③ 林聚任、刘翠霞：《山东农村社会资本状况调查》，《开放时代》2005 年第 4 期。

④ Coleman, James, Social Capital in the Creation of Human Capital, *American Journal of Sociology*, 1988 (94).

⑤ 边燕杰：《社会资本研究》，《学习与探索》2006 年第 2 期。

⑥ Guanxi Capital and Social Eating in Chinese Cities: Theoretical Models and Empirical Analyses, 2001, pp. 275—296, in *Social Capital: Theory and Research*, in Karen Cook and Ronald S. Burt, Aldine De Gruyter: New York.

代社会资本转变。林聚任的对中国农村社会资本的研究发现：农村社会资本一方面呈现出传统性的"明流"：关系主义、家族主义、特殊性信任、社会参与程度低；另一方面又隐藏着一些现代性的"暗流"：崇尚个人能力，不排除血亲关系之外的信任，社会参与意识较强，只是缺乏参与的有效途径。这说明社会资本正在进行着现代转型。① 按照林南的看法，社会资本概念包含着三种理论范式：社会网络、公共参与和普遍信任。也就是说，社会网络的规模和结构，民间参与的程度以及普遍信任的程度是衡量社会资本的三个主要指标。其中，民间参与和普遍信任是社会关系网络派生出的概念指标。② 社会网络意味着行动者可供开发和利用的资源，而民间参与和普遍信任则是获取和运用这些资源的能力。那么实际上，对于现代社会资本而言，公共参与和普遍信任也有助于拓展社会关系网络，以及动用其中蕴含的公共资源，增加现代社会资本的数量。

　　本研究借用上述分析框架，并结合林聚任对社会资本的指标二维划分，从"公共参与意识"、"普遍信任程度"和"信任网络结构"三个指标来分析和评估参加传统体育社团对现代社会资本培育产生的影响。

表 4—10　　　　　　　　　社会资本的三个维度与两种取向

维度	传统社会资本	现代社会资本
公共参与意识	消极	积极
普遍信任程度	弱	强
信任网络结构	内向	外向

二　研究与假设：传统体育社团与社会资本

　　公共参与意识体现的是现代公民对公共事务的关注程度和责任意识，所以，参与民间体育社团活动在很大程度上反映了人们对于公共活动的参与意识。但同时也有研究发现，参加体育社团会提高公民的公共参与意识。体育社团蕴含着某种政治身份，它以形式多样的途径培养着理性的、自由的、有道德的体育参与群体，促使公

①　林聚任、刘翠霞：《山东农村社会资本状况调查》，《开放时代》2005 年第 4 期。
②　林南：《社会资本：争鸣的范式和实证的检验》，《香港社会学学报》2001 年第 2 期。

民履行社会责任。体育社团活动提供了众多社会参与的机会，"作为参与行动的体育身份，它的主要含义是与公民社会密切相关的。公民的参与是公民社会的主要事务，这种参与精神和实践行动推动了公民社会的发展"①。还有研究指出，体育社团活动为城市新移民群体的社会参与和社会互动提供了稳定的组织支撑，使他们更好地融入城市生活。②③ 有关村民政治的研究表明，村民参与社团越多，村民在选举中的参与程度越高。这说明参与民间社团不仅仅是反映，更可能推动人们的公共参与意识。④

　　社团参与对普遍信任也会产生影响。普特南认为，公民参与社团培育了强大的规范意识，促进了社会交往和信息沟通，并且形成了一种按规则办事的惯习。他指出，社会信任能够从互惠规范和公民参与网络这两个相互联系的方面产生。网络包括横向网络和垂直网络，普特南更强调横向网络在这种信任建立中的作用。在他看来，横向参与网络增加了人们在任何单独交易中进行欺骗的潜在成本；培育了强大的互惠规范；促进了交往，促进了有关个人品行的信息的流通；还体现了以往合作的成功，可以把它作为一种具有文化内涵的模板，未来的合作在此基础上进行。他认为意大利北方民主运作比较成功的主要原因就是那里有众多的横向社团，如邻里组织、合唱队、合作社、体育俱乐部等。这些密切的横向互动推动了公众之间的普遍信任。⑤ 陈健民和丘海雄指出，社团本身就可以被视为一种社会资本，社团的发展有助于建立人际间的沟通合作，缔造互惠互信的规范，从而降低公共交往的成本，有助于经济和社会的发展。⑥ 这就是说，通过参加社团，增加了人们之间的互动频

----

　　① 王晓红、李春泽：《我国公民体育身份的社会认同及其提升路径研究》，《南京体育学院学报》2014 年第 4 期。

　　② 任海：《体育与"乡—城移民"的社会融入》，《体育与科学》2013 年第 1 期。

　　③ 曾小玲、王岐富、吴真文、宋平：《城镇化进程中失地农民体育的社会融入研究》，《邵阳学院学报》（自然科学版）2013 年第 3 期。

　　④ 胡荣：《社会资本与中国农村居民的地域性自主参与》，《社会学研究》2006 年第 2 期。

　　⑤ Putnam, Robert D., The Prosperous Community: Social Capital and Public Life, *American Prospect*, Vol. 13, No. 1, 1993.

　　⑥ 陈健民、丘海雄：《社团、社会资本与社会发展》，《社会学研究》1999 年第 4 期。

率，也相应形成了一些彼此都认可的原则，在这样的规范原则下，建立起一种普遍信任。还有研究发现，人与人之间的普遍信任来自于社团内部的规范化、习惯性互动，这些团体是通过推动个体之间的合作而促使普遍信任的形成和提高。胡荣对厦门市居民的研究发现，参加民间社团对于人们的普遍信任存在明显的正向作用。并且指出，在中国城市社会要培育普遍信任，就应该让居民更多地参与民间社团。[①] 王晖对 IS-SP2001 年 "社会关系与支持系统" 调查数据进行分析，发现社团参与有助于信任的提高。[②]

参加各种形式的民间社团是个体接触陌生群体并逐渐熟悉这个群体的过程。这个过程使个体意识到值得信任的对象未必仅仅是熟悉的人，而实际上每个陌生人都是一个潜在的熟人，同样值得信任。这样，通过参加一些社团，他们就逐渐意识到陌生人未必等同于不值得信任的人。因此与未参加社团的人相比，在他们的意识里，更愿意相信和接纳陌生人，他们的关系网络结构也更可能呈现出一种外向性。所以，以往的研究支持这样的假设：参与民间社团能够起到现代社会资本的培育功能。结合本研究的内容，我们提出以下三个假设：

研究假设一：参加传统体育社团有助于提高人们的公共参与意识，从消极回避社会事务到积极参与社会事务。

研究假设二：参加传统体育社团有助于提高人们的普遍信任程度，使普遍信任程度由弱到强。

研究假设三：参加传统体育社团有助于人们的关系网络结构从传统内向型转变为现代外向型。

三　研究设计及其统计结果

（一）传统体育社团活动与公共参与意识的培育

从某种意义上说，参与传统体育社团本身就是一种 "公共参与"，是积极地公共参与意识的体现。然而，在参与传统体育社团以后，是否会进一步地强化参与者的公共参与意识呢？在本研究中，我们将

---

① 李静雅：《城市居民信任的构成及影响因素》，《社会学研究》2006 年第 6 期。

② 王晖：《信任的影响因素分析》，《经济研究导刊》2011 年第 24 期。

"公共参与意识指标"操作化为认知层面（C29. 您是否了解当地的一些民间自发组织？1. 非常了解　2. 基本了解　3. 不清楚）和态度层面（C28. 您对当地公共事务的态度是？1. 不参与，认为是领导的事，与己无关　2. 积极参与，应当由当地人共同协商决定　3. 想参与但缺乏参与的正当渠道和条件）。

　　本调查发现，在未参加体育社团的受访者中，大约有 2/3 的人并不了解当地是否有民间社团以及民间社团的情况，这表明在社会团体的认知层面，传统体育社团的参加者和未参加者存在明显差异。而在参与当地公共事务的态度方面，未参加社团者中有超半数（55.6%）的人认为，公共事务是领导的事，与自己无关，比参加体育社团的受访者（37.4%）高出近两成；参与体育社团的受访者中有超过六成（62.6%）表示出想参与的愿望，但其中大部分（50.5%）认为缺乏参与的正当渠道和条件而受到一定限制，明显高于未参加体育社团的受访者（见表 4—11）。这说明，参与传统体育社团的受访者普遍具有更强的社会参与意识和意愿。这个统计数据显示了参加体育社团与公共参与意识之间存在明显的正向关系，支持了我们提出的第一个假设：参加传统体育社团有助于提高人们的公共参与意识，从消极回避公共事务到积极参与公共事务。

表 4—11　　传统体育社团参加者与未参加者对当地公共事务的态度比较（%）

您对当地公共事务的态度是？	参加者（n = 364）	未参加者（n = 180）
不参与，认为是领导的事，与己无关	37.4	55.6
积极参与，应当由当地人共同协商决定	12.1	2.2
想参与但缺乏参与的正当渠道和条件	50.5	42.2
合计	100	100

　　注：Chi – Square Tests：Pearson Chi – Square = 24.222a；Sig.（2 – sided）< 0.01。

（二）传统体育社团活动与普遍信任的培育

　　普遍信任意味着人们信任的对象从具体的个人转向了一些一般的交往媒介，如法律、货币、权力和公共机构等。[①] 对一般交往媒介的信任让人们

---

　　① 卢曼、瞿铁鹏、李强译：《信任》，上海人民出版社 2005 年版，第 156 页。

更倾向于信任社会制度和陌生交往对象。我们将普遍信任指标操作化为行为准则和普遍信任感两个方面（前者设计为问题：C30. 您认为为人处世的首要原则是？1. 利益　2. 情义　3. 信赖　4. 原则　5. 其他。后者设计为问题：C35. 您认为目前大多数人都是可信的吗？1. 可信　2. 不可信）。

　　本研究比较了传统体育社团参与者与非参与者的首要行为准则，发现二者存在显著差异。在为人处世的首要原则上，超过半数未参加社团的人认为是信赖（51.1%），其次是原则（22.2%）；而参加社团者有40.1%认为原则是首要的，其次才是信赖（39.0%）（见表4—12）。这显示出参加社团的人在社会交往时更加重视遵守普遍原则，而把原则作为人际交往的首要准则是普遍信任的主要内容。普遍信任的基础不是私人之间的信赖关系，而是对共有原则的尊重和遵守。可见，参加传统体育社团会让人更多地表现出公民社会的现代理念。

表4—12　　　　　传统体育社团参与者与非参与者行为准则比较　　　　（%）

	利益	情义	信赖	原则	其他	合计
未参加者（n=180）	13.4	13.3	51.1	22.2	0.0	100
参加者（n=364）	0.5	17.6	39.0	40.1	2.8	100

注：Chi - Square Tests：Pearson Chi - Square =62.844a；Sig.（2 - sided）＜0.01。

　　同时本研究发现，传统体育社团参与者与非参与者的普遍信任度有显著差异。在目前大多数人是否可信的问题上，未参加社团的在可信与不可信上回答比重基本对半。而参与社团的，有高达82.4%的人，认为大多数人是可信的，如表4—13所示。这表明参加体育社团让人们变得更加注重原则规范，而按原则办事的人也就更加相信大多数人，对社会的普遍信任度也就越高。

表4—13　　　　传统体育社团参与者与非参与者普遍信任度比较　　　（%）

你认为目前大多数人都是可信的吗？	可信	不可信	合计
未参加者（n=180）	51.1	48.9	100
参加者（n=364）	82.4	17.6	100

注：Chi - Square Tests：Pearson Chi - Square =58.629a；Sig.（2 - sided）＜0.01。

（三）传统体育社团活动与信任网络的拓展

中国人的信任结构存在着一种"差序格局"，对亲密私人关系的信任明显强于对陌生人的信任，也就是说，信任会随着熟悉程度的降低而减弱。在这个差序格局中，中国人的信任重内轻外，这不利于中国人拓展自己的交往范围和关系网络，而倾向于将自己的交往圈子限定在有限的、周围的熟人身上。① 由此说明中国人的关系网络结构也呈现为内向型的。参加民间的社团，让人们更加容易接纳差序格局中的外围交往对象，是否会使其社会关系的网络结构呈现为外向型。

为了显示出行动者信任结构的特征，我们测量信任网络的问题设计为：C33. 您希望将自己晚年生活寄托于？1. 子女　2. 自己　3. 组织、单位或政府。C36. 请您对下列人的信任度打分（包括家人、亲戚、同学、同事、领导、邻居、一般朋友、生意伙伴、不熟悉的人），分值为1—10分。C39. 跟改革开放之前相比，您认为目前的人际关系：1. 密切了　2. 疏远了 3. 无变化。问题 C33. 所揭示的是人在需要帮助的情况下会求助于何种对象，在很大程度上反映了是社会网络结构的内外取向。结果发现，参与传统体育社团的受访者中，更愿意将自己的晚年生活寄托于公共机构（37.3%）和自己（37.3%）身上，只有约1/4的受访者选择寄托于子女（25.3%）；而未参加传统体育社团的受访者中，有接近半数选择希望将自己的晚年生活寄托于子女（46.7%）。这反映了体育社团参与者的信任结构更具有外向性，倾向有求助于私人关系以外的、正式的公共资源，而未参加体育社团的人则倾向于利用差序格局中离自己最近的资源（见表4—14）。

表4—14　　　　　您希望将自己晚年生活寄托于？　　　　　　　　（%）

	参与者（n=364）	非参与者（n=180）
子女	25.3	46.7
自己	37.3	28.9
组织、单位或政府	37.4	24.4
合计	100	100

注：Chi – Square Tests：Pearson Chi – Square = 25.613a；Sig.（2 – sided）< 0.01。

---

① 费孝通：《乡土中国——生育制度》，北京大学出版社 2000 年版，第 89 页。

　　但是，让受访者对家人、亲戚、同学、同事、邻居、领导、一般朋友、生意伙伴、不熟悉的人，按照信任程度依次排列并打分时，发现无论是体育社团的参加者还是非参加者，其信任结构都呈现出明显的"差序格局"，二者只有在"领导"和"一般朋友"的排序存在微小差异（见图4—7）。这说明，对于改变中国人根深蒂固的信任差序格局的观念，参加体育社团并没有起到显著的影响。进一步比较两类人群在各个指标上的信任度发现，参与传统体育社团的受访者的信任得分普遍高于未参加体育社团的受访者，他们更愿意相信所有的人，这即是说，参加传统体育社团能够显著地增加人们对于各类人群的信任度。

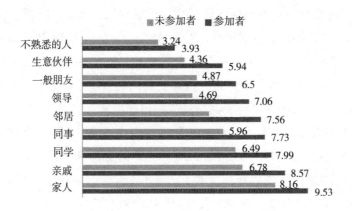

图4—7　传统体育社团参与者与非参与者信任结构比较
注：各指标的均值比较检验值 Sig.（2 – sided）＜0.01。

　　因此我们只能说，参加传统体育社团有助于人们形成普遍信任，并提高人们在公共层面上的信任度，但是它在改变中国人信任网络结构方面只发挥"量"的影响，而不是"质"的变化。不过这种量的变化也还是明显的。所以当被问及"跟改革开放之前相比，您认为目前的人际关系发生了什么变化"时，回答"疏远了"的未参加体育社团的受访者（77.8%）要比参加传统体育社团的受访者（57.1%）高出两成，差异明显［Sig.（2 – sided）＜0.01］。这说明参加传统体育社团的受访者对当前的人际关系看法更加乐观，他们对现代社会的陌生化更能接纳。总体上，分析结果支持了参加体育社团会使人的信任网络更加开放的假设。但要认识到这种影响的有限性。

四　结论与讨论

在现代化的浪潮中，现代社会人们的生活世界的格局发生了根本性的变化，温暖的"共同体生活"被冰冷的"社会生活"取代，家庭、社区等私人生活领域面临着"从内部毁灭"的危险。[①] 传统社会的私人事务变成了现代社会的公共事务，传统的以私人生活为主的生活世界转变为现代的以公共生活为主的生活世界。[②] 这就意味着人们生活所需要的资源来自于公共生活和组织生活，而不再是私人生活和共同体生活。现代社会，在家庭等私人生活领域仅仅保留了情感资源。[③] 所以，社会资本的现代转型从根本上适应了社会的转型。社会转型要求人们的社会网络结构呈现开放性，并且通过建立普遍信任和积极的公共参与来获取公共资源。通过前面的分析，本研究基本证实了本文第二部分提出的三个基本假设。于是，可以得出这样的结论：参加传统体育社团活动会促使社会资本从传统向现代转型，有利于培育适合现代社会生活的社会资本。具体而言，参与传统体育社团活动有助于推动居民的公共参与意识，提高居民的普遍信任程度，并且相对拓展了居民的社会关系网络以及运用网络资源的能力。但值得注意的是，参加传统体育社团并不会从根本上改变中国人差序格局的信任结构。由此可见，在中国社会要在文化和人格领域实现现代转型还有很长的路要走。

值得注意的是，本研究调查的传统体育社团都是民间自主参与的健身团体，它们的组织性相对宽松，参加者具有较大的自由度。这些传统体育社团强调参与者的个体意识、平等意识和权利意识，是公民社会背景下的体育社团，而不是传统的帮派社团，因此在现代化的背景下有助于提高公共参与意识，增强普遍信任程度和拓展社会网络结构。如果传统体育社团一旦演变成组织性较强、形成内部等级并对参与者实行较大控制的团体组

---

① ［德］斐迪南·滕尼斯：《共同体与社会》，林荣远译，北京大学出版社 2010 年版。

② ［德］维尔纳·桑巴特：《奢侈与资本主义》，王燕平、侯小河译，上海世纪出版集团 2005 年版。

③ ［德］马克斯·韦伯：《经济行动与社会团体》，康乐等译，广西师范大学出版社 2011 年版。

织，参与者的个体意识、平等意识和权利意识就会受到压制，其导致的结果可能会使社会资本收缩为传统的私人社会资本。这些推论都需要进一步的研究证实。除此之外，本研究的自变量为"社团参与的年数"，其中隐含着"社团参与"和"体育锻炼"两个自自变量。从以往的研究看，二者对社会资本的现代转型都发挥着积极作用。但是，二者在对社会资本转型发生影响时，是单独发挥作用还是交互发挥作用？对社会资本各指标发挥的影响有无偏重？这些在本研究中都未做足够回答，尚待进一步研究。

第四节　传统体育社团对社会融入的推动功能及评估

本节通过对样本中退休人员的调查数据进行分析，考察体育社团参与行为对这一群体社会融入感产生的影响。分析数据后发现，城市退休人员存在一定程度的社会融入感问题；体育社团参与对城市退休人员的社会融入感产生显著的积极影响；参与体育社团还通过提高制度信任水平，间接增强社会融入感；关系信任也能对社会融入感产生一定的积极作用，但体育社团参与并不能显著提高关系信任水平。因此笔者认为，在制度层面推动体育社团参与，提高制度信任水平，比发展关系信任，能更有效地提升城市退休人员的社会融入感。

目前，社会融入研究主要关注流动人口和非主流人群两类对象，前者如城市移民、外籍人士，以及他们的子女，后者如残疾人、刑释人员、吸毒者、流浪乞讨人员、精神病患者等。实际上，只要个体与其生活环境之间出现关系失调，都会面临社会融入的问题。个人和社会环境的关系失调，既可能是由于生存环境变化引起，例如流动人口的社会融入问题大多源于此种状况，也可能是因为个体自身的问题而被其生存的社会环境所排斥造成的，例如非主流人群的社会融入问题。那么，从个人与社会的关系紧张角度来看，本研究所关注的对象是城市退休人员，这一人群以老年人为主，也包括少部分提前退休的中年人。这个规模日趋庞大的群体，正在同时面临着上述两类对象的社会融入问题：一方面，其所处的社会环境发生重构，工作场域的消失使其退休后的生活世界迥异于退休前，难以适应和融入退休后的生活环境。另一方面，由于年龄、身体、精力、智力、能力等条件的不利变化，会受到社会环境有意无意地排斥，个人与环境关系紧张。所以，城市退休人员所面对社会融入问题并不亚于其他人群，非常值得研究。

但与其他群体不同，由于社会保障水平普遍提高，城市退休人员的社会融入问题常常不是客观的生存问题，而是认知层面的社会融入感。体育社团的参与是城市退休人员社会生活的重要构成部分，也是其融入社会的重要渠道。那么，参加体育社团，会对其社会融入感带来何种影响呢？这是本文所要探讨的主要问题。

一　社会融入概念及其操作化

在国外，社会融入（Social Inclusion）的研究沿着三个路径展开：把社会融入当作社会秩序的解释变量，将其理解为社会整合水平，如涂尔干的社会失范研究；把社会融入当成移民研究的主要视角，例如托马斯和兹纳涅茨基对美国的欧洲移民开展经验研究；把社会融入理解为个人与制度的关系，即个人能否有效利用制度资源，这是当代西方社会融入研究的主要路径，旨在探讨社会制度制造出的社会排斥机制，以及如何让这些实质上被社会疏远和隔离的人参与、融入主流社会中，享受社会资源，获取其应有的机会和利益。[①]所以，在当代西方的社会融入理论看来，社会融入意味着公民资格，即作为公民在形式上和现实中所拥有的权利和义务，以及公共参与的机会。[②]社会融入不是让个人刻意去适应既存的制度安排，而是致力于完善制度环境，提高公共服务，以确保制度安排能够满足个人合法参与社会的需求以及从国家制度安排中受益的愿望。[③]所以，西方对社会融入概念的理解是在个人与社会的各种制度资源之间能否达到某种程度的和谐，是社会发展的理想目标。有人指出，西方语境下的社会融入，"是一个全球化背景下为了提高全体社会成员的福利，使人能够平等、全面地参与经济、政治和社会生活，以促进社会包容，最终实现社会团结的过程，也是人类发展追求的结果和

[①]　Collins H., Discrimination, Equality and Social Inclusion, *The Modern Law Review*, Vol. 66, No. 1, 2003.

[②]　［英］安东尼·吉登斯：《第三条道路——社会民主主义的复兴》，郑戈译，北京大学出版社 2000 年版。

[③]　Parsons C., Social Inclusion and School Improvement, *Support for Learning*, Vol. 14, No. 4, 1999.

目标"①。相比之下，国内研究者更偏向将社会融入理解为个人与非制度环境之间的协调关系，例如个人与家庭、邻里、朋友的互助关系。这种"关系"在当前中国学术语境下被称作"社会资本"或"社会网络"。在大多数城市移民研究中，重视社会资本的作用已经变成一种重要的学术传统。②这类观点普遍认为，个人的社会融入不同程度地依靠私人的社会支持网络，包括亲戚、朋友、同学、老乡等。③④私人社会关系，尤其是较为亲近的"强关系"对于一个人改善经济和社会处境，较好地融入社会具有显著影响。⑤⑥社会融入包含信任的维度，即制度信任和非制度信任。制度信任是一种普遍信任，而非制度信任则属于特殊信任。制度信任或是一种利用制度资源的能力⑦，而非制度的关系信任则是一种利用非制度的关系资源的能力。⑧

　　社会融入感是社会融入的主观维度。事实上，相比客观事实来说，个体的主观认同更是界定群体归属的核心。⑨戈登（Gordon）指出社会融入包括结构性融入和文化性融入，而文化性融入就是心理和价值层面的认同，即社会融入感。⑩伯纳德（Bernard）和因特辛格尔（Entzinger）等人

　　①　徐丽敏：《"社会融入"概念辨析》，《学术界》2014 年第 7 期。

　　②　张文宏：《中国社会网络与社会资本研究 30 年》，《江海学刊》2011 年第 2 期。

　　③　刘林平：《外来人群体中的关系运用——以深圳平江村为个案》，《中国社会科学》2001 年第 5 期。

　　④　王毅杰、童星：《流动农民社会支持网探析》，《社会学研究》2004 年第 2 期。

　　⑤　Bian, Yanjie, Bringing Strongties Back In: Indirect Ties, Network Bridges, and Job Searches in China, *American Sociological Review*, Vol. 62, No. 6, 1997.

　　⑥　边燕杰、张文宏：《经济体制、社会网络与职业流动》，《中国社会科学》2001 年第 2 期。

　　⑦　林南：《社会资本：争鸣的范式和实证的检验》，《香港社会学学报》2001 年第 2 期。

　　⑧　边燕杰：《城市居民社会资本的来源及作用：网络观点与调查发现》，《中国社会科学》2004 年第 3 期。

　　⑨　Moerman M., Ethnic Identity in a Complex Civilization: Who are the Lue, *American Anthropologist*, Vol. 67, No. 5, 1965.

　　⑩　Gordon M., *Assimilation in American Life: The Role of Race, Religion and National Origin*, New York: Oxford University Press, 1964, p. 80.

也都主张心理的和文化的认同是社会融入的主要方面。①②任远和乔楠认为对自己的身份认同、对城市的态度、对社会的态度等心理感知方面是社会融入的重要因素。③李培林和田丰认为心理的接纳和身份的认同是城市移民社会融入的两个核心方面。④可以说,个体的主观心理融入是社会融入的较高层次,社会融入感是社会融入完成的标志。⑤显然,社会融入感又是一个多层次、多维度的概念,那么如何对社会融入感进行分类呢?郭星华认为,流动人口的社会融入感实质上是一种社会认同,在心理上能接受某种客观的现实状态,其中包括两个方面,一方面是对自身的认识和评价;另一方面是对自身与社会关系的认识和评价。⑥雷开春则认为,流入者的社会认同包括五个方面:地域认同、文化认同、群体认同、地位认同和职业认同。⑦不同群体的社会融入感受制于不同的环境因素,本研究所关注的城市退休人员的社会融入感,显然不能等同于流动人口的社会融入感,例如地域认同、文化认同和职业认同并非退休人员的主要问题。那么,我们需要针对城市退休人员的特殊情况,提出一种不同的维度划分。

引起城市退休人员社会认同感和融入感的方面包括两个变化:一是自身状况的变化;二是自身与社会环境关系的变化。前者包括行动能力的降低,社会地位的下降;后者包括社会身份的丢失,社会关系的淡化,社会环境的不确定。这些因素构成了一个城市退休者面对的个体与环境的失调,由此在主观上产生了相应的消极感受。这其中,产生的消极感受包括遗弃感、挫折感、歧视感、孤独感、

① Bernard P. , Social Cohesion: A Critique, Ottawa: *Canadian Policy Research Networks*, Inc, 1999, pp. 6 – 7.

② Entzinger H. & Biezeveld R. , *Benchmarking in Immigrant Integratio*, Erasmus University Rotterdam, 2003, pp. 44 – 46.

③ 任远、乔楠:《城市流动人口社会融合的过程、测量及影响因素》,《人口研究》2010年第2期。

④ 李培林、田丰:《中国农民工社会融入的代际比较》,《社会》2012年第5期。

⑤ 崔岩:《流动人口心理层面的社会融入和身份认同问题研究》,《社会学研究》2012年第5期。

⑥ 郭星华:《漂泊与寻根:流动人口的社会认同研究》,中国人民大学出版社2011年版,第205页。

⑦ 雷开春:《城市新移民的社会认同——感性依恋与理性策略》,上海社会科学出版社2011年版,第219页。

焦虑感，如表 4—15 所示。

表 4—15　　　　城市退休人员的（反向）社会融入感分析维度

失调因素	社会身份的丢失	社会地位的下降	行动能力的降低	社会关系的弱化	社会环境的不确定
反向社会融入感	遗弃感	歧视感	挫折感	孤独感	焦虑感

二　推论与假设

　　普特南（Putnam）认为，社团参与会推动社会交往和信息交流，从而培育一种按规则办事的行为规范，而这种互惠性的行为规范会进一步提升社会信任。他指出，社区团体、合唱队、合作社、体育俱乐部等横向的民间社团，能推动社会公众之间的普遍信任，使个体能顺利融入社会之中。[①]陈健民和丘海雄也指出，社团有助于建立人际合作和沟通，缔造互信互惠的规范，降低交往成本，形成普遍信任。[②]胡荣等人通过对厦门市居民的调查发现，参加民间社团对于人们的普遍信任有正向作用。[③]王颖和折晓叶等人的研究发现，社团参与使个人和政府之间的信息交流顺畅，通过双向运作，将政府目标和个人诉求有机地统一起来，从而有助于增强个体的社会融入感，降低社会排斥感。"纵向的官方行政目标有可能通过社团变通为一般组织和个人易于接受的行为规范，横向的民间利益和目标，则可以通过社团的协商和协调作用，影响党政部门的政策和决策。"[④]对大学生群体的实证研究发现，长时间和高质量的社团参与能有效提高参与者的主观幸福感和生活满意感，而且，社团参与还会提高大

---

　　① Putnam Robert D., The Prosperous Community: Social Capital and Public Life, *American Prospect*, Vol. 13, No. 13, 1993.

　　② 陈健民、丘海雄：《社团、社会资本与政经发展》，《社会学研究》1999 年第 4 期。

　　③ 胡荣、李静雅：《社会资本与中国农村居民的地域性自主参与：影响村民在村级选举中参与的各因素分析》，《社会学研究》2006 年第 2 期。

　　④ 王颖、折晓叶、孙炳耀：《社会中间层——改革与中国的社团组织》，中国发展出版社 1993 年版，第 317 页。

学生群体的成就感和尊严感。[①]还有研究发现，社团参与对大学生的道德认知、政治情感、自我认同都有积极作用。[②]邹师等人指出，体育社团是连接个人与社会的桥梁，有利于缓解社会矛盾，调节社会心态，疏导不良情绪。[③]针对老年群体的研究发现，体育社团参与，例如老年人健身社团，会消除社会歧视，对老年人的社会参与和社会互动提供了稳定的组织支撑，使他们更好地融入社会生活。[④]那么，以往的研究表明，参加体育社团会显著改善社会融入感。由此我们推出以下假设：

假设 1：参加传统体育社团能有效减轻城市退休人员的歧视感。

假设 2：参加传统体育社团能有效减轻城市退休人员的遗弃感。

假设 3：参加传统体育社团能有效减轻城市退休人员的挫折感。

假设 4：参加传统体育社团能有效减轻城市退休人员的孤独感。

假设 5：参加传统体育社团能有效减轻城市退休人员的焦虑感。

三　研究设计

（一）因变量及其测量

根据前面对城市退休人员"社会融入感"的界定，我们设计了 5 个问题来界定社会融入感状况（见表 4—16）。

表 4—16　　　　社会融入感各个指标的问题设计和赋值

指标	问题	赋分
遗弃感	退休后，您是否感到被社会遗弃？	是 = 1 否 = 0

---

① 刘明前、胡三嫚：《大学生社团参与状况对其主观幸福感的影响》，《重庆文理学院学报》（社会科学版）2012 年第 4 期。

② 陈黎黎、薛林峰：《高校学生社团参与对大学生社会化的影响研究》，《河北广播电视大学学报》2008 年第 5 期。

③ 邹师、章思琪：《体育促进社会稳定的机制》，《体育学刊》2008 年第 9 期。

④ 任海：《体育与"乡—城移民"的社会融入》，《体育与科学》2013 年第 1 期。

续表

指标	问题	赋分
歧视感	您是否经常感觉到被别人轻视？	是 = 1 否 = 0
挫折感	您在日常生活中是不是经常感到力不从心？	是 = 1 否 = 0
孤独感	您在日常生活中是否经常感到孤独？	是 = 1 否 = 0
焦虑感	您是否觉得周围环境越来越不确定？	是 = 1 否 = 0

（二）自变量和控制变量的操作测量

1. 社团参与

传统体育社团参与的情况，设计问题为：您是否经常参加社团活动，例如健身、艺术或表演社团？赋值为：是 = 1 分；否 = 0 分。

2. 制度信任因子与关系信任因子

把信任问题设计为李克特量表，问题是"您对以下对象（家人、邻里、朋友、医生、律师、专家、警察、雇主、银行、媒体、司法机关、地方政府、中央政府）的信任程度如何？"赋值为：完全不信任 = 1；不太信任 = 2；一般 = 3；比较信任 = 4；完全信任 = 5。我们对这些变量进行因子分析适合性检验，发现 KMO 系数高达 0.916，巴特莱特球形度检验的相伴概率也达到了显著水平（Sig. = 0.000），可以进行因子分析。然后，采取主成分法对问题量表进行因子分析后得到两个显著因子：制度信任因子（F1）和关系信任因子（F2）。两个因子分别解释了 62.19% 和 14.27% 的方差，可解释总变异的 76.46%。

表4—17　　　　　　社会信任因子分析的旋转后因子载荷矩阵

原始变量	因子1	因子2
X1：家人信任	.192	.821
X2：邻居信任	.131	.897
X3：朋友信任	.257	.906
X4：医生信任	.792	.293
X5：律师信任	.880	.186
X6：专家信任	.828	.224
X7：警察信任	.870	.215
X8：雇主信任	.808	.217
X9：银行信任	.848	.213
X10：媒体信任	.836	.096
X11：司法机关信任	.872	.191
X12：地方政府信任	.892	.226
X13：中央政府信任	.797	.080

（三）控制变量

进行模型回归分析时控制以下变量：男性（女性为参照变量），受教育年数，信教（不信教为参照变量），党员（非党员为参照变量），体制内退休（体制外退休为参照变量），经济状况（很差 = 1；较差 = 2；较好 = 3；很好 = 4），自有住房（无自有住房为参照变量）。

（四）统计模型

本文使用了两项 Logistic 回归来检验研究假设，回归系数以最大似然比法估计。方程为：$\sum Z = \alpha + \sum \beta X + \sum \gamma C$。其中，$\sum Z$ 是因变量矩阵，即负向社会融入感的 5 个维度：歧视感、遗弃感、挫折感、孤独感、焦虑感；$\sum X$ 是自变量矩阵，包括体育社团参与、制度信任、关系信任；∑C是控制变量矩阵。α、β、γ是回归参数向量，衡量独立变量的效果。

四　统计结果分析

（一）社会融入感的基本情况分析

1. 城市退休人员社会融入感的基本情况

调查数据显示，调查对象中有近1/5的退休人员感觉到被社会遗弃，有近1/4的老人感觉到被别人轻视，还有近1/4的老人感觉到孤独，有挫折感的退休人员竟然高达45.2%，有焦虑感的退休人员为25%。这说明，在城市的退休人员中，普遍存在不同情况的社会融入感问题，即存在社会疏离感。

2. 社会融入感各个维度的相互关系

数据显示，各种反向社会融入感指标之间存在定向关联。社会融入感源于社会身份、行动能力、社会地位、社会关系、社会环境等不同面向，但同时，遗弃感、歧视感、挫折感、孤独感和焦虑感相互之间可能存在交互作用。我们采取计算 Lambda 系数的方式确定相互之间的路径关系图，如图4—8所示。

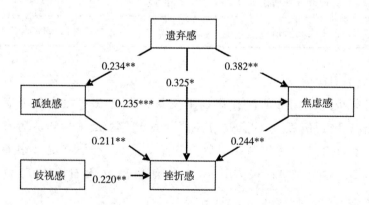

注：Lambda 系数：在 0.01 水平（双侧）上显著相关

图4—8　反向社会融入感的路径分析图

图4—8显示，退休人员最先遇到的问题，是因从工作场域中退出失去制度化身份而带来的遗弃感。遗弃感会进一步加重孤独感、挫折感和焦

虑感。而挫折感显然受到了歧视感、孤独感和焦虑感的影响。

（二）城市退休人员社会信任情况与社会融入感的关系

城市退休老人的关系信任平均分（4.04）明显高于制度信任平均得分（3.43）。家人信任得分高达4.61，接近于"完全信任"；其次是朋友和邻里，分别为3.79和3.73，接近于"比较信任"。制度信任对象中，媒体信任度最高，甚至超过家人信任，达到4.7分，几乎是"完全信任"，但在这个问题上的分歧也是所有信任对象中最大的，标准差为1.524；对中央政府的信任度较高，达到3.83分，接近"比较信任"；其他制度信任对象得分均接近"一般"，得分从低到高依次为：雇主3.04分，医生3.06分，专家3.18分，律师3.23分，司法机关3.24分，地方政府3.31分，银行3.33分，警察3.38分。

表4—18　　　　不同融入感者信任状况的均值比较和相关比率

反向社会融入感		制度信任	关系信任
遗弃感	无	.3089951	.1357760
	有	- 1.3072870	- .5744370
	Eta2	.405 * *	.078 * *
歧视感	无	.1385120	.1481031
	有	- .4238054	- .4531514
	Eta2	.059 * *	.067 * *
挫折感	无	.2884336	.1061681
	有	- 0.3494033	- .1286102
	Eta2	.101 * *	.014 * *
孤独感	无	.2764908	.0184897
	有	- .9390563	- .0642636
	Eta2	.261 * *	.001
焦虑感	无	.2974634	.1393245
	有	- .8923903	- .4179736
	Eta2	.266 * *	.058 * *

注：＊＊在0.01水平（双侧）上显著相关，＊在0.05水平（双侧）上显著相关。

　　通过对社会融入感与社会信任的均值比较和相关性分析，我们发现，具有遗弃感、歧视感、挫折感、孤独感和焦虑感的调查对象，他们的制度信任得分和关系信任得分更低，而且与没有上述感受的对象之间存在明显差异。也就是说，社会融入感较差的城市退休人员，他们的社会信任度往往更低。进一步比较发现，相比关系信任来说，制度信任与社会融入感各指标的相关性更强，也更显著。这说明，对城市退休人员来说，制度信任程度对其社会融入感的影响更大。

　　（三）城市退休人员传统体育社团参与情况与社会信任的关系

　　体育社团参与对社会信任会产生何种影响？通过比较发现，参加体育社团的城市退休人员具有更高的制度信任和关系信任，其中制度信任方面的差别非常明显。所以基本可以确定，参加体育社团会有效提高城市退休人员的制度信任程度，但对关系信任的提升效果不大（见表4—19）。

表4—19　　　　　　　是否参与传统体育社团在社会信任上的差异

体育社团	制度信任	关系信任	N
未参与	- .6542194	- .2165045	110
参与	.3235151	.1070627	354
Eta2	.212＊＊	.023＊＊	464

　　注：＊＊在0.01水平（双侧）上显著相关。

　　（四）模型分析

　　为了进一步探讨传统体育社团参与、制度信任和关系信任对社会融入感的影响，我们分别以反向社会融入感：遗弃感、歧视感、挫折感、孤独感、焦虑感测量得分为二分因变量，以体育社团参与、制度信任、关系信任为自变量，进行 Logistic 回归，建立模型1、3、5、7、9。然后，控制基本情况变量，建立模型2、4、6、8、10。总共所得10个模型的拟合度较佳，且均通过显著性验证，统计结果如表4—20所示。

表4—20　　社会融入感的二元 Logistic 回归模型

	歧视感		遗弃感		挫折感		孤独感		焦虑感	
	模型 1	模型 2	模型 3	模型 4	模型 5	模型 6	模型 7	模型 8	模型 9	模型 10
体育社团参与	.581*	.548	-1.132**	-1.464**	-.831**	-.728**	-.681*	-.566*	-.854**	-1.084**
	(.294)	(.315)	(.414)	(.466)	(.216)	(.238)	(.285)	(.299)	(.285)	(.326)
制度信任	-.759**	-.708**	-2.058**	-2.186**	-.537**	-.470**	-1.168**	-1.305**	-1.199**	-1.566**
	(.138)	(.158)	(.253)	(.288)	(.109)	(.121)	(.155)	(.170)	(.151)	(.193)
关系信任	-.622**	-.547**	-1.004**	-1.142**	-.205*	-.083	-.069	-.007	-.617**	-.595**
	(.104)	(.127)	(.178)	(.199)	(.103)	(.114)	(.109)	(.128)	(.125)	(.147)
男性		-.272		.759*		-.349		.592*		-.116
（参照女性）		(.267)		(.407)		(.224)		(.276)		(.319)
受教育年限		.245**		.095		-.022		-.064		.100
		(.052)		(.071)		(.038)		(.051)		(.052)
信教		-.313		.412		-.407		-.025		.723*
（参照不信教）		(.324)		(.498)		(.281)		(.348)		(.333)
党员		.364		-.100		.751**		-.518		-1.551**
（参照非党员）		(.300)		(.510)		(.251)		(.345)		(.418)

续表

	歧视感		遗弃感		挫折感		孤独感		焦虑感	
	模型 1	模型 2	模型 3	模型 4	模型 5	模型 6	模型 7	模型 8	模型 9	模型 10
体制内内退休（参照体制外）		-.959** (.246)		-1.241** (.410)		-1.112** (.211)		-.575* (.265)		-.235 (.283)
储蓄状况		-.493** (.174)		.827* (.391)		-.629** (.158)		.130 (.208)		-.300 (.218)
自有住房（参照无住房）		-.251 (.303)		.082 (.549)		.007 (.269)		-.352 (.331)		-1.672** (.358)
常量	-1.677** (.249)	-1.850* (.787)	-2.022** (.378)	-5.425** (1.547)	.370* (.174)	3.166** (.668)	-1.109** (.229)	-.431 (.861)	-.940** (.233)	.942 (.926)
-2 对数似然值	537.234	484.689	225.641	206.619	669.479	617.883	435.061	417.434	416.413	353.079
Cox & Snell R2	.121	.202	.429	.449	.136	.214	.239	.263	.302	.379
Nagelkerke R2	.180	.300	.689	.721	.182	.287	.363	.400	.447	.561
Sig.	.000	.000	.000	.000	.000	.000	.000	.000	.000	.000
N	464	464	464	464	464	464	464	464	464	464

注：** 在 0.01 水平（双侧）上显著相关，* 在 0.05 水平（双侧）上显著相关；（）内为回归系数的标准误差。

观察表 4—20 中的模型可得到如下结果：

（1）参加传统体育社团对城市退休人员歧视感的影响。参与体育社团会增加城市退休人员的歧视感，但在引入控制变量后，这种影响就不明显了。也就是说，参加体育社团对城市退休人员的歧视感不会产生直接影响。进一步观察，在两个歧视感模型中，制度信任和关系信任都会有效减轻城市退休人员的歧视感，这说明，参与体育社团对减轻城市退休人员歧视感的影响是间接的，主要是通过提高制度信任程度实现的。控制变量方面，体制内退休和储蓄状况较好的调查对象歧视感更低，而受教育年数更多的退休老人反而会更有歧视感。

（2）参加传统体育社团对城市退休人员遗弃感的影响。参与体育社团会有效减轻城市退休人员的遗弃感，在引入控制变量之后，这种影响依然显著，这说明，参加体育社团会直接减轻城市退休人员遗弃感。制度信任和关系信任也在很大程度上减轻城市退休人员的遗弃感，这说明，参加体育社团会对减轻城市退休人员遗弃感也存在间接影响。控制变量方面，体制内退休的老人遗弃感较弱，而男性和储蓄状况较佳的退休老人反而遗弃感更强。

（3）参加传统体育社团对城市退休人员挫折感的影响。参与体育社团会有效减轻城市退休人员的挫折感，引入控制变量之后，这种影响依然显著，这说明，参加体育社团能直接减轻城市退休人员的挫折感。制度信任也在一定程度上减轻了城市退休人员的挫折感，而关系信任的影响在引入控制变量之后变得不明显，这说明，参加体育社团会对减轻城市退休人员挫折感而言也存在间接的影响。控制变量方面，体制内退休和储蓄状况较好的调查对象，他们的挫折感更低，而具有党员身份的退休老人反而有更强的挫折感。

（4）参加传统体育社团对城市退休人员孤独感的影响。参与体育社团会有效减轻城市退休人员的孤独感，在引入控制变量之后，这种影响依然显著，这说明，参加体育社团能直接减轻城市退休人员的孤独感。制度信任也在一定程度上减轻了城市退休人员的孤独感，而关系信任的影响不明显，可见，参加体育社团会对减轻城市退休人员孤独感而言也存在间接影响。控制变量方面，体制内退休的调查对象，他们的孤独感更低，而男性退休老人孤独感更强。

（5）参加传统体育社团对城市退休人员焦虑感的影响。参与体育社团会有效减轻城市退休人员的焦虑感，在引入控制变量之后，这种影响依然显著，这说明参加体育社团会直接减轻城市退休人员的焦虑感。制度信任和关系信任也在一定程度上减轻了城市退休人员的焦虑感，这说明，参加体育社团会对减轻城市退休人员孤独感而言也存在间接影响。控制变量方面，党员和自有住房的调查对象，他们的焦虑感更低，而退休老人中的信教者焦虑感更强。

综上所述，本研究前面提出的假设，基本上得到了支持，但也需要做一些修正：参加传统体育社团能有效降低城市退休人员的歧视感，但这种影响是通过提高这一群体的制度信任程度而间接实现的；参加体育社团能有效降低城市退休人员的遗弃感、挫折感、孤独感、焦虑感，这种影响既是直接实现的，又是间接通过提高其制度信任程度而实现的。

五　结论与建议

综上所述，在城市退休人员中存在较为普遍的社会融入感问题，而传统体育社团参与对改善他们的社会融入感产生了直接和间接的积极影响。我们认为，推动退休人员重新融入社会，增强其社会融入感，应认识到以下几点。

第一，推动传统体育社团参与能有效提高退休人员的社会融入感。社团参与，是现代社会中人们参与社会生活的重要方式。社团不是以传统邻里关系和朋友关系为纽带，而往往具有较为明确的普遍规则，成员之间的联系呈现为尊重平等规则的"团体格局"，而不是关系复杂的"差序格局"。团体格局的社团往往以最大限度地培养个人兴趣、发展个人潜能、提高个人生活质量为目的，是满足个人需求的制度化生活场域。社团连接了个人与社会之间的关系，为个人融入社会提供了一个有效路径。对于城市退休人员来说，他们参与的大多是健身、艺术、娱乐一类的社团，这一类社团对于退休人员重新寻回自身价值，回归社会，克服孤独和焦虑具有显著的积极意义。

第二，通过推动传统社团参与来提升制度信任水平，也是增强城市退休人员社会融入感的有效方式。模型显示，制度信任几乎直接影响到退休人员社会融入感的各个方面，这种影响直接而且显著。在现代社会，个人与制度之间的关系越加密切，衣食住行、生老病死无不依赖于制度资源，对各种制度身份和机构的信任程度，关系到每个人，包括退休人员，能否真正感受到融入社会。所以从这个意义上说，加强制度建设，提高公共服务的质量，从而提升人们的制度信任程度，无疑是增强城市退休人员社会融入感的首要和最佳途径。就本研究来说，社团参与的意义是显著提高了城市退休人员的制度信任水平。

第三，关系信任对城市退休人员的社会融入感和归属感的影响减弱。在市场经济的影响下，家庭、邻里、朋友等关系资本的功能逐渐退化。家庭作为情感港湾，情感抚慰功能是现代家庭功能最后一个堡垒，对退休人员的社会融入依旧发挥积极意义。但随着个人对家庭的依赖相对减弱，和对制度的依赖相对增强，要增强退休人员社会融入感，也应适当考虑到现代家庭的承载能力。同时，朋友群体和邻里的影响也在逐渐消解。这说明在熟人社会曾经发挥着重大整合作用的社会纽带，如志缘、地缘、血缘关系，在现代陌生人社会中，对个人的社会认同感所发挥的作用已经弱化，再难为人们提供认同感和归属感。

所以，现代社区的制度建设，应当摆脱传统视角，努力在社区范围内配备各种制度资源，并使居民能够在社区中接近和便利地利用公共的制度资源，增强制度信任。显然，对于城市退休人员而言，生活在一个制度完备、服务便利、设施齐全的社区，要比重建一个守望相助的传统社区，更具有现实意义。今天在城市社区中推动体育社团发展，也是积极创造制度资源的一种方式，是推动制度信任的有效途径，这对于日渐庞大的退休人员的社会融入而言，具有非常重要的现实意义。

第五章　传统体育社团的福利作用机制
——对烟台市"社团之家"的个案研究

　　健康福利已逐渐成为社会成员多元化、个性化、高水平福利需求的一极，也成为多元化社会保障体系的重要组成部分。[①]同时，由于健康福利内容涉及比较广泛，也已成为稳定社会成员的重要手段。[②]功能各异、形式多样的传统体育社团正在越来越多地分担着城市治理和社会和谐发展的职能。[③]在第四章中，我们的调查数据显示，参加传统体育社团与社会福利的各项内容之间存在正相关关系，传统体育社团活动对生命质量、社会质量和社会资本的提升与转型有积极影响。但是，这些福利的产生机制是什么？这无法通过数据分析得出结论，因而需要深入个案内部进行实际考察。本章以烟台市芝罘区西炮台社区传统体育社团"社团之家"为个案调研分析，尝试考察传统体育社团的福利作用机制。具体说来，本章的任务是分析并指出传统体育社团的运行机制、参与机制和活动机制等方面对社团成员在各个福利维度上的作用机制。

　　本研究选择的案例位于烟台市芝罘区。烟台地处胶东半岛北部，北濒渤海、东临黄海，与辽东半岛南端的大连隔海相望，自古以来是道教仙气

---

① 景天魁、毕天云等：《从小福利迈向大福利：中国特色福利制度的新阶段》，中国社会出版社 2011 年版，第 65 页。

② 张伟兵：《发展型社会政策理论与实践——西方社会福利思想的重大转型及其对中国社会政策的启示》，《世界经济与政治论坛》2007 年第 1 期。

③ 周进国、周爱光：《体育社团社会资本的概念与功能体育学刊》，《体育学刊》2015 年第 1 期。

兴盛之处，也是胶东传统武术的发源地。[①] 本市有大小岛屿 63 个，海洋资源丰富，气候宜人。下辖包括芝罘、蓬莱在内的 16 个县、市、区，人口 702 万。其中，芝罘区是烟台市的中心区，全区总人口 68.26 万人，三面环山一面临海。本研究的个案是芝罘区通伸街道的"社团之家"。"社团之家"是受"烟台市老年人体育协会"直接领导的，组织、服务和指导老年人体育健身的社团组织，锻炼和活动项目集中在太极拳、太极剑、螳螂拳等传统武术项目上。"烟台市老年人体育协会"又受烟台市体育局直接管理指导，在县、市、区又分设老年体协，主要承担宣传、发动全市老年人积极参加全民健身活动，指导全市老年体育工作开展，举办全市性老年人体育综合和专项比赛活动，培训辅导老年体育工作骨干，总结交流经验、表彰先进，组织老年体育相关调研和科学研究，组织开展城市间老年人体育活动交流，组织参加或承办全省、全国老年人体育活动等多方面的工作。[②]

在市老年体育协会和芝罘区烟台市老年人体育协会的协助下，位于通伸街道西炮台社区的"社团之家"成立了。下面我们就围绕"社团之家"的资料进行分析，考察传统体育社团的社会福利作用机制。由于"社团之家"的活动开展和会员招纳主要面向社区老年人，所以本章所谓的福利作用机制也主要是针对老年人的福利作用。

第一节　传统体育社团的基本架构

传统体育社团从性质上讲属于民间组织，其成立的法定程序和基本的制度框架要按照国家的政策要求。但在这个过程中，精英人物的发动、民众的积极参与、政府部门的支持都是不可或缺的因素。这一节我们主要对"社团之家"的建立过程和制度运行进行介绍，以小见大，刻画中国传统体育社团的基本构架与特征。

---

① 郭守靖：《齐鲁武术文化研究》，上海体育学院博士学位论文，2008 年。

② 《烟台市老年人体育协会简介》，http://lntx.yantai.gov.cn/LNxhjs/2013/09/06/10083328.html。

一 创始人安立盛的事迹

在介绍我们选取的传统体育社团"社团之家"之前，先来认识一下该社团的发起人安立盛。安立盛是"社团之家"的创办者，他的事迹在当地传遍了大街小巷，是个远近闻名的热心人。他1943年出生在烟台黄务镇蓁山屯村，中共党员，是烟台市城市公交集团公司退休干部，退休前在国有出租汽车公司担任武装部部长兼保卫处处长。安立盛出身穷苦，他这样描述自己的童年生活：

"我上边有8个姐姐1个哥哥，在我3岁时因母亲生病无钱治疗病逝了。在我5岁时，因父亲为八路军办事，被国民党抓去毒打卧床，一病不起，也去世了。在旧社会，我的7个姐姐由于饥饿和疾病先后死去，剩下一个姐姐在15岁时送给黄务村给邹家当童养媳，只剩下比我大7岁的哥哥安立茂在黑暗的旧社会受苦受难。我没有父母，我的生活起居无人照料，吃的是地瓜片片，还经常吃不饱，就的是咸菜，穿的衣服、鞋都带补丁的，冬天穿的力士鞋后面都没有鞋帮，也没有袜子穿赤着脚，盖的被棉花都一团一团的，冬天也没有炉子取暖，只是用草烧了炕取暖，得了病没钱治，几次差点死去。1949年家乡解放了，政府救济我衣物、粮食，1952年哥哥把我送到离家二里地的付家村完小读书，1955年，在烟台的我姐把我和哥哥的户口迁到烟台街，因我在农村学习不用功，来烟台考三年级没考上，二年级班级又没座位，我只好从一年级开始重念，那时我已经13岁，政府知道我的家境，免我的学杂费，生活上救济我，才使我得到很好的学习机会。"①

从小失去父母，贫穷和疾病让兄弟姊妹10人只剩下3个。安立盛在新政权和左邻右舍的接济下，吃百家饭、穿百家衣长大。特别是1949年新中国成立后，党和政府供他上学读书，救济他生活用品，让他摆脱了苦难，过上了幸福的生活。他说："我从懂事开始，感恩的念头就在脑海里深深地扎下了根，深深地感到，没有共产党，就没有我的幸福生活，是新中国给了自己第二次生命，自己要终生回报社会。"②

---

① 摘自安立盛自述材料《我的童年生活》。
② 摘自安立盛的《第五届（2009—2010）十佳烟台好人双年度人物推选表》。

长大成人后，安立盛一直以"雷锋"作为榜样，热心公益，乐于助人。先是被安排在烟台船具厂工作。安立盛从不计较个人得失，哪里的活脏，哪里的活累，哪里就会有他的身影。他在工作中留下的一段段佳话，至今被一些老工友津津乐道。安立盛十分爱护国家财物，有一天突然下大雨，他想到工厂炼铁炉还在露天地里，为防止被雨淋坏，他回家把炕席揭来盖在炼铁炉上；安立盛经常帮助周围的工友，从他发第一个月工资起，就不断对周围有困难的老工人伸出援助之手。除留下生活费、零用钱外，其余的工资都帮助他人了，以至于到他结婚时，仍然一无所有；安立盛立志做雷锋式的人，学习刻苦，工作更有劲头，好事也越做越多，工友称赞安立盛是"活着的雷锋"。1963 年，他被树为"烟台市学雷锋标兵"。同年 6 月 1 日，《烟台工人报》发表了长篇通讯《立志学习雷锋的安立盛》和社论《要像安立盛那样学雷锋》。①

实际上，安立盛自己的条件并不宽裕，但依然坚持为弱势群体排忧解难。安立盛一家 5 口人一直居住在 60 余平方米的房子里，儿子八级伤残，儿媳没有固定工作，孙女正在上初中，家里的日子过得比较清苦。然而，每当国家遭遇自然灾害，别人遇到困难时，他都会慷慨解囊。多年来，安立盛累计向社会捐款 10000 余元，还资助 6 名失学儿童完成小学阶段学业。此外，还帮助了 5 户特困居民，经常买来粮、油、面、蛋等上门看望。他先后把两位孤寡老人像父母一样侍候到终老。安立盛家门口有对老夫妻，生活很困难，每个月安立盛都给他们 50 元钱补贴生活。每年的建军节和春节，安立盛还要买来米、面、花生油，去看望慰问军烈属、老党员和有困难的老人。1996 年，安立盛被市政府授予"扶残助残先进个人"称号。2004 年年初，安立盛利用自家棚房，办了个"话吧"，每月能收入 300 多元钱。他将收入的大部分拿出来，用于资助社会弱势群体。近年来，安立盛经常走访看望通伸小学、中大德美和道恕街小学的贫困学生，给他们送去必需的学习用品，花了 1500 元钱买了 600 支签字笔，分别奖励这三个学校的三好学生。2006 年，安立盛还被评为第二届烟台市"十

---

① 摘自安立盛《第五届（2009—2010）十佳烟台好人双年度人物推选表》。

大杰出志愿者"。①

　　当别人问起他为何这样做时，他总会说起这样一句自己的"名言"："他人有困难，自己有能力就应该帮助一下，帮助了别人，自己内心是快乐的。只要社会需要，自己都要尽可能地出一份力。"

　　安立盛还关心社区的公共生活，是一个爱操心的热心人。他自己在楼内制作了一个黑板，办起了黑板报。他积极宣传党的方针政策、生活知识以及安全小知识，表扬身边的好人好事，促进了社区居民争创"文明楼"和"文明家庭"。每天早晨，安立盛都坚持把《今晨6点》当日刊登的天气预报写到黑板上，成为过往居民必看的内容。他看到楼内走廊的卫生很差，墙上贴满了野广告，他就把楼道卫生包下来，每天坚持清扫，并自己花钱买来涂料，将1—5楼的楼道的墙壁全部粉刷一新。楼内的环境好了，居民也受到了潜移默化的影响，后来全楼的居民都积极加入清扫卫生、制止乱贴野广告的行列。

　　安立盛一家住的是老楼，他看到从一楼到五楼没有扶手，老人和小孩上下楼不方便。于是，他自己出钱买来钢管，动手给每层楼梯都安装上扶手。他还利用家中小棚，因陋就简地建了个社区老年文化活动室，自己掏钱买了杂志、书籍、扑克、象棋、麻将等免费供大家阅读、使用，活跃了社区老年人的生活。他看到双职工和外地打工者白天上班，孩子周六、周日和寒暑假无人照料管理，他写出通告，让这些孩子到他举办的活动阵地活动，还组织孩子读雷锋故事，为社区扫卫生、清除野广告，做了不少好事，使学生受到很好教育。

　　在安立盛的带动下，他所居住的楼内邻里关系融洽了，不文明的现象也减少了，该楼被芝罘区授予"文明楼"称号。由于安立盛热心社区事业和乐于助人，他被芝罘区授予"十佳市民"称号。熟悉他的人都说：安立盛就像一支蜡烛，虽然细弱，却给别人带来了光和热。他燃烧了自己，温暖了他人。

　　实际上，安立盛的先进事迹多得连他自己都说不清楚，在调查中，笔者也切身感受到安立盛在人们心目中的形象可以称得上是"光辉伟大"，是一个

---

　　①　摘自安立盛《第五届（2009—2010）十佳烟台好人双年度人物推选表》。

图 5—1　作者与安立盛老师合影

图 5—2　媒体上有关安立盛的事迹报道

地地道道的"活雷锋"。作为对他的嘉奖,政府和单位多次进行过表彰,这些表彰也从一个侧面反映了安立盛大公无私、热心公益的人格。

　　1963 年被烟台市政府授予"学雷锋标兵";

　　1964 年参加山东民兵大比武兼五个项目,获四个第一名、一个第二名,被授予"山东武状元"称号;

　　1965 年出席山东省五好职工代表大会;

　　1969 年 7 月 29 日在一次民兵手榴弹投掷中出现意外舍己救人,排除险情,荣立二等功;

　　1984 年出席山东省先进专职武装干部表彰大会,授予"先进专武干部";

　　2006 年被市文明办授予"十大杰出志愿者"称号;

　　2007 年被授予"芝罘区十佳文明市民"称号;

　　2007—2008 年被授予"烟台市十佳好人"称号;

　　2009 年被市授予"十佳助人为乐道德模范"称号;

　　2010 年被评为"烟台市道德模范";

　　2012 年由国家文明办授予"学雷锋安立盛志愿者服务大队"荣誉称号;

　　2012 年山东省首支以个人名字命名的"芝罘区安立盛志愿服务大队"正式成立;

　　2012 年被评为"山东省优秀志愿者";

　　2012 年,荣登"中国好人榜"。

　　这些事迹能够表明,社团发起人虽然只是个普通的退休工人,但我们能深切感受到他强烈的共产主义信仰和公共责任意识,以及他在社会上享有很高的声誉,特别是对于本社区的居民来说,是一个家喻户晓的名人,热心公共事务的好人。他在当地有相当强的号召力,甚至也有一定的动员政治资源的能力。正是这个原因,社团之家才得以创立起来。

二　社团之家的成立

安立盛为何要发起成立"社团之家"?使命来自于政府部门。

安立盛说道，我在退休前的 1997 年就参加大润发广场早晨健身活动，那时只是个学员，先后学会了十几个健身科目，由于老师经常变动的原因，原来 70—80 岁的人的晨练人员走的走、散的散，只剩下 20 多个人了，而且大伙的积极性也越来越低，有解散的趋势。在这种情况下烟台市芝罘区体协魏健主任找我谈话，"大润发是山东省和烟台市的优秀活动站，一不能解散；二要不断发展壮大，搞好搞活"。1997 年 6 月 9 日由十几个老年人自发地再次组织建立起来，我按照领导旨意，首先自己坚持在点上锻炼，然后，我下决心把点上工作做好。

"社团之家"的成立也遇到了不少的困难，但安立盛都通过自己坚强的意志以及动员社会力量加以克服。

"我接受了领导的任务之后，先后解决了以下六个问题：（1）把人气搞旺：开始建立辅导站时只有十几个人，我们先后把大润发周边的居民走访了一遍，凡是有空闲和身体欠佳的人动员出来健身，大家尝到甜头，加上我们的服务热情，教学认真专业，人气越来越旺。（2）解决无场地问题：开始大润发南门是个停车场，无人管理，一夜之间满场停不少私家车，早晨一去活动无场地，我们多次与大润发物业领导协调沟通好长一段时间，保安人员负起责任，停车规范了，活动有了场地了。（3）解决照明困难问题：大润发辅导站是每天早晨 5：30 活动，前几年时间照明回去得早，影响晨练，大润发不让乱拉电线，怕出危险，我们就与路灯处的领导协商，为大家晨练单独拉一条照明线，所以大家活动起来得心应手。（4）解决音响设备缺乏问题：随着人员的不断增加，场地不断扩大，原来的录音机不能用了，后来需加上电瓶带动，随着电器不断的升级，原来的音响设备又不能用了，还要更新音响、增加麦克风和大喇叭，都是自筹资金来解决。（5）解决统一着装的困难：每次参加上级比赛和演出、模特展示活动，春、夏、秋、冬各个季节都需要有一套统一着装，有时一队十几个人每人一套，有时市、区有些大型活动参加人数多，着装就成了大困难。通过与上级领导的沟通加上自筹资金服装问题也解决了。（6）坚持到底从不间断：无论春、夏、秋、冬，除下雨、下雪、刮大风外，大家都持之以恒从不间断，同时培养一批骨干协助抓管理、抓训练，都收到了好效果。"①

---

①　摘自《安立盛的工作报告（2011—2012）》。

安立盛在接到老年体协的任务之后克服困难，整合资源。在这个过程中，要想建立一个健身社团，他发动社区居民、争取场地物业、路灯处以及上级领导的支持，都充分体现了作为个人的积极性、责任意识和独特人格。通过一系列的努力，"社团之家"逐渐壮大，参与人数不断增加。"到目前为止，我们各个站点的晨练项目有：太极拳、刀、剑、健身操、大秧歌、健身球、健身气功和其他导引术等十几个锻炼项目，站点的总人数为 1024 人，是老年体协下属社团中最大的。"①

"社团之家"的办事地点设在通伸街道的西炮台社区居委会，平时安立盛就在这里办公。由于西炮台社区也是刚刚成立，居民刚搬入新居，具体的公共事务缺乏管理，公共秩序杂乱无章。安立盛老师每天都力所能及地为社区内的居民做实事，他的行动感召了社区的广大居民。现已发展成3000 余人的队伍，他们不但集体参与体育锻炼，而且也广泛参与到社区服务、助残扶弱、敬老爱幼、环境保护、文艺演出、文化教育等各项公益事业中，为推动当地社区公益事业的发展和文明的进步发挥着积极的作用。

"社团之家"成立后，首先确定了自己的性质、宗旨和任务。

社团性质：社团之家属于烟台市芝罘区老年体协下属单位，服从芝罘区老年体协的领导。

社团宗旨：以科学发展观为指导，贯彻执行党和政府有关老年体育工作的方针政策，推动芝罘区老年体育事业的发展，增进老年人身心健康，为更好地实现老有所学、老有所为、老有所乐、安享晚年和建设首善之区，作出新的贡献。

社团任务：宣传、发动、组织和指导老年人参加科学传统体育锻炼；响应老年体协号召，参加各种比赛展示活动，丰富老年人精神生活，构建和谐社会。②

三　组织结构和规章制度

"社团之家"成立后，与市体育局、市老年人体育协会、市民政局保

---

① 摘自《安立盛的工作报告（2011—2012）》。
② 摘自《社团之家章程》。

持着密切的业务指导关系，安立盛作为负责人，与一些支援者管理团队具体执行团队活动的开展。"社团之家"的运行管理内容主要分为会员的招募、会员训练、指导员培训、活动项目选择、活动赛事实施、后勤保障、媒体宣传等。

图5—3为"社团之家"的组织结构图。

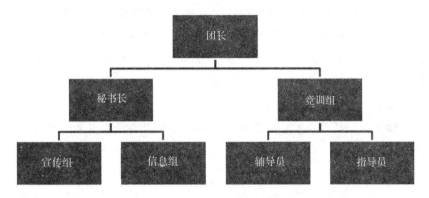

图5—3　西炮台社区"社团之家"社团组织管理结构图

团长是芝罘区老年体育协会审批合格后批准任职的安立盛。团长对本团的各项工作负有全部责任，领导委员会开展有关本团队各项工作，由于本社团属于非营利组织，因此也掌管本团的财务。秘书长的任务主要是负责收集有关民族传统体育的信息和向外宣传本社团的工作。竞训组的任务主要是管理日常的训练和比赛情况。秘书长、竞训组、辅导员、指导员的聘任由个人向团长提交书面材料，团长根据综合评选选出负责人。不难看出，在"社团之家"的组织结构中，团长"大权独揽"，是具有克里斯玛风格的领袖。

社团为了进一步深化社团管理，充分调动、发挥会员和辅导员的积极性和创造性，维护社团利益和保障会员的合法权益，规范社团全体会员的行为。西炮台社区"社团之家"社团委员会制定了《西炮台社区"社团之家"社团工作实施细则》，细则中明确规定了各级负责人的责任，使组织在工作过程中有章可循，大大提高了本社团的内部管理能力。这显示了"社团之家"的法治理念。

西炮台社区"社团之家"规章制度

总　则

第一条　本社团名称：西炮台社区"社团之家"社团。

第二条　本社团是武术运动专业工作者、爱好者等人员自愿结成的非营利性的社会组织，是烟台市芝罘区老年人体育协会的单位会员。

第三条　本会遵守国家宪法、法律、法规和国家政策，遵守社会道德风尚，广泛团结和组织广大武术运动工作者、爱好者和支持者，弘扬中华武术，发挥群众体育组织的桥梁和纽带作用，促进烟台市西炮台社区"社团之家"社团的发展。

第四条　本社团接受社团登记管理机关烟台市民政局的指导和监督管理。

第一章　会员守则

为使会员更好地受教育、长才干、做贡献，树立和宣传传统体育的良好形象，对会员提出以下要求：

（1）坚持四项基本原则，拥护党的基本路线，热爱祖国，遵守国家的法律、法令。

（2）遵守各项规章制度，服从管理，组织开展各种活动。

（3）严格要求自己，自觉遵守服务章程，高质量完成下达的任务。

（4）加强学习，不断提高自身素质。

（5）顾全大局，维护本社团形象和集体荣誉，树立良好的社会形象。

会员享有下列权利：

（1）参加本社团的活动。

（2）获得本社团服务的优先权。

（3）对本社团工作的批评建议和监督权。

（4）入团自愿、退团自由。

会员履行下列义务：

（1）执行本社团的决议。

（2）维护本社团的合法权益。

（3）按规定缴纳会费。

（4）完成本社团交办的工作。

（5）向本社团反映情况，提供有关资料。

（6）遵守本社团章程及有关规定。

第二章　辅导员守则

（1）辅导员必须服从组织安排的指挥和领导。

（2）对自己站点的会员进行义务的指导和培训

（3）不得以任何理由乱收取费用。

（4）辅导员必须准时上岗，不得迟到、早退。

第三章　经费

（1）本社团属于非营利性团体。

（2）本社团的经费来源主要为社会的赞助和捐赠及其他的合法收入。

第四章　登记制度

对报名参加西炮台社区"社团之家"社团的会员实行书面登记制度。

第五章　培训制度

（1）本社团会定期组织会员开展各项理论和技能培训，包括传统体育的发展、传统体育项目的开展、传统体育与养生机理等有关内容，不断提高会员的理论与技能水平。

（2）本社团会定期邀请党政领导、优秀指导员、武术名师、武术教授、武术管理者等对象召开座谈、听取各方面意见和建议。

第六章　监督检查制度

组织指导和协调各辅导站点及会员完成团组织和社团统一部署的任务。

四　活动点设立与锻炼开展情况

（一）活动站点设立情况

"社团之家"的日常锻炼活动以站点的形式开展，每个站点设在各社区之内，并设一名站点负责人，组织和管理站点内成员的日常活动。站点负责人的设立采取成员公选和自我推荐相结合的方式，保证选出的负责人是能够服众且有领导能力的人，站点负责人如因事不能继续任职，可申请离职，该站点重新选出一名新的负责人。截至 2013 年 12 月 31 日，"社团之家"的常设站点包括 24 个（见表 5—1），成员数量最多的达到 100 人，最少的 12 人。活动站点的数量也不是固定的，根据居住环境的变迁或者其他原因，活动站点在申请之后可解散或者设立新的站点。站点的设立没有固定的规章要求，某一个团队有固定的活动地点，有组织者，且有相对规定的活动时间，这样的团队便可申请成立活动站点，参与整个社团的活动。

表 5—1　　　　　　　西炮台社区活动站点设立情况统计表

序号	负责人	活动站点	人数	序号	负责人	活动站点	人数
1	杨 * 波	芝罘屯	40	13	洪 * 君	交警支队	30
2	谷 * 亭	七门炮	62	14	高 * 荣	烈士塔	13
3	王 * 洁	大世界 1	50	15	宋 * 美	西山路	12
4	牟 * 兰	大世界 2	23	16	张 * 丽	新桥 1	28
5	姜 * 珍	大世界 3	75	17	盛 * 美	新桥 2	34
6	张 * 智	大世界 4	54	18	陈 * 静	大瞳	35
7	郭 * 隶	大世界 5	18	19	李 * 华	大润发	52
8	王 * 英	大世界 6	40	20	王 * 香	万华 1	23
9	孙 * 华	下曲家	27	21	宋 * 霞	万华 2	100
10	张 * 玲	小黄山	20	22	张 * 珠	冰轮	27
11	段 * 芬	西炮台	23	23	于 * 菊	华信家园	50
12	王 * 玲	开元新村	40	24	孙老师	东方巴黎	35

（二）锻炼活动开展情况

"社团之家"成员的锻炼以站点为单位展开。在每天的锻炼时段内，各站点负责人都会亲自在活动地点组织成员锻炼。负责人需准备好音响设备，组织成员的练习队形，也要做好应对突发事件的准备。负责人还担任教学与训练任务，他们先要通过培训和自我学习等多种途径学会太极拳、螳螂拳等套路或表演形式，再教给早、晚练习的成员，并进行领练（见表5—2）。

表5—2　　　　　　　西炮台社区成员锻炼情况统计表

序号	负责人	锻炼时间	锻炼内容	序号	负责人	锻炼时间	锻炼内容
1	杨＊波	早6：00—7：00	太极拳	13	洪＊君	早5：50—6：50	太极拳 刀
	支付屯	晚6：00—7：00			交警支队	晚6：20—7：20	
2	谷＊亭	早5：40—6：40	太极剑 飞叉	14	高＊荣	早5：40—6：40	太极拳 健身气功
	七门炮	晚6：20—7：20			烈士塔	晚6：10—7：20	
3	王＊洁	早5：30—6：30	太极拳 健身气功	15	宋＊美	早6：00—7：00	刀 螳螂拳
	大世界1	晚6：00—7：00			西山路	晚6：00—7：00	
4	牟＊兰	早5：50—6：50	刀 螳螂拳	16	张＊丽	早5：50—6：50	健身气功
	大世界2	晚6：20—7：20			新桥1	晚6：20—7：20	
5	姜＊珍	早5：40—6：40	健身气功 陀螺	17	盛＊美	早5：50—6：50	舞狮 太极
	大世界3	晚6：10—7：20			新桥2	晚6：20—7：20	
6	张＊智	早6：00—7：00	舞狮 太极	18	陈＊静	早5：40—6：40	健身球 螳螂拳
	大世界4	晚6：00—7：00			大疃	晚6：10—7：20	
7	郭＊隶	早5：40—6：40	健身球 螳螂拳	19	李＊华	早5：40—6：40	健身气功 太极拳、刀
	大世界5	晚6：20—7：20			大润发	晚6：20—7：20	
8	王＊英	早5：30—6：30	健身气功 太极拳、刀	20	王＊香	早5：30—6：30	太极拳 健身气功
	大世界6	晚6：00—7：00			万华1	晚6：00—7：00	
9	孙＊华	早5：50—6：50	太极拳 健身气功	21	宋＊霞	早5：50—6：50	太极拳 刀、陀螺
	下曲家	晚6：20—7：30			万华2	晚6：20—7：20	
10	张＊玲	早5：40—6：40	太极拳 健身气功	22	张＊珠	早5：40—6：40	太极拳 健身气功
	小黄山	晚6：10—7：20			冰轮	晚6：10—7：20	
11	段＊芬	早5：40—6：40	刀 螳螂拳	23	于＊菊	早5：40—6：40	刀 螳螂拳
	西炮台	晚6：20—7：20			华信	晚6：20—7：20	
12	王＊玲	早5：30—6：30	太极拳 健身气功	24	孙老师	早5：30—6：30	健身气功 太极拳
	开元新村	晚6：00—7：00			东方巴黎	晚6：00—7：00	

　　表5—2中数据显示，站点成员锻炼时间主要分早上和傍晚两个时段。早上的活动时间跨度在5：30—7：00，主要集中在5：30—6：30。傍晚是活动时间跨度在6：00—7：30，主要集中在6：00—7：00。在走访调查中，成员的锻炼内容广泛，有太极拳类项目，包括陈、杨、武、吴、孙等太极拳，以及各种太极剑、太极刀和其他类太极器械。烟台是螳螂拳的发祥地，这里汇聚着多位螳螂拳名师，螳螂拳演练也形成了一定的规模，"社团之家"不少站点把螳螂拳作为主要锻炼项目。除以上习练较多的传统体育项目外，这些站点的成员有的还练习飞叉、舞狮、健身气功等。不少站点还自我创新，将传统体育项目改革编排成新的套路演练形式，既充实了成员的锻炼内容，增添了成员习练的乐趣，也为社团的不断完善进步注入了新的动力。

　　多数成员不论严寒酷暑，坚持锻炼，演练24式简化太极拳的晨练成员，许多已年逾古稀，但依然行动灵活，充满精力（见图5—4）。参与锻炼的成员热情高涨，对待事物的积极性也很高，即便是寒冷的冬日也不例外。

图5—4　东方巴黎站点晨练

　　笔者和研究团队在问卷调查时，锻炼的成员热情主动地配合，有的成员在详细了解问卷之后，自愿担任问卷填写指导人员，有的则主动请缨担任问卷的回收负责人。

第二节　传统体育社团的运行机制与社会福利功能

在第四章中，我们发现参与传统体育社团对其成员的生命质量、社会资本和社会质量发生影响，产生了社会福利功能。那么这种福利作用是如何发挥作用的呢？传统体育社团的哪些因素造成了其成员生命质量、社会质量和社会资本的提高和改善？下面分别从运行机制、参与机制和活动机制三个方面来分析和说明传统体育社团活动如何产生了社会福利功能。具体说来包括经费筹集、竞赛筹备、评比与激励、参与准则、参退方式、参与过程、公益活动、比赛活动和展演活动等方面的活动要素对社会福利产生的作用。

一　经费筹集机制的福利作用

毫无疑问，一个社团的日常运营和活动开展离不开经费支持，"社团之家"的章程规定，经费是通过缴纳会费、接受政府的奖励和企业、社会、个人的赞助和捐赠。实际上，会员缴纳会费只是象征性的，非常少，每年50元，远远满足不了开支。社团的绝大多数经费一般是通过社团活动的广告效应来筹集，就是通过一些集体表演项目产生的广告效应与企业合作，赢得赞助（见图5—5）。安立盛说：

"'社团之家'在2008—2010年三次大型表演、展示活动期间，我和吴学俭、李华老师通过帮金龙鱼组织人员参观企业，购买产品建立的关系，先后三次拉赞助11万元（一次是长袖金龙鱼T恤衫；一次一盒豆；一次大米，我们近3000人每人一份），2009年下半年又与得利斯集团联系组织中老年到诸诚二日游，为中老年人每人发一件长袖T恤衫，这是第四次拉的赞助，总价值是5万元，四次拉赞助共计16万元，减轻了老年体协礼品发放的经济压力。"

在经费筹集的过程中，"社团之家"善于利用自身的人力资源产生的广告效应，比如1000多人的锻炼队伍，3000多人的志愿者队伍，分布在烟台市的大街小巷，身着某一品牌赞助的T恤衫，能够发挥不错的广告效应。同时，这些人也是一个不小的消费群体，对某些日用品如食用油的

图 5—5   "社团之家"组织的大型表演活动中的广告

需求是持续的市场。这就为"拉赞助"创造了条件。显然，这种资金筹集方式依靠所有成员的积极参与。除了参观企业和旅游宣传之外，大型的传统武术表演也是拉赞助的有效方式。这种方式将企业的宣传活动和社团的锻炼活动结合起来，解决了两个方面的问题，实现了双赢。

在各种资金筹集的过程中，对于一个老年人为主的社团来说，看到了自身的价值，提高了社会赋权的水平。为了能够筹集足够的活动经费，社团成员都愿意积极地参与到活动中去，而且常常不计报酬。

"资金的使用上，'社团之家'为晨练的中老年每人做一套运动服，首先是我提出建议，而后又和一些社团成员一起到三站市场选样，再就是找人加工，特别是在发放阶段，这些社团成员大都年事已高，搬、抬、点、数都不方便，我就把这项重担挑了起来，因为型号、数量、质量等方面问题，我为各点协调得很好，这项工作从开始到结束前后三个多月时间，我打的电话无数，付出的太多，确实辛苦，但再苦觉得能为老年体协做点事，心里甜！另外，我还和凤凰台医院争取优惠查体活动，让中老年人活得更有精神头。"①

很多社团成员在参与经费筹备工作之后也变得更加信赖别人，更有社会责任感，也更热心地参与到公益事业中去。

"近年来社会上坑蒙拐骗的事情太多了，搞得人心惶惶。以前我总觉

---

① 访谈安立盛。

得很多事物都不可信，社区号召捐款也不积极。参加了'社团之家'的经费筹集之后才知道其实向人家募捐是很不容易的一件事，太辛苦了。现在有什么募捐活动，我都特别体谅这些募捐活动的组织方和那些志愿者，也相信他们是出于社会公益。而且这个社会上确实有很多人真的需要救助，像残疾人、不能自理的老年人，还有灾民，我觉得人们都应该相信慈善机构，积极捐款和捐物。"①

经费的筹集活动增加了社团成员的制度信任，作为一个社会组织的成员，转换了自己的视角，从一个系统内部成员的立场看待系统的问题更能产生理解。例如有的成员表示：

"以前不太信任报社、电视台和政府的官方报道，觉得都是出于宣传的目的，没有办什么实事。现在觉得不是那个样子，要维持一个社团的运行真的不是那么简单，而且有时候宣传工作也是社团活动的一部分，并不能说明宣传了，活动就没有实质内容。其实，宣传来源于事实，而且很多有价值的事实都没有宣传出去。我们筹集经费的工作其实也是付出了很多辛苦，并不是别人的施舍。"②

我们看到，经费的筹集活动，使社团参与者积极地与社会系统和陌生人沟通交流，并使他们更愿意去理解他人、理解制度。这让很多社会成员社会排斥感明显减少，也更愿意接纳现有制度的一些问题。

除此之外，经费的筹集激发了社团成员的社会融入感，使社团成员更加认可自己是社会中的一员，感觉到被社会接纳，没有被社会抛弃的感受和孤独感。

"每次社团组织的活动我都会尽量参加，自从退休以后，社团生活成为我日常生活的一大部分。刚退休那会儿，觉得自己一下子失去了生活的目的，找不到自己的位置了，整天无所事事，就剩下干吃等死了。很长时间都觉得自己是个无用的人。参加社团活动之后，生活充实了，主要是因为自己又可以做点事情，没有被社会遗弃。"③

总之，在"社团之家"的经费筹集和经费使用方面，社团成员都是

---

① 访谈杨＊波。

② 访谈牟＊兰。

③ 访谈盛＊美。

积极参与，这对他们的社会接纳、系统信任、群体融入、制度融合、公共参与意识、自我价值的认同方面都产生了积极的作用。

二　竞赛筹备机制的福利作用

为了响应国家号召的"全民健身日"活动，从 2009 年开始，由烟台市体育局、芝罘区人民政府主办，芝罘区体育发展中心等响应国家号召，每年都举办"全民健身日"活动。如 2009 年在烟台大学多功能体育馆举行了全国首个"全民健身日"庆祝活动。2010 年"烟台市暨芝罘区'全民健身日'健身活动展示"在芝罘区体育场举行。2011 年"烟台市暨芝罘区'全民健身日'健身展示活动"在芝罘区人民体育场举行。2012 年"'体彩杯'烟台市暨芝罘区'全民健身日'健身展示活动"在海军航空工程学院体育馆隆重举行。2013 年"'万科城杯'烟台首届大众文化交流会之全民健身日暨'乐享生活，城启未来'活动"在烟台开发区夹河广场隆重举行。这些活动，"社团之家"几乎是年年参与，并且是其中的积极分子。

每年的 8 月 8 日"全民健身日"是社团的重要赛事，也是参与活动人数最多、规模最大的代表队。每年在 5 月时竞训组根据上一年的训练情况，挑选几个项目作为 8 月 8 日的比赛表演项目，如往年的项目有太极拳、功夫扇、太极剑、健身气功、健身球、螳螂拳等表演项目（见图 5—6）。

图 5—6　"社团之家"在 2011 年 8 月 8 日"全民健身日"功夫扇演练

项目确定后，竞训组开始制定具体项目要求，然后以文件的形式下发到各个站点，各个站点根据文件的要求通知站点所有的成员，然后开始口头上的报名参加。成员根据自己的情况选择自己喜欢的和比较优秀的项目对本站点负责人进行口头报名，然后各站点的负责人再以书面的形式向上级汇报。上级根据报名的人数和项目所需的人数进行各个站点选拔筛选，在5月底初步确定参加比赛表演人员的名单，然后每个项目都会有一个指导员，从6月开始指导员每天对所有的站点轮流指导，到7月开始每个周六下午6：30到8：30，所有参加比赛表演的成员到体育场集合进行集体彩排。7月最后一个星期到8月8日之前是集训阶段，每天这个时间段都要进行集体彩排。8月8日当天进行正式的表演并合影留念。①

与经费筹备工作相比，几乎所有的社团成员都能参与到竞赛筹备工作中，积极报名参加练习和彩排。每次到了竞赛筹备期，是社团成员们最忙碌的时候。因为参赛项目都是大型的集体项目，需要所有参与者的积极配合，缺少哪个成员都无法正常彩排。竞赛筹备这段时间，不仅仅组织方，每个参与竞赛的社团成员更是投入。紧张忙碌的筹备阶段，对于每个成员会产生什么影响呢？

首先，是一种公共参与意识的提高，每当竞赛筹备阶段，社团成员都情绪激昂、精神百倍，这种参与意识也伴随着集体的荣誉感。

竞赛筹备激发了每个人的积极性，都觉得自己对于这个群体是不可或缺的一部分，所以"一个都不能少"。他们每个人都投入到排练中去，而且不怕苦不怕累，都希望能拿到个好成绩。②

其次，筹备工作也让社团成员的原则性和公共责任感明显提高。在竞赛筹备阶段，社团成员能自觉地把公共原则置于私人关系之上，有时候甚至表现为一种"牺牲精神"。

每个参与的人都很讲激励性，在竞赛筹备的紧张阶段，几乎没有人请假，我们知道肯定有不少人家里都会发生一些急事、难事，但是他们都能克服，这让我非常感动。2011年烟台市暨芝罘区"全民健身日"健身活动的筹备期间，通伸街道的王舒洁大姐，老伴生病住在医院，她还是跟女

①　访谈安立盛。
②　同上。

儿调开陪护时间，参加了那段时间的彩排。其实，我跟王大姐是老街坊，跟她和她老伴都非常熟悉，其实打个招呼就可以安心在医院照顾老伴。但是她说这是纪律，没有纪律集体的活动怎么搞得成？①

最后，与经费筹集一样，竞赛筹备工作的共同参与性也提高了社团成员的社会赋权意识，他们能更加认识到自己的价值。而且，忙碌的竞赛筹备工作不但没有引起社团成员的家庭矛盾，相反还改善了家庭关系，增加了他们的社会融入度。

我和老伴都是这个社团的一员，在彩排训练的时候我们还经常合作，回到家里还继续交流，现在感觉关系比以前好多了。我退休早，那时一个人在家忙忙家务，生活很没意思，后来他也退休了，两个人在家也是无所事事，还经常拌嘴怄气。后来在邻居的介绍下参与了社团，感觉生活一下子有了追求，两个人的精神状态也好了。②

我一个人过，老伴已经去世了，子女不在身边工作，孙子也不用我看，虽然有时候能找老街坊聊聊天，没事出去走走，但现在生活中就一个感受——孤独。平时连个说话的人都没有，想想这样的晚年真是没意思透了，而且经常生病。2012 年参加了社团，而且一直特别的积极，在筹备比赛期间，我不但参与排练，而且还积极组织协调，成了团长的得力助手。操的心多了，无聊孤独的感受也就没了，身体也没什么毛病了，认识了很多朋友，我感觉现在的日子很精彩。③

竞赛筹备是社团运行中的主要工作之一，实际上一个竞赛项目往往需要好几个月的筹备时间，可以说日常的每次锻炼都是在为将来的竞赛做准备，例如每年 8 月 8 日的"全民健身日"现在已经是常规性的竞赛活动，社团成员在日常训练时都期待着下次比赛能拿到好的成绩。这样，竞赛就和日常锻炼紧密地联系在一起了。只是越靠近比赛日，就越投入、越忙碌，但在投入和忙碌中，我们看到社团成员的生命质量、社会质量、社会关系都得到了明显的改善。所以，从社会福利的角度来看，政府要积极地开展社团之间各种集体竞赛活动，表面上看似乎只是一些形式，但是对于

---

① 访谈安立盛。
② 访谈王＊香。
③ 访谈郭＊隶。

每个参与者来说，可能都有非凡的意义。

三　评比与激励机制的福利作用

"社团之家"的评比与激励机制主要有三种形式：会员之间的评比、站点之间的评比、区市省之间的评比。会员之间的评比主要是每个站点辅导员根据本站点的成员人数和当年学习的新项目在年底举行一次优秀学员评比，评比的主要内容就是对当年学习的套路进行演练打分，评选出第一、二、三名优秀学员并颁发奖状。每个站点被评选出来的学员再进行比赛，最终再评选出本社团优秀学员。

2014年寒假期间，笔者调查了西炮台活动站的"'社团之家'优秀学员"，62岁的退休老人谷＊亭。

今年被评为"'社团之家'优秀学员"很开心。我觉得这不但是个荣誉，而且对我个人来说是一次脱胎换骨。我参加社团已经两年了。之前在中学教书，平时伏案工作，锻炼少，后来患了颈椎病，腰椎腰不好的有时候还需要老伴和子女照顾，严重的话就去医院。退休后参加了主要针对咱们老年人的"社团之家"，一段时间下来身体状况明显好转，而且在学习新的套路的时候也特别关注，掌握得也快，辅导员经常夸奖我，哈哈。其实我觉得学什么都是一个道理，我以前是搞教育的，所谓举一反三，一通百通。现在我学会了太极拳、太极剑、太极扇，下一步我还要学习螳螂拳。今年社团会调来擅长螳螂拳的师傅指导我们，真是太好了。现在老年人的业余生活真是快活！①

社团优秀成员的评选是社团自己组织的，用来鼓励锻炼效果好、锻炼技能进步较快的社团成员。例如本案例，以前是一个病人，如今却成了"'社团之家'优秀学员"，通过一种"名"来强化一种身体状态和精神状态实质性变化，这对于练习者本人来说具有非同寻常的意义。明显增强了他们的自我能力感。

每年年底社团会评选出优秀辅导员，每个站点的辅导员根据自身的情况以书面的形式交到本社团处，团长根据综合评选选出优秀辅导员。下面以站点辅导员王＊英的2010年年底提交的申请材料为例。

---

① 访谈谷＊亭。

"我叫王 * 英，生于 1944 年，今年 67 岁了，是大世界太极拳辅导站的辅导员，我练习太极拳已接近 20 年。多年来，无论是寒风凛冽的冬天，还是骄阳似火、酷热的夏天，我都坚持习练，做到了持之以恒。通过习练，我深深体会到太极拳运动是一种重要的健身运动和预防疾病的手段，更能锻炼人的意志品质，长年的习练使我有了一个健康的体魄与平和快乐的心态，让我走上了一条健康之路。"①

在这 20 多年中，我也是边学、边钻研、边教学。我教过的学生一批又一批，每批学生有多也有少，多则 20 多个人，少则两三个人，有的年纪大一些，有的年龄小一些，有的学得快一些，有的领会就慢一些，学员的构成条件参差不齐，这就给自己的教学带来了诸多困难，但我总是尽我所能，反复地不厌其烦地手把手教练，从来不放弃任何一个人，做到了任劳任怨、不计报酬、毫无保留地把自己掌握的知识和技能悉数传授给他们。我在教学的过程中，特别注意思想教育，潜移默化地教育学生正确做人的道理，要想打好拳，必然先学好做人，常言说得好，"拳如其人"，只有人正才能精通习武的真谛。每天早、晚利用闲暇时间，姐妹们凑在一起，边学打拳，边聊我们美好的人生，这样天长日久，自然而然地我们就形成了一个团结和睦的大家庭，大家心往一处想，劲往一处使，无论组织什么活动，大家都一呼百应，踊跃参加。②

在优秀辅导员的评比中最重要的是辅导员的技能和责任心，能够对站点的其他成员提供有效帮助。实际上，多数情况下，辅导员也都是由技术水平较高和责任心更强的成员担任，他们在社团中的声望也更高，但是这不意味辅导员掌握强制性的权力，恰恰相反，辅导员要想顺利地开展工作就需要真正能让其他成员感受到他的真诚和能力，也就是"任劳任怨、不计报酬、毫无保留地把自己掌握的知识和技能悉数传授给他们"。在训练和活动过程中，辅导员与其他人之间更多是同事和朋友关系，而不是领导和下属关系。在这种情况下，优秀站点辅导员的评选摆脱了功利性，能够衡量一个站点成员的团结程度、融洽程度和信任程度，优秀辅导员的称号不仅属于辅导员自己，而更多被看成"大家的荣誉"。王 * 英被评为优

---

① 访谈王 * 英。
② 同上。

秀辅导员后，每个大世界太极拳辅导站的练习者都纷纷道喜，组织活动庆祝。可见评比机制对社团整合、社团服务、成员沟通等各方面具有积极的意义。

另外，"社团之家"也会参加区、市、省的一些评比，如2011—2012年度"社团之家"在区市省中的评选情况，见表5—3。

表5—3　　　2011—2012年度"社团之家"在区市省中的评选情况表

活动获奖情况	获奖级别	获奖时间	主办单位
健身气功比赛	优秀奖	2012.5	区体协
文体辅导	优秀文体辅导员	2012.9	芝罘区宣传部、财政局 芝罘区文化新闻出版局
中国体育彩票	健身先进站点	2011.9	山东省体彩中心
健身活动	优秀健身辅导站	2011.4	区体育发展中心 体育协会
山东好人	每周之星	2012.12	省宣传部、总工会、广播电台、文明办、团省委、《大众报》
中老年人志愿服务	优秀志愿者	2011.12	省文明办
爱心家庭	十佳爱心家庭	2011.12	区宣传部、文明办、妇联
太极拳、健身操	优秀和参与奖	每年春、秋	区体协

评比与激励方法在现代社会中得到全面的应用，各个层面的评比和激励的效果很相似，评比与激励是一种能够促进参与者精神振奋的良好方法，另外评比与激励又具有导向作用。[①]　因此，良好的评比与激励对社团内部与外部的组织管理具有重要的意义。从福利功能的意义上来讲，评比和激励机制有助于社团成员的成就感和社会赋权感，能调整人们的社会心态和生活感受。

综上所述，从以上对"社团之家"运行机制的分析来看，"社团之家"社团具有明确的宗旨、性质、任务，在管理方面也有自身的经费筹集机制、竞赛筹备机制、评比与激励机制、规章制度制定等，从而能够较

---

① 周鹤鸣：《论体育教学中评比与激励的应用》，《健身俱乐部理论研究》2009年第3期。

好地完成芝罘区老年人体育协会下达的任务和命令，带动一部分参加民族传统体育锻炼人群的积极性，为老年人创造更多的健身娱乐的平台，丰富老年人的精神世界，促进其身心健康的发展，为构建和谐社会献出了自身的力量，这也是"社团之家"的贡献所在。从社会福利多元化的角度看，一个服务社区老年人的体育社团，对参加者的影响是明显的，成为老年人生活的重要寄托，在老年人的人生阶段扮演着重要的角色，这个角色承载着老年人的人生意义、生活感悟和价值追求，也显著地改善了社团成员的生命质量、社会质量和社会资本。显然，这些独特的福利作用不是医院治疗、单位工作甚至家庭赡养所能够给予的。

第三节　传统体育社团的参与机制与社会福利功能

"社团之家"的参与机制采取较为自由灵活的方式，以自愿为原则，但是参与者必须遵循社团的纪律。在实际过程中，这一原则不但没有导致社团成员的流失，相反却快速地增大了社团的规模。而且，笔者在调查中发现，参与准则给带来了福利功能，增强了社会成员的公共参与意识；自愿的参与方式使社团成员的普遍信任程度提高，信任网络扩展；参与过程则明显提升了社团成员的生命质量。

一　参与准则与责任心和主体性

"社团之家"成员的加入采取自愿的原则，退会同样采取自愿的原则（除因严重违反规章制度被强制退会的人员）。如果社团成员因居住地变迁、疾病等原因不能继续参加社团的活动，选择退会的，在与站点负责人沟通之后即可退会，会员信息也随之注销。没有正式向社团提出退会，但很长一段时间不参加社团活动的会员，会员信息仍然保存，随时可以参与社团活动。但是在参与社团之前也"约法三章"，与参与者建立契约关系。"社团之家"的参与者要明确的各项规章制度包括以下方面。

（1）西炮台社区"社团之家"社员要热情积极，对分配的工作能够认真负责，努力完成任务。

（2）社员须严格注意自己的言行举止，礼貌待人，不得参与危害社会的邪教组织。

（3）社员要严格遵循组织领导，不得随意乱拿社团内部物资。否则，一经发现视情节轻重给予警告、开除等相应的处分。

（4）社员不得以权谋私，不得以社团名义从事不法活动。一经发现，视情节分别处以警告、通告、劝退。

（5）培养社团意识，全面了解社团，为社团的发展献计献策。

（6）正确行使社员权利，切实履行社员义务。

（7）社团成员有权利对社团的发展提出建议和批评，有权利竞选负责人。

（8）所有社团成员均可参与社团内外的评优活动。

我国当前体育社团成立秩序复杂，多样性和多元性并存，有的体育社团履行了完整的登记程序，有的体育社团挂靠在合法登记的社团之下，而有的体育社团则完全置身于法律秩序之外。①"社团之家"制定入会规章制度是向成员表明它是一个值得成员信赖的社团，增强成员对其的信任感。同时，这也是规范社团成员行为，明确社团成员权利与义务的明文规定，更是为了保障社团的有序健康发展。"社团之家"成员加入采取自愿的原则，成员主要来源于本社区及周边社区的居民。他们加入本社团需经过如下程序：（1）填写西炮台社区"社团之家"个人会员申请表（参见附录2）；（2）提交个人近期1寸照片两张；（3）提交身份证复印件及职称证明（若有）；（4）经审核同意后，成为正式会员，发给会员证。个人会员申请表要求会员详细填写自己的个人信息，在表中有特长一项，主要是为了掌握成员有什么样的才艺，更好地使每个成员的优势都能得到发挥。对于健康状况的了解，主要是为了能合理安排成员的活动项目，如对于有病史的成员不宜动员其参与运动强度较大的活动，以保证成员的安全。为了更好地与成员进行沟通交流，个人成员需留下自己的邮箱或QQ，目前"社团之家"建立了成员间的互动QQ群，利用网络平台实现成员的互动交流，更好地拉近社团与成员间，成员与成员间的距离。据访谈了解，成员入会之所以经过这样的入会审批程序，一方面是规范社团的管理；另一方面也引起入会成员的高度重视，从而积极了解本社团，并主

---

① 宛丽、罗林：《体育社团的合法性分类及发展对策》，《北京体育大学学报》2001年第2期。

动参与社团的各项活动，从而为社团队伍的壮大，更好地服务成员，奉献社会做出努力。

　　"社团之家"的参与人员只要遵循上述规章制度，均可加入社团并且参加社团的活动（见图5—7）。在访谈中，安立盛说："社团的规章制度不会一成不变，但不论怎么变，目的都是服务社团成员，为和谐烟台、和谐社会做贡献。"会员的权利和义务都有明确的规章制度，这促使社团成员主动响应社团的号召，积极、自觉地参加社团的活动。

图5—7　　"社团之家"成员参加健身活动

　　本来以为加入社团要达到很多条件，所以开始很犹豫，怕被拒绝。后来看了咱们社团的规章制度，发现一点都不苛刻，实际上就算你没加入社团也应当遵守这些规章，比如做事情认真负责、不得参与邪教、不以权谋私、不徇私舞弊，还有为社团发展献计献策，没有一条是强人所难，都是每一个普通人应当遵守的道德规范。所以我看了章程之后，觉得这个社团错不了，为社会着想，尊重社团成员。[①]

　　社团进出的宽松，在很大程度上激发了社团成员的自主性和积极性，基本上遵循着社会公民的权利义务，没有额外的要求。这是符合现代社会的文化要求。从形式上看，"社团之家"的参与方式遵循着现代社会的契约精神，相关的章程规定了详细的权利和义务关系，这种参与的契约性提高了社团成员的主体性和责任心。从内容上看，入会的制度条款强调认真

负责，礼貌待人，公私分明，权责明确等现代社会的规范特征，突出了社团成员的公民人格。

二 参退方式与信任网络的扩展

人们参与体育社团的原因各不相同，除了人们的健康观念在不断增强之外，更重要的是社会交往的需要。西炮台社区是一个人口居住密集的区域，生活在这里的老人有很多都是空巢老人，他们或者是失去伴侣的孤寡老人，或者是上了年纪的孤独老人。由于没有子女的陪伴，他们更渴望走出家门，融入社会中的团体，以减轻他们的孤独感。另外，有些家庭中有一位或一位以上的体育爱好者，他们在自身参与锻炼的同时也带动家人一起参与，在相互督促下逐渐带领更多的家庭成员参与到体育健身的队伍中。生活在西炮台社区的年轻人多数是上班族，他们早出晚归工作在烟台市的各行各业。这群人很少有时间和精力去了解一些健身的社团，更难抽出时间专门参与一些社团活动。西炮台社区的"社团之家"将工作做到每家每户，包括发放宣传单页、上门宣传等，这让生活在这些家庭中的上班族有机会去了解这个社团，引起他们的兴趣，吸引他们加入社团的活动。

不少研究发现，社团参与对于信任网络的建立和普遍信任的形成具有积极影响。实际上，中国文化观念存在内向性，是文化结构中最深层也是最核心的部分，是在很长的历史时期内形成的较稳定的意识形态。我国是一个以宗法关系为基础的社会，现代的中国极为重视血缘亲情和人际关系，因此较容易将社会的个人联系起来，迅速地形成一个个联合体，这对体育社团组织的形成和发展具有一定促进作用。人们在这样的文化背景下，也较容易选择与自己熟悉或人际关系较容易相处的团体。但随着城市化的推进，城市社区出现了陌生化的趋势，外来人口的进入，原先居民的搬出，使社区居民之间慢慢地变成了陌生人。当前的城市社区已经明显不同于原先的"街坊邻里"，以前相互之间是知根知底，现在互相看成来路不明的人。那么如何在这些越来越陌生的居民之间实现信任呢？

"社团之家"的存在，就使这些陌生的街坊四邻很快地熟悉起来，迅速扩展了信任网络，建立了彼此信任。需要指出的是，这种信任不完全是基于彼此的熟识，更重要的还是大家作为"社团之家"成员的身份。这个身份本身就是一种信任资本。

　　退休之后，自己的交往圈子越来越小，年纪也大了，有时候出去办事情，总是担心被人骗，身体不是太好，也不敢乱买保健品。现在的社会，什么都不敢相信，特别是我们这些老年人，最好骗了。可是参加"社团之家"之后，交际面广了，有什么问题我会找几个社团的朋友一起商议，心里的焦虑降低了很多，现在我们经常一起去采购一些保健品什么的，不用担心被骗了。①

　　可见，参与"社团之家"能够增加参与者的生活信心和普遍信任，在一个不确定的社会中，有相同处境的人们聚到一起会增加安全感，也会通过内部信息交流对外部世界更有把握。这恰恰是社团参与的一个重要的社会功能。

图 5—8　"社团之家"成员集体参加健康培训

　　"社团之家"社团数量大，类型多，这些社团中的传统文化蕴含丰富，这对于芝罘区这样一个老区中的体育锻炼人群是一个很大的吸引点。老人们很容易参与到这样的社团之中。不仅是老人，许多孩子也加入了这些社团，在走访时，一位家长提道："现在的孩子接受的都是现代的信息知识，很难接触到传统文化的熏陶，让孩子参加西炮台社区'社团之家'社团的锻炼，在增强孩子健康的同时，我更希望他多了解蕴含在其中的中国传统文化，增加文化积淀。"西炮台社区"社团之家"就是一个传统文

---

　　①　于＊珠访谈。

化，特别是传统体育文化蕴含深厚的社团，这也是它吸引成员不断加入的重要原因之一。西炮台社区"社团之家"社团中的传统体育文化因素逐渐引起更多人的关注，成为越来越多的人参与西炮台社区"社团之家"社团锻炼的着眼点。在国家重视传统文化的传承和弘扬的今天，传统文化也在发挥着愈加重要的社会作用。

尽管大多数家庭是和睦的，但不可避免地会有部分家庭存在离异或亲人故去的情况，西炮台社区"社团之家"社团的工作人员会对这样的家庭做重点的扶持帮助，动员这些家庭中的成员选择参加附近的体育社团组织，有的家庭成员也会主动参与到社团活动中，在社团中锻炼身体，获得友谊，增添生活的乐趣。

三　参与过程与生命质量的提升

通常来说，人们参加体育健身行为的动机主要有主观（或内驱力）和客观（或诱因）两方面因素，即个体出于自身内部的需要和外部环境的影响。[①]其中，个体自身内部的需要即参与社团锻炼的自身因素。随着人们生活水平的提高，人们的健身观念也在悄然发生着变化，自身对健康的需求水平不断提高。十年前，人们或许认为没有疾病就叫健康，十年后的今天，由于环境遭到忽视、饮食安全问题严重、作息不规律等因素，人们面临着越来越严重的亚健康问题。另外，由于老龄化现象的加剧，更多的老年人开始关注自己的晚年生活质量，对自身的健康水平提出了更高的要求。

芝罘区是烟台市的老城区，这里是城市的核心，上班人群和老年人的数量非常庞大。许多人白天在各行各业工作忙碌，在收入逐渐增高的同时，他们也有了更多的精力去关注健康问题。不少人主动加入就近的体育社团中进行身体锻炼，利用假期等闲暇时间参加公益活动以及社团组织的比赛、展演等，不仅丰富了业余生活，也锻炼了自己的身体。芝罘区的老年人，一部分人享有退休金，没有退休金但到一定年龄的老人也享受国家的按月补贴，生活均有保障。多数的老人选择走出家门，参与就近的体育

---

①　蔡睿、李然、张彦峰等：《中国居民参加体育锻炼的区域差异比较》，《体育科学》2009年第 7 期。

社团，而一些需要照看小孩或忙家务的老人也会抽空参与到附近的体育社团中。在访谈中，芝罘区大润发站点的一位老人说："之所以参加这个体育社团，一方面是因为打发闲暇时间，因为在这里有一群我们这么大的朋友；另一方面是锻炼一下自己的身体，年龄再大点不拖累孩子们。"在访谈中，多数老人有类似的想法，他们想提升自己老年生活的质量，也想为自己的孩子们减轻一些养老的负担。

在调查中笔者发现，参与社团对他们的生命质量有了明显的提升。首先表现在身体方面，大部分参与社团的老年人在参与社团之前，身体都存在健康问题，还有一些因为退休和空虚，甚至出现了心理问题，情绪较为低落，生活没有动力，但是参加"社团之家"之后，身体、心理、情绪和精神等方面很少表现出消极状况。刚从教师岗位上退休的社团成员盛＊美对此深有体会。

以前在单位上非常忙碌，常年伏案备课，落下颈椎病，而且咽喉也经常发炎，临近退休的时候，感觉整个身体都垮掉了。退休之后，工作压力倒是没了，但是空虚的生活难以忍受，身体没养好，心理和精神反倒也跟着出了毛病。整天无所事事，经常怀念上班时候的日子，虽然忙碌，但是充实啊。一段时间之后，感觉自己真的老了，精力已经大不如从前了。自己经常会反问自己，难道自己的生命就在这样的状态中走向终点？[①]

这段话可能反映了大部分退休老年人的心声。对于退休之后的生活，西方有两种著名的观点。库明（Blaine Cumming）和亨利（Wiliam E. Henry）在 1961 年合著的《变老》一书中提出，人的能力不可避免地随年龄的增长而下降，老年人因活动力的下降和生活角色的丧失，希望摆脱那些具有生产能力和竞争能力的社会期待，扮演次要甚至无意义的社会角色，资源脱离社会领域，完全回归私人领域。这种理论主张老年人减少社会活动，尽量避免与人交往，只要去关注内心的生命体验，就会获得一种平静而令人满意的晚年生活。这种理论被称为"社会撤离理论"。但是，在实际的老年生活中，老年人并不愿意从社会中撤离。人天生就是社会动物，渴望社交，期望被社会承认，即便是老年人也是如此。罗伯特·哈威格斯特实地访问了 300 名老年人，询问他们愿意过什么样的生活，他的结

———————————

① 盛＊美访谈。

图 5—9　　"社团之家"组织的社区老人欢度重阳节活动

论是，老年人愿意保持中年人的生活状态，更倾向于否定老年的存在，他们更愿意用新的社会角色取代原有的社会角色，而不至于使社会角色出现空缺，从而把自身与社会的距离缩小到最低限度。这种理论被称为"活动理论"。①

　　显然，从笔者的调查情况来看，很少有老年人甘愿孤独而平静的生活。现实的情况是，许多老年人依然想参与社会活动，而只是苦于没有机会。现代医学界证明，过早从社会中撤离会导致老年抑郁、老年痴呆，有些老年人因为长期独处无人交谈而提前出现了脑部退化。因此，让老年人保持较高的活动，积极参与社会生活，对提高老年人的生命质量至关重要。

　　随着核心家庭的普遍，老年人并不与子女共同生活，快速的生活节奏和竞争压力，使子女很难抽出更多的时间陪伴老人，所以老年人自己积极投身社会生活而不是独处一隅，是提升生命质量的最好选择。

第四节　传统体育社团的活动机制与社会福利功能

　　"社团之家"的主要活动内容包括三个方面：公益活动、比赛活动和展演活动。具体说来，公益活动是社团自发组织的志愿者服务活动，例如

①　郭士征：《社会保障学》，上海财经大学出版社 2009 年版，第 227—229 页。

维持社会治安、交通和卫生等；比赛活动是指参与各种形式的社团之间的竞赛，以及社团内部自己组织的比赛活动；展演活动是指在重要的节日和纪念日开展的大型表演。后两种形式主要由上级部门组织，也会有商业机构的赞助。这三种社团活动对于社团成员来说，在社会凝聚、社会赋权、社会包容等方面都会产生显著的福利作用。

一　公益活动的社会赋权和社会凝聚功能

对于社团的定义，仁者见仁，智者见智。但是公益性是社会团体合法性的重要来源，所以有不少学者强调把社团公益性放在重要的位置进行考察。如岳颂东将社团与政府、企业单位、事业单位进行比较后，认为社团是以促进社会发展和进步为宗旨，按照一定的章程，经过法定程序组织起来，从事社会公益活动的社会组织。[①] "社团之家" 就是这样一个代表，践行着为他人、为社会服务的公益事业（见图5—10）。

图5—10　"社团之家"成员正在参加维护公共卫生活动

近年来，"社团之家"举办公益性活动多种多样，安立盛同志是组织者中的典型，他利用在大润发片区组织中老年人健身活动的机会，新成立了25个晨练、晚练健身点，共计964人。经过深入发动，自愿报名组建了一支近千人的中老年人社会志愿者队伍。为规范组织和管理，所有加入志愿者都要填写志愿者信息登记表（见附录3）。登记表中详细记录了成

----

①　岳颂东：《市场经济条件下的社会团体组织》，《中国青年科技》1999年第3期。

员的个人信息，志愿服务经历一项主要是为了了解成员的志愿服务经历，对于参加多次且经验丰富的成员可以推荐担任志愿服务团队的负责人。个人意见一项，有一个宣誓的内容，目的在于让成员引起高度重视，认真参与工作，完成志愿服务任务，更好地为社会公益事业作出努力。该志愿者服务工作站多次上街组织公益活动，把南大街、北马路从东到西、路南、路北的公交站亭擦洗得一干二净。芝罘区大小的公益性活动大都能见到这支团队的身影。组织者还发动志愿者捐款 5000 多元钱资助社会困难群体和去 SOS 村救助孤儿。特别是在争创全国文明城市三连冠工作中，安立盛带领 200 名中老年人社会志愿者冒酷暑、顶烈日、流大汗配合交警一、二大队在重要路口和街道执勤 10 天，圆满完成创城任务。

"我觉得一个人做好事，只是一个点，只有组织大家一起做好事才是一大片，为了把更多的人组织到做好事的行列中来，我在我们这个片的 13 个辅导站中组织起一支 300 多人的志愿者队伍参加社会公益活动。这一做法得到区文明办、区老年体协的大力支持，区老年体协给做了志愿者大旗，区文明办给做了 300 条绶带，去年国庆节前，我们组织一次大型义务劳动，300 余人兵分两路，自带水盆、抹布和扫帚把南大街和北马路从东到西所有公交站亭的座椅、橱窗擦洗得一干二净。2010 年 11 月 20 日我又组织了 60 名中老年人到福山 SOS 村，看望孤儿，并为其带去捐款 2400 元，我还提出每人少抽一包烟、少喝一袋奶，积极参加温暖烟台的救助活动，有 226 人参加，捐款 2260 元，送到《烟台晚报》、慈善总会开展的温暖烟台活动办公室，救助困难群体，我们这些志愿者都是年过半百的老年人，如 76 岁的李玉兰老师，虽然腰腿有病，但参加公益活动从不落后。"①

为激励更多的人加入公益事业的行列，西炮台社区每年都会推荐、评比出优秀的公益事业先进人物，西炮台社区以"烟台市芝罘区文明办老年体协优秀社会志愿者申报材料"的形式向老年体协提出申请，至今，西炮台社区被评为优秀社会志愿者的成员已有近百位。

2010 年年底，《社团之家》举行了社区志愿者表彰大会，下面是两位获奖者的发言材料：

---

① 访谈安立盛。

张＊智同志义务劳动感想：

烟台作为全国文明城市，是世界最佳的居住地之一，这是我们广大市民的光荣，也是我们的骄傲。每一位市民都应该自觉地去维护，并为这座美丽的城市做出应有的贡献！

作为志愿者我们已经参加过好多次义务劳动了。只要有需要，我总是在第一时间报名参加。在义务劳动过程中，充分发扬不怕苦、不怕累、不怕脏的精神，拿着铲子清理野广告，有的拿着自制的喷壶，边喷水边铲，拿着抹布擦洗，由于站亭比较高，上面高的地方够不着，我们小组的同志采取了两人抱一人的办法上去擦，共清洁了20多个站亭。通过大家的共同努力，把每一个站亭都擦得非常的洁净。干完活后大家满脸是汗水，衣服也被汗水湿透了，但是每一个人的脸上都带着笑容，没有一个人叫苦叫累。

张＊智

2010 年 11 月 21 日

72 岁的"社团之家"成员王＊明，在发言稿中表达了自己参加志愿者服务的感想：

辛辛苦苦大半生，退休赋闲在家中；身体尚好无大碍，走上街头当义工；改革开放百业兴，年老也需立新功；好事善事多去做，不枉来世度此生。历史的车轮，滚滚向前，进军的号角，响彻云天。我们忙碌在市区大街小巷、车站码头，清理垃圾，洗刷野广告，到站点擦玻璃、座椅，以实际行动为扮靓港城做着自己的贡献。

我们这些老同志，年龄最大的 76 岁，参与志愿服务活动，绝不是擦擦玻璃、擦擦座椅那么简单，而是在播撒爱心的同时，为我们的城市营造了人人做好事、献爱心，人人做遵纪守法的模范的良好氛围。

"老牛已识黄昏近，不用扬鞭自奋蹄"，我们用自己的行动影响自己的子女和街坊邻居。一个人不一定非要做什么惊天动地的大事，但"只要人人都献出一点爱，世界将会变得更加美好"。

　　我今年72岁，曾在基层担任过较长时间的领导工作，过去除了自己干，还要组织别人干，现在担子卸了，不需要再去说教，只要自己能为社会做点实事、好事就够了。参加这次座谈会，心情很激动，也是对自己莫大的促进和鞭策。附自勉诗：

　　路行七十古来稀，时光流逝成过去；时代变迁人未老，安乐享受抛九霄；登上珠峰看群山，此时方觉众山小；双成理念记在心，甘为人梯育后人；步履坚实底气足，人老还需有精神；老妇问我几时休，怨天尤人愁白头；还有余热要发光，早下战场怕蒙羞。

　　张＊智的材料主要表达了对自己所在城市的热爱，对自己的家乡有强烈的自豪感和责任感。王＊明的发言则更多地表达了自身不服老、"人老还需有精神"，体现了对自身社会价值的肯定。这两篇发言稿比较充分地反映了老年人甘愿为社会多做贡献的意愿，而社团公益活动对他们的公共责任和社会赋权是一个积极的推动因素。

　　社会重建理论强调改变老年人生存的客观环境以帮助老年人重建自信心。社会重建理论相信，在环境方面哪怕是一些微小的改变，也可能启动良性循环，使老年人的境况得以改善。社会重建理论还进一步指出了基本模式：第一阶段，让老年人了解社会上现存的对老年人的偏见和错误观念；第二阶段，改善老年人的客观环境，通过提倡政府资助的服务，来解决老年人的住房、医疗贫困等问题；第三阶段，鼓励老年人的自我计划、自我决定，强调老年人自我解决问题的能力。所以，社会重建理论看到了环境对老年人的影响，又强调了老年人自身的因素对改变其境遇的重要性，这是社会福利的重要视角。

　　从社会重建的角度看，本研究的社团着眼于改变老年人的生存环境，为他们提供了社会参与的机会。其效果是显而易见了，参加社团的老年人都启动了"良性循环"，在社会质量、社会资本和生命质量等各个方面得到了很明显的改善。传统体育社团参与，对于老年人而言是第三阶段的社会重建模式。"社团之家"的参与者大部分是有固定收入的退休老年人，他们的基本养老已经满足，最重要的是物质生活之外的精神文化生活，其中最重要的是老年人的社会赋权状况，而这恰恰是作为传统体育社团的

"社团之家"所能提供的。

　　所以，社团公益活动的成功举办为其他周围社团提供了借鉴和榜样示范作用，带动着越来越多的人加入公益事业，服务社会，服务人民。由此看到，社团的公益活动明显提升了社会赋权。

二　比赛活动的社会凝聚和社会包容功能

　　"社团之家"每年都会组织多次内容丰富的比赛活动，同时也会参加市、区组织的比赛，包括例行的"全民健身日"活动，也有临时组织的各种比赛活动。在经历坚持不懈的训练之后，比赛就具有了特别重要的意义。不论是内部各站点的比赛活动，还是与其他社团的比赛活动，都坚持"友谊第一，比赛第二"的宗旨，为成员提供一个展示自我的平台。表5—4是2012—2013年"社团之家"参加的部分比赛。

表5—4　　　　　　　　　西炮台社区比赛活动情况汇总表

编号	活动名称	主办单位	时间	地点
1	老年舞蹈大赛	老龄委办	2012.6	航院
2	区体协综合大赛	区体协	2012.6	东山健身园
3	迎新春舞蹈赛	毓璜顶公园	2013.2	毓璜顶公园
4	首届老年运动会	市体协	2013.5	体育公园
5	健身气功比赛	区体协	2013.6	东山健身园

　　从表5—4中可看出，自2012年6月到2013年6月，西炮台社区共参加了五次较大型的比赛活动，既有市举办的全市比赛，也有老龄委举办的相对较小的比赛活动。据走访调查，每次比赛，西炮台社区都有专人负责组织成员的报名和辅导、训练等工作，积极踊跃地参与。对比赛的各项要求严格遵守，在服装、器械等方面自我要求规范、统一，在比赛场上表现出整齐、良好的精神风貌。除参加一些大型的比赛活动外，每个站点也会组织一些小范围的比赛活动，目的是增进成员之间的交流，激励成员积极参加锻炼，提升自己的健身水平，如大润发站点每个月都会组织一次成员间的小比赛活动，这种以赛代练的形式调动了成员的兴趣，也在吸引着

更多的人加入健身的团队中。社团的比赛活动，从社会福利功能上看，主要表现在以下几个方面。

首先，比赛活动增强了群体融入和普遍信任。在访谈中我们发现，"社团之家"每当在比赛的时候，社团成员彼此之间常常互相帮助和鼓励，形成了一种非常好的内部氛围，有困难也互相帮助，共渡难关。例如在市体协主办的首届"老年运动会"上，在集体跳绳比赛中，姜＊珍老人崴到了脚，但是依然坚持跳完比赛。后来大家把她送到医院诊治，并轮流照看，直到完全康复。这之后，大家都挺佩服姜＊珍，而姜＊珍也更深切感受到身边有很多人在支持和关心自己。

其次，比赛活动调整了社会心态。"友谊第一，比赛第二"在社团组织的各种比赛活动中得到了充分体现。虽然在经历了长期不懈的练习之后，每个人都精心准备，想争取一个好成绩，但是成绩绝不是最重要的。比如，"社团之家"也会定期组织一些比赛项目，例如各晨练点之间的扇子舞比赛，其实最后就成了一个联谊会，大家在比赛过程中认识了彼此，有的成了很要好的朋友。比赛活动的非功利化对人的心态是一个很好的调整。除此之外，"社团之家"的比赛活动往往会设很多奖项，例如精神文明奖、道德风尚奖、团结友爱奖名目丰富，即便拿不到名次，也会有奖在手，对老年人来讲自然也是很有趣味的事情。

最后，比赛活动增强了公共责任和公共参与。社团比赛活动的选拔过程也是非常开放的，并非只有最优秀的人能参加比赛，由于比赛的项目多数是集体项目，除非社团成员有自己的事情，否则都能参加，即便表演的不是很好，社团也不会把他排斥在比赛之外。对于这一点，段＊芬老人的感触非常深，她说："记得刚参加社团那会儿，市里组织了太极拳比赛，我之前一点基础都没有，怕表演不好就跟团长说还是不参加了。团长鼓励我说没有关系，他说，我们比赛有个好成绩当然好，但是贵在参与。你既然加入了社团，就放下包袱，尽力就可以了。我被团长的话打动了，其实社团就是一个大家共同参与一些事物的地方，过程要比形式上的结果更重要。"①

可见，"社团之家"的比赛活动对于社会质量的各方面产生了明显的推动作用。

———————————

① 访谈段＊芬。

图 5—11　芝罘区全民健身气功、健身球、太极拳比赛

三　展演活动的社会包容和社会赋权功能

展演活动是展示社团魅力，娱乐大众的一种喜闻乐见的活动形式。如果说比赛活动主要是社团与社团之间的交流，以及社团内部成员之间的交流，那么表演活动的影响要远远超出了社团范围。"社团之家"每年都会组织多次展演活动，活动范围遍布烟台，据了解西炮台社区的展演活动在烟台市都有很高的赞誉。本研究统计的西炮台社区展演活动情况如表5—5 所示。

表 5—5　　　　　　　西炮台社区展演活动情况汇总表

编号	活动名称	协办单位	时间	地点
1	文艺展示	毓璜顶公园	2012.1	毓璜顶公园
2	社区会演	新桥广场	2012.4	新桥广场
3	消夏晚会	通伸办	2012.8	西炮台
4	全民健身日	区体协	2012.8	滨海广场
5	辅导员会演	群众艺术馆	2012.8	文化广场
6	通伸运动会开幕式参加 400 人表演	通伸办	2012.9	鲁东大学操场
7	社区文化展演	通伸办	2013.7	通伸街道

表5—5 中数据显示，自2012 年1 月至2013 年7 月，"社团之家"举办或参加了7 次较大型的展演活动，有的是社区内部的展演活动，如

"社区文化展演"，这类活动主要是为了给社区居民带去欢愉。也有社区之间的交流展演活动，如"社区会演"，这类活动既展现了自己社区的魅力，也加强了同其他社区的友好交流。西炮台社区的表演也能登上更大的舞台，在2012年的"全民健身日"，参加了在滨海广场举办的展演活动。在历次展演活动中，2012年9月的通伸运动会开幕式，西炮台社区组织400人的队伍参加了开幕式的表演，引起了各界的关注。

西炮台社区也会根据自身的情况，举办适合本社区内成员欢迎的展演活动，如2012年举办的"七一"消夏晚会（见图5—12）。社区居民穿着喜庆的表演服，热情洋溢地在广场上跳出欢快的健身舞。成员自编自演，在和谐融洽的氛围中提升了表演团队的演练水平，更重要的是促进了成员间的交流和了解，对促进和谐社区的构建发挥着不可替代的作用。

图5—12　西炮台社区"七一"消夏晚会

对于很多社区居民来说，"社团之家"举办的展演活动是他们日常娱乐的一部分，特别是在每年的夏季，社团的展演活动非常频繁，在广场和公园，每到周末都会聚集消夏的人群。"社团之家"的表演给当地的文化生活增添了亮丽的色彩。而在每天晚上，与一般的广场舞不同，"社团之家"的表演主要集中在传统武术方面，常常不同的节目轮流上演博得人们的阵阵喝彩。

展演活动的社会福利功能要从内外两个方面来看。对内，也就是对社团成员来说，主要是社会赋权和社会包容。简单地讲，参与展演活动，成为舞台上的表演者并给社区居民带来欢声笑语，对于一个老年人而言无疑起到了提高社会赋权感的作用。同时，表演活动也会让表演者更加融入社区生活，受到人们的尊重。对外，展演活动丰富了社会文化生活，让社区居民快乐地聚在一起，对人们的生命质量有很好的推动作用，社区居民，一些没有参加社团活动的人，还有下班回家的人，在观赏了社团的展演活动之后也都很认可。这种情况在我们的调查中能够清楚地感受到。

第五节　结论与讨论

通过本章的讨论可以得到两个基本结论：第一，传统体育社团的运行机制、参与机制和活动机制对社会的福利而言，包括微观、中观和宏观三个层面的福利，都直接或间接发挥着福利作用；第二，当前这个阶段，传统体育社团福利功能的发挥离不开地方精英的个人魅力。

一　传统体育社团参与对社会福利的作用机制

当前中国正快速迈入老龄化社会，根据国家统计局的数据，2015 年，60 岁及以上老人达到 15.5%；65 岁及以上老人达到 10.1%，而且，中国人口的老龄化速度要远远快于世界平均水平。伴随着老龄化的同时还出现了"空巢化"现象，有地方的调查显示，现在城市老人的空巢率已经超过七成，并且有相当部分的老年人他们的子女都在外地。[①] 在老龄化和"空巢化"的双重背景下，老年福利问题变得尤为严峻，老年福利的意义也变得尤其重大。这样就要全方位地加强社会养老保障体系、老年医疗保障体系、社会养老服务体系、老龄产业体系、老年文体活动体系、老年维权体系、老有所为管理体系等方面的工作。

在这种背景下，看到社区内的传统体育社团发挥着不可忽视的社会福利功能，它的存在对于相当一部分老年人，特别是空巢老人来说，是不可或缺的。由此可见，社团参与无论是对老年人的生命质量、社会质量，还是社会资本转型都具有积极的现实意义。通过对"社团之家"个案的分析和研究，发现传统体育社团的社会福利机制是复杂的，社团丰富的内部要素对社会福利的不同指标有选择地发生着积极的改进作用。在总体上表

---

① 《2015 年聊城市老人空巢率将超七成》，聊城新闻网（http：//news. lcxw. cn/liaocheng/yaowen/2012/10/23/270142. html）。

现为我们在第四章中看到的整体正相关关系，但在具体的作用环节上，传统体育社团的运行机制、参与机制和活动机制所产生的福利功能是有差异的。为了更清楚地显示参与传统体育社团对社会福利各项具体指标的作用，用图5—13来做总结。图5—13显示，在体育社团参与和社会福利之间存在纵横交错的作用机制。

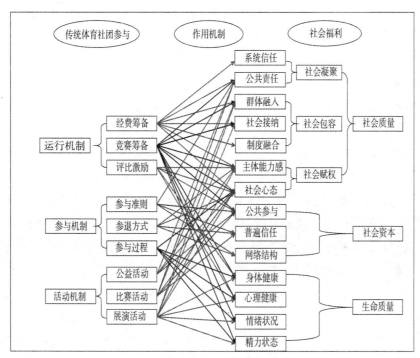

图 5—13　传统体育社团的福利作用机制

二　传统体育社团在资源整合时如何摆脱克里斯玛风格

通过对案例的分析，"社团之家"的成立和运行过程中，最重要的一个因素是安立盛这样一个人格典范，也就是说，"社团之家"具有很强的克里斯玛式管理色彩。他依靠自身的号召力坚持不懈地、不遗余力地推动着"社团之家"的发展，并且掌握着"社团之家"的绝对权利，尽管这个权利受到了很大的限制。这就使我们始终存在着这样一点担忧，如果离开了安立盛这样一个德高望重的社区领袖，"社团之家"的发展会怎样？实际上，就笔者调查的地区来看，"社团之家"是运行最出色的一个社团，原因就是能够依靠团长个人的魅力整合各种资源。但是，"社团之家"的这个特征显然是其他社团无法复制的。

安立盛既具有较强的社会责任心，又具有很高的社会声望，同时与政府、媒体、商业组织和基层政府都保持了良好的关系，这种良好的关系是社团整合资源的前提条件。假如换成一个声望平平的人做社团领导，社团的运行和发展极有可能面临困难。安立盛不但能够对群众进行社会动员，而且还能够整合物业管理、供电照明、政府财政等各个方面的资源。例如，作为社团的创始人，安立盛依靠自己的声望和能力，能够很好地协调与政府、媒体、商业机构之间的关系，为社团的生存和发展创造了很好的空间。一个领袖式的社团，离不开领袖式的人物，在当前的条件下，在这种制度资源无法通过正式渠道获得的情况下，领袖式的资源动员方式是不可或缺的。

三　政府资源对于民间社团的重要意义

"社团之家"的运行强烈地依赖于政府资源的投放。"社团之家"的成立和工作的开展，受到政府部门的授意，并且在政府部门的指导和支持下进行。尽管"社团之家"的运行是民间的，但是政府依然是最大的资源提供者和支持者。政府在经费筹集中承担重要角色，当社团无法通过与商业机构进行合作获得赞助的时候，政府应当及时给予财政支持；在竞赛筹备和评比激励方面，政府作为竞赛活动的发起人，提供目标资源；此外，在传统体育社团的公益活动、比赛活动和展演活动中，政府也扮演重要角色。对公益活动的奖励，对比赛活动的组织和指导，对展演活动的鼓励和支持，这些对于社团活动的开展是必不可少的。所以说，社团的福利功能除了自身的各种机制之外，政府作为福利主体的地位并未发生改变。政府资源分配对于社团运行及其社会福利功能的影响，笔者将会在第六章进行重点讨论。

第六章 传统体育社团的功能差异与
公共服务体系的构建

　　社团的外部环境包括其所处的经济条件、政治制度、法规政策、文化传统、社会环境、行业模式等。这些外部因素在社团之外，难以控制，但是对社团的存在、运行和发展，起着重大的影响和制约作用。①具体到传统体育社团外部环境，则是指处于体育社团管理之外的其他社会因素。目前，烟台成立了各种各样、数量众多的传统体育社团，有些是民间自发形成的，称为"民间体育社团"或"草根体育社团"；有的是社区居委会组织成立的，我们称为"社区体育社团"；也有不少是在政府体育部门注册的传统健身社团，为了与一些注册竞技体育组织区别开来，我们称为"注册健身社团"。这三种体育社团的划分主要依据其与政治资源的远近关系。在当下的社会体制下，越接近政治资源也就意味着更具发展优势和发展机会，也正因为资源分配和发展机会的差异，三种传统体育社团的社会福利功能也存在不同程度的差别。本章中，笔者以这三种不同类型的传统体育社团作为调查和研究对象，通过比较分析三类传统体育社团在人力资源状况、机构设置状况、经费保障状况等方面的差异，进而透视出不同类型社团的外部环境的基本状况，以及这些情况对其福利功能的影响。在比较和分析的基础上，将进一步指出如何构建资源分配相对均衡、受益群众更加广泛、可持续发展的公共服务体系。

　　笔者总共调查了散布于烟台市各地的72个传统体育社团。其中注册健身社团34个，占47.2%；社区体育社团14个，占19.4%；草根体育社团24个，占33.4%。注册健身社团比例较高的原因在于政府职能的历

---

　　①　符明华：《当代中国企业发展的外部环境研究》，西南财经大学博士学位论文，2005年。

次转变。政府在政策导向上支持鼓励从部门管理走向社会管理，从社会管理走向社会治理。在这种背景下，从 20 世纪 80 年代后期开始，在政府推动下，全国各地的行业协会迅速发展壮大，体育社团的规模和数量也急剧膨胀，传统体育社团也借此机遇快速发展起来。起初，社区体育社团比例不太大，大多数成立时间相对较晚，成立时间主要大都集中在 21 世纪初。城市社区的快速发展和合理规划以及人们健康观念的提高，为社区体育社团的发展创造了条件，这种类型的社团虽然数量不多，但社团的规模相对都比较大，也比较规范。草根体育社团数量一直比较多，占到了 33.3%，但每个社团的成员人数比较少，规模小。从调查的情况来看，三类传统体育社团主要进行传统体育项目如太极拳和健身气功的锻炼，所以属于传统体育社团。这些体育社团在带动群众锻炼，推进全民健身运动发展的进程中都发挥着各自的功效，但在发展形势与规模、组织与管理、政府支持等方面存在着诸多差异。

表 6—1　　　　　　　　烟台市传统体育社团的分类情况

体育社团类型	体育社团数量（个）	百分比（%）
注册健身社团	34	47.2
社区体育社团	14	19.4
草根体育社团	24	33.4

　　本章对比分析烟台市三类传统体育社团，找出各类社团存在的问题，发现社团的管理水平、资源配置状况以及与政府的关系对其福利功能的发挥所产生的影响，以期为社团自身的完善以及政府和相关部门支持社团发展，构建完善的公共服务体系提供理论借鉴，更好地促进全民健身运动的发展。

第一节　传统体育社团管理水平的对比分析

　　社团的正常运行和健康发展需要现代科学化的管理。管理水平的高低直接影响到社团的功能发挥。社团的管理水平主要体现在机构设置的完备性，社团宣传的充分性，以及社团规程的全面性等方面。本节对三类社团的机构设置、社团宣传和社团规程的情况进行比较，并指出这些方面的差异对社团的保障功能的发挥带来的影响。

一　机构设置方面

社团的管理水平首先体现在机构设置的完备性上，科学、严密、合理的组织结构是现代管理的首要条件。社团作为一个管理组织，内部管理和外部协调均需要相应的专业部门来负责。如果一个社团并未划分出应有的专业化部门，也就意味着其管理水平处于较为原始的阶段。鉴于此，我们考察了不同类型社团的机构设置情况，发现三者之间存在明显的差异。

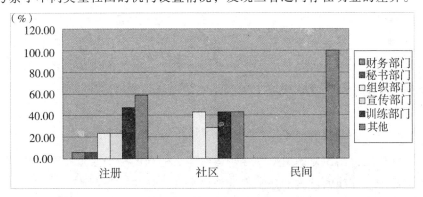

图6—1　传统体育社团机构设置情况比较

通过对调查对象的分析发现，政府注册的传统体育社团和社区组织成立的传统体育社团大都有业务主管部门所提供的办公场所，大多数政府注册的传统体育社团与业务主管部门和社区管理部门有着极其密切的关系，而且相对来说，其内部的机构设置也比较健全。在所调研的72个社团中，政府注册的传统体育社团机构设置较完善，超过20%的社团中设有专门的训练、组织、宣传等部门，这对于维持社团的规范化发展起着重要作用，但值得注意的是，注册健身社团中设有专门的财务和秘书部门的非常少，甚至还不到5%。社区体育社团中有大约40%设立了组织、宣传和训练部门，相比注册健身社团较高。但是，所有的社区体育社团都没有设立专门的财务部门和秘书部门。而民间传统体育社团，虽然也开展许多活动，但组织是无序、零散的，没有专门的部门分管各项工作。我们在走访调查中发现，民间体育社团在决定社团事务时大都是个人行为，或者是极少数人行为，缺少相关的监管，自治性相对较大一些。

三类社团的比较发现，政府注册的传统体育社团部门设置最完善，这些社团一般在烟台市老年体协或者烟台市体育局注册，受到的支持也较多。社区中的社团因为以社区为依托，在场地设施、人力资源等方面有保障，部门设置相对完善，但与政府注册的社团存在差距。而民间社团是其中最没有机构设置保障的。

但应当注意的是，虽然注册健身社团和社区体育社团的机构设置相对完善，但也存在明显的缺陷，即财务部门和秘书部门的缺失，这种情况意味着在管理上存在较为集中的状况，也就是通常所说的社团事务"一把抓"，社团的领导负责各种工作安排的决定权，并且在财务上享有主导权。这种部门缺失和个人集权的情况在管理上容易出现漏洞，存在较大的风险。而现实中，这种风险的克服只能依赖于人格的信任，例如我们上一章所述案例中的"社团之家"的情况就是如此。

二　社团宣传方面

宣传是社团工作的重要内容，适时恰当的宣传对于推动社团发展具有重要作用。社团的社会形象和影响力需要通过宣传来建立和实现。一个社团的形象和影响力直接影响到它对社会的福利作用的大小。所以我们认为，社团的福利功能是与其对外的宣传力度和宣传渠道紧密相关的。一般情况下，社团宣传主要依靠以下途径：口头传播、社区广告栏、报纸、电视、广播、传单、条幅等。

据本研究调查，政府注册的传统体育社团采用的宣传方式较全面，在本研究走访期间了解到，这些宣传所覆盖的范围不仅包括本市，在遇到大赛事等情况时，利用条幅宣传的社团比例达到60%；社区内的传统体育社团多采用口头宣传、社区广告栏、报纸、电视等方式进行宣传，在宣传力度和范围上较政府注册的社团小。而民间的传统体育社团多数以自娱自乐为主，人数不限、形式不限，社团与外界的沟通渠道仅限于成员的口口相传，或者社团的成员在活动地点练习，被周围人群看到，无形中形成一种宣传，根本没其他宣传形式。

进一步比较发现，社区体育社团在口头传播、社区广告栏、报纸、电视等主要传播渠道的利用率方面均高于注册健身社团，超过40%的社区

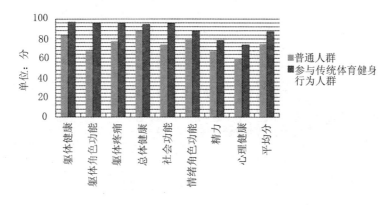

图 6—2　传统体育社团的宣传方式比较

体育社团利用这些渠道来宣传自己。而注册健身社团只有在广播、传单和条幅等较为传统的宣传渠道方面的利用率高于社区体育社团。这说明，三类传统体育社团中，社区体育社团的宣传工作更加出色。

"社团之家"是在政府机构注册的老年健身社团，同时又依靠在西炮台社区，能够很好地依靠社区广告栏、报纸和电视等媒体开展宣传。这说明，如果兼具政府和社区的资源，在开展社团宣传方面就能做得更加到位，有利于扩大社团影响。

同时，我们也调查了三类社团通过互联网渠道进行宣传工作的情况，遗憾的是，所调查的所有社团都没有通过互联网渠道开展宣传工作，这在当前互联网条件下是难以想象的。究其原因，是社团成员主要是老年人，往往缺少利用互联网的意识和技能；另外，社团也往往没有能力建立自己的网页，而只能挂靠政府部门。但是政府部门，特别是基层政府部门的网站信息往往较为滞后，起不到宣传的功能。

所以，三类社团的宣传工作需要加强，尤其是善于利用互联网渠道的宣传作用，同时加强对民间社团的宣传支持，让周围更多的人群就近参与传统体育锻炼，以最大限度地发挥传统体育社团的福利作用。

三　社团规程方面

规章制度是社团的灵魂，不但决定着社团的性质、使命，而且也规定了社团成员的具体行为准则。除了机构设置和宣传工作，社团制定的规章制度也体现着社团的管理水平。管理规章的全面性、系统性、科学性和合

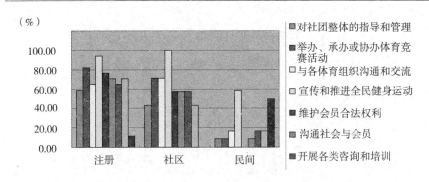

图6—3　传统体育社团的规章制度比较

理性都直接决定着社团的管理水平，并进一步影响了社团的福利功能。

　　通过调查发现，政府注册的传统体育社团中有书面的章程或虽无书面的但有口头章程的社团比例占到了94.12%，说明这些社团在社团运行中有章可依，这对社团的规范性建设是必要的。而且，这些规程基本涵盖了对社团整体的指导和管理方式，举办、承办或协办体育竞赛活动的规定，与各体育组织沟通和交流的办法，宣传和推进全民健身运动的要求，维护会员合法权利的承诺，沟通社会与会员的措施，以及开展咨询与培训等。但仍然有5.88%的社团既无书面章程也无口头约定俗成的章程，说明体育局或其他相关政府部门在工作中存在疏漏。

　　与之相比，街道（社区）中的传统体育社团有书面的章程或虽无书面的但有口头章程的社团比例占到了85.71%，相对较少。在规程的具体内容方面，社区体育社团更侧重于宣传和推进全民健身运动和与其他体育组织进行沟通。

　　但民间传统体育社团有书面的章程或虽无书面的但有口头章程的社团仅有58.33%，与前两者相比，在章程制定方面存在显著不足，而且这些规程也主要集中在宣传和推进全民健身运动方面。

　　除了既定的规章制度，社团的计划制订也是反映规程的重要方面。据本研究调查，政府注册的传统体育社团中88.24%的社团有活动计划，而且除特殊情况外，每年的活动严格按照计划执行。街道（社区）的传统体育社团中85.71%的社团有活动计划，计划的执行与社区居委会有密切联系。与以上两类社团相比，民间的传统体育社团有活动计划的只占41.67%，没有计划就很难保证活动的实施，会员的权利也无从保障。

在社团有无政策支持方面，统计数据显示，政府注册的社团中，41.18%的社团有成文政策；街道（社区）的社团中有政策扶持的范围超过了政府注册的社团，达到42.86%，这与社区的大力支持密不可分；而民间的社团没有一个社团得到过政策支持。政府既然对部分注册的社团进行了政策支持，说明相关部门有这方面的服务，因此，为响应全民健身运动，政策扶植力度应该加大，对规范化发展的各类传统体育社团都应进行相应的政策扶持，尤其是民间的传统体育社团。

第二节　传统体育社团资源配置情况的对比分析

注册体育社团、社区体育社团和草根体育社团三类传统体育社团在经费支持、场地设施、社会关系和人员配置方面也是不均衡的，三者之间存在较为明显的差距，下面从这几个方面来逐一分析。

一　经费运转情况

首先，经费的来源情况看，注册健身社团的经费更充足，渠道更广泛；社区体育社团次之；草根体育社团再次之。

社团经费是维持一个社团发展的经济保障。据本研究调查，烟台市三类传统体育社团中政府注册和社区体育社团能够得到国家财政拨款，尽管享受到这一支持的比例均不超过20%，而民间自发组织的社团完全没有国家财政拨款。政府注册的社团经费来源主要是会员缴纳会费和自筹，街道（社区）和民间社团的经费来源主要是自筹。

实际上，各种社团经费来源方面都存在经费不足的问题，注册健身社团和社区社团虽然有一定的财政支持，但是经费支持的力度较小，也远远无法满足自身运行的需要，正如"社团之家"负责人安立盛老师所说：

"年过半百的中老年人过去上班忙碌大半生，退休在家，身体或多或少都有些毛病，组织他们统一活动，锻炼身体都非常快乐，如果再给发点纪念品，更是乐开怀，区老年体协在2008年、2009年、2010年三次大型表演展示活动，要想给大家发点纪念品又经费不足，我就和吴学俭、李华老师通过积极组织中老年人到金龙鱼企业参观、购物活动，赢得了金龙鱼的大力支持，三年解决了三次纪念品，总价值约10万元。"

　　"2009 年下半年，我又与得利斯集团联系，他们派车，每月四次组织中老年人到诸城两日游，410 元的费用他们只收 150 元，还给去的人每人做一件长袖 T 恤衫，现有 1000 多人参加了，总价值 5 万元，近期我又和市老龄委下属的无障碍电脑学校，联系组织中老年人免费到电脑速成班学习，来充实大家的业余生活。"

　　可见，即便是"社团之家"这样的注册健身社团，只能非常有限地利用政府资源，比如"无障碍电脑学校"，而其所需的大部分经费主要也是取之于市场。所以，解决经费问题，一方面需要政府相关部门加大扶持力度和范围；另一方面也应拓宽街道（社区）和民间传统体育社团组织的资金来源渠道，使其摆脱束缚，实现自给自足。

　　其次，从经费支出情况看，注册健身社团的支出范围更广，数量更多；社区体育社团次之；草根体育社团再次之。

　　在社团经费支出方面，政府注册的社团经费主要用于训练、宣传、竞赛等方面，街道（社区）的社团经费主要用于竞赛、举办活动等方面，而民间的社团由于经费不足的限制，基本没有经费支出，少部分有经费支出的社团支出方面包括训练、竞赛、举办活动等方面。

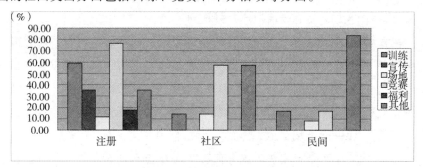

图 6—4　传统体育社团的经费支出对比

　　对比三类社团，发现政府注册的社团经费支出范围广，在一定程度上说明社团活动丰富，运转较好。用于训练、宣传、竞赛的费用支出比较多，而且部分社团有福利资金的支出，这说明，在注册健身社团，成员可以获得一定数量的物质支持，这对于会员是很好的鼓励方式。相比之下，社区体育社团的费用主要是用于竞赛，社区体育社团和草根体育社团没有福利支出，这一现状一方面反映了经费不足的困境，也限制了其福利功能。

最后，从会员花费情况看，注册健身社团的花费更多，涉及面更广。

在会员支出费用消费方面，注册健身社团的会员需缴纳学费的社团达到 45%，而其他两类社团中的会员没有这项消费，因此，为更好地带动全民健身锻炼，政府注册的社团在教学收费方面的做法有待改善。另外，统计数据明显显示，政府注册的社团中有超过 90% 的社团会员消费包括购买书籍、影像资料，而社区和民间的社团只有 40% 左右的社团中的会员有此项消费（见图 6—5）。为提高传统体育社团锻炼的质量，提升会员习练传统体育项目的兴趣，应鼓励这两类社团中的会员增加此项消费。由于注册健身社团和社区社团组织参与的各种活动较多，用于参加比赛的费用，以及交通费用都较多，但是用于场馆租借方面的费用并没有提高。

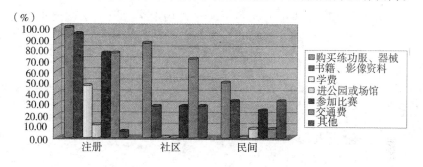

图 6—5　传统体育社团会员个人消费情况对比

二　场地设施资源情况

除了经费资源之外，场地设施是体育社团进行锻炼活动所必需的重要资源。据本研究调查，场地设施不足是困扰当前烟台市传统体育社团发展的重要问题之一。对比分析烟台市三类传统体育社团，政府注册的社团场地利用种类广泛，既有室外场地也有室内场地，利用室外广场进行锻炼的社团占到 88.24%；有机会利用综合文体活动室的社团占到 11.76%。与之相比，社区的传统体育社团利用的场地设施种类更加广泛，利用综合文体活动室的社团占到 42.86%，这为社团成员在冬季及雨雪等天气的锻炼提供了保障，而且社区内的社团提供的锻炼设施较其他两类社团更加完善。而民间的传统体育社团多数在室外活动锻炼，基本没有室内场地可以利用。正如"社团之家"负责人安立盛所说：

　　"一个片 13 个活动点，人气扩大了，需要服务的事也随着多了起来，活动场地经常出现问题，不论是好天坏天还是晚上，只要出现问题我都立马赶到现场帮助解决，小黄山开始没有场地，在半山坡上开了块平地，我也帮忙修建，就这块荒地今年上半年被大洋公司和移动通信公司看好，要在场地上建个信号塔，我知道后立即赶到现场，与他们据理力争，尽管土地是大洋公司的，最后他们还是让步了，保住了这块锻炼场地。冰轮点利用马路电杆灯光照明，因是背影，我找路灯处特地为他们安装一只朝他们活动方向的灯具。大世界健身操场地有 200 人，场地四个角灯不亮，我用车拉着路灯处的人员到现场安上新灯，解决了问题。幸福一个场地有洗脚房门头，坚决不让中老人锻炼，我把电视台请去为其曝光，也解决了问题。冰轮活动点是我和鲍老师新建立的晚间锻炼点，场地每天车辆很多，根本无法活动，我为其拉上绳子不让车进场地，每天下午就要提前拉上绳，一拉就是几个年头，后来我晚上不能坚持活动，但每天我还是下午去给他们拉上绳，保证晚上正常活动。尽管我跑了不少腿，费了不少嘴，出了不少力，上了不少火，但看到老年朋友都能愉快地参与健身活动，我觉得值！"

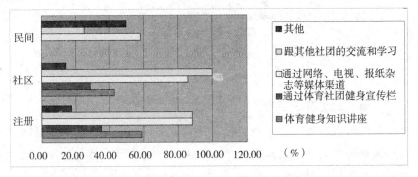

图 6—6　传统体育社团与社会沟通方式情况对比

　　显然，"社团之家"在争取自己的场地设施方面做了很多的努力，与通信公司争场地，与洗脚房争场地，利用媒体，自己带设备，这才保障了社团的活动场地和必要设施。可见，不管是什么类型的社团，并没有现成的场地和设施保证。注册健身社团尚且如此，社区和草根体育社团在争取场地和设施资源方面就更困难了。这也是除经费之外，制约传统体育社团发展的另一个重要因素。场地设施缺乏限制了社团成员的活动，健身效果会大打折扣，尤其是对于相对分散的民间传统体育社团，一些老人在锻炼中会遇到诸如冬季寒冷无法在室外锻炼等困难，在老龄化问题日益突出的今天这一问题亟须解决。

三　社会关系资源情况

（一）社团的社会交流方面

任何社团的运行都不是封闭的，而是需要广泛地与外部展开充分交流，从而获取自身所需的发展资源。这些外部交流的方式包括与其他社团互动合作、社会媒体的报道、通过健身宣传栏，以及组织体育健身知识讲座等。

统计数据显示，注册健身社团和社区体育社团，与其他社团的交流、合作更充分，获得和发布信息的渠道广泛，每个社团获取和发布体育信息相对及时，能积极参与烟台市甚至省内乃至全国的比赛活动。较突出的一项渠道是通过体育健身知识讲座，所覆盖社团接近60%，对于科学、规范建设社团有重要作用。社区的传统体育社团获取信息的渠道也很广泛，但在覆盖的社团范围上不如政府注册的社团，但100%的社团通过与其他社团的交流和学习中获得体育信息，这是其他两类社团需要借鉴的方面。而草根体育社团获取体育信息的渠道闭塞，多数通过网络、电视、报纸、杂志等渠道，没有社团通过体育健身知识讲座或社团健身宣传栏等渠道获得和发布体育信息，这对于社团的长久发展是极为不利的。

与社会交流的程度直接决定了这个社团的社会福利功能的发挥程度。由于三类传统体育社团的社会交流程度存在不同，它们在运行中发挥的功能也各具差异。注册健身社团发挥的功能较全面，而且各个社团在实际运行中都能切实做好诸如举办、承办或协办体育竞赛活动及宣传和推动全民健身运动等。与之相比，社区中的传统体育社团在对社团的整体指导和管理方面存在欠缺，能发挥这一功能的社团仅占调查社团的40%，这对于部分社团的科学、健康发展将构成限制。这类社团存在不足的同时也有独特的优势，100%的体育社团都能发挥宣传和推动全民健身的功能，这是其他两类社团所不及和应该借鉴的地方。相比之下，草根体育社团组织所发挥的功能是非常有限的，只有不到20%的社团能够发挥诸如与各体育组织沟通和交流，开展各类咨询和培训等功能。作为一个体育类的社团，只有不到60％的社团发挥宣传和推动全民健身这一功能，为更好地促进全民健身运动的发展，这一现状亟须改变。

（二）社团与政府的关系方面

当前烟台市三类传统体育社团虽都属于体育类社团，并且在带动和促进全民健身运动的方面都在起着积极作用，但由于性质的不同，与政府的关系方面存在很大差异。政府注册的社团能够得到较全面的政府帮助，但据调查这一帮助范围覆盖并不完善，如在得到政府或社区提供的资金帮助方面，只有30％的社团享受这一待遇，说明政府相关部门的工作中存在漏洞。与之相比，社区体育社团以社区环境为依托，虽然在得到政府或社区提供的政策方面不及政府注册的社团，但100％的社团能够享受到政府或社区提供的场地，这是其他两类社团所不及的方面。而对于草根传统体育社团来说，与政府接触的机会几乎没有，只有10％左右的社团能够利用社区提供的场地，而且一般也不是专门为他们提供的。据本研究的走访调查，当前草根体育社团是烟台市体育类社团的重要构成部分，但政府对于它们的帮助和管理是非常欠缺的。注册健身社团和社区体育社团能够获得政府或者社区提供的一定数量的政策、设施、场地和资金的支持，也能得到部分企业和个人的资助，但是对于草根体育社团来说，这些资源几乎是完全缺失的，而这些资源绝大多数与政府有关。所以，要想提高草根体育社团的福利功能，政府在各个方面的支持是不可或缺的。

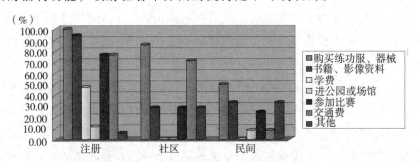

图6—7　传统体育社团对政府职能的认可情况对比

四　人员配置情况

随着社会发展和经济提升，社会福利社会化不断地普及发展，人们对健康生活的理念和群众体育的发展水平都在不断深化发展。自从《全民健身计划纲要》实施以来，全国各级各类健身指导站、体育活动点、体育辅导站、体育活动室等不同类型的体育社团在全国各级城市不断涌现，在城市公园、街道、社区等随处可见。在 2006 年和 2010 年两次全国性调查中，健身者自发组织和自主管理的体育社会团体占 61%，2010 年全国健身站点达到 25 万多个。[①] 社会体育指导员是这些社团工作的核心和指导者，其任务不仅是引导群众进行体育健身锻炼，还牵动着一个国家全民健身事业发展的命脉。

目前，人们已经意识到健康的作用和含义，明白了运动与健康之关系，在思想上已经具备了健身的愿望和动机，全民健身事业的蓬勃发展无异于一剂催化剂，对人们健身观念和体育健身硬件设施的完善起着大力的激励和推动作用。在这种背景下，社会体育指导员作为群众体育开展的领航者，已不仅仅只是一种存在，而已经成了一种社会需求。

当前，烟台市体育局对群众体育发展的支持力度逐年增加，其中培训社会体育指导员就是一项重要内容。据本研究调查，在三类传统体育社团中，注册健身社团都有 1—2 名社会体育指导员，他们担负着社团的体育训练指导工作；社区体育社团中 100% 的社团有社会体育指导员，他们在推动社区内体育活动丰富发展和增进社区群众身心健康方面发挥着积极的作用；在所调查的草根体育社团中没有一个配有社会体育指导员，这些社团一般由某个拳师或有其他传统体育特长的人发起，而这些人在社团运转中担任了社会体育指导员的角色，但与其他两类社团相比，民间体育社团的指导人员得不到相关技术和知识的培训，在实际的指导过程中存在很多不足。

除了社会体育指导员的配置，医务人员的配置情况也存在较大的差距。调查显示，在烟台市三类传统体育社团中，医务人员配备情况不容乐观。在调研的社团中，政府注册社团中有医务人员配备的占 11.76%，没

---

① 国家体育总局：《社会体育指导员管理办法（2011 年）》。

有医务人员的社团比例多达 88.24%。而街道（社区）的社团和民间的社团没有医务人员配备。因为是体育类社团，没有医务人员的配备，社团成员在社团活动中的健康得不到保障。另据数据统计，部分政府注册的社团中虽然没有专门医务人员，但每年设有社团成员体质健康监测，对社团成员的健康状况进行全面的诊断。而街道（社区）和民间社团在这方面的工作也是欠缺的。对于这些情况，相关部门需采取措施加以改善。比如，合理配置现有医务人员（可在其他社团兼职），培训专门医务人员等。

第三节　传统体育社团的功能限制——原因与对策

由于传统体育社团发展在管理水平和资源配置上的不均衡，造成其功能发挥受到不同程度的限制，特别是对于草根传统体育社团来说，其福利功能的发挥受到了较大限制，针对这个情况，必须采取一些对策，激发出传统体育社团的潜力。

一　三类社团现存问题对比分析

总体来看，三类传统体育社团存在管理水平和资源配置方面的明显差异，注册健身社团在机构设置、社团规章、人员配置、经费运转、场地设施和社会关系等方面具有较大的优势，而社区体育社团在社团的宣传方面有一定优势，民间体育社团则在各个方面都处于较为落后的局面，如表6—2所示。

表6—2　　　　传统体育社团的管理水平和资源配置情况表

体育社团类型	管理水平情况			资源配置情况			
	机构设置	社团宣传	社团章程	人员配置	经费运转	场地设施	社会关系
注册健身社团	较规范	较充分	较完善	社会体育指导员、医务人员	拨款自筹	室外室内	政府机构支持
社区体育社团	较规范	较充分	较完善	社会体育指导员	拨款自筹	室外室内	社区支持
民间体育社团	不规范	不充分	不完善	无	自筹	室外	缺少支持

可见，三类传统体育社团都或多或少地存在一些问题和不足。虽然注册健身社团的情况较好，但这种优势也只是相对的。根据调查，烟台市三类传统体育社团中，政府注册的社团虽然得到了政府及相关部门的支持，每年都举办活动次数也较多，然而在运行的过程中存在的问题依然不少。

本研究调查了各类体育社团的负责人，了解他们对于本社团存在问题的认知情况。结果发现，受到政策支持较多的注册健身社团的负责人，绝大多数人认为存在政策不健全（46%）、设施不完善（69%）、资金短缺（88%）和活动场地缺乏（76%）的问题，这一情况是三类体育社团中最高的。此外，有35%左右的注册社团负责人认为社团存在宣传能力不够、自主能力不足的问题，也是三类社团中最高的。

社区体育社团方面，有55%左右的负责人认为，社团面临的主要问题是资金短缺和活动场地缺乏的问题。

相比之下，民间社团的负责人反倒认为自己社团中存在问题较少。有大约30%的负责人认为社团存在资金短缺和活动场地缺乏。民间体育社团的负责人之所以没有指出社团面临的困难和问题，显然并非是社团的处境较佳，也许实际情况是，这类社团与政府等外部环境接触少，活动范围小，活动形式少，社团成员以娱乐健身的居多，所以也就不存在诸如政策不健全、自主能力不足等情况。

由此可见，社团存在的问题，一方面是客观存在的；另一方面则是凭主观感受。客观状况较佳的社团，主观上未必能感受到。反之，客观状况较差的社团，主观上也未必能感受到。政府及相关部门应全力解决当前三类社团中存在的资金不足和场地缺乏的难题，同时，也应主动走访分散在民间的社团组织，帮助它们发现问题，解决困难，为更好地发挥它们促进全民健身的功能，提供力所能及的帮助和支持。

二　提高社团福利功能的对策

（一）保障思路：双重管理

所谓传统体育社团的双重管理，是指以政府主管部门为主导，吸引非政府部门积极参与的基本模式。由于传统体育社团涉及的领域极为广泛，政府主导的社团是由各个政府主管部门实施行政管理，如体育局、民政局、老年协会、文化局等；社区主导的社团则有办事处、居委会、社区、

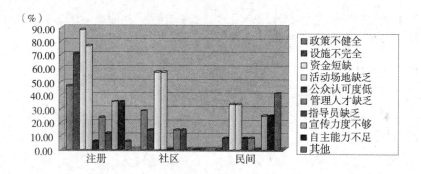

图6—8　传统体育社团对社团现存问题的认识情况对比

大型企业、工厂等进行管理；民间体育社团很少有固定的部门来进行管理，一般属于发起人的个人行为管理。同时，传统体育社团作为一类组织，其组织的成立、变更、终止，相关政策法规制定，业务指导与检查监督等事项，应由专门部门统一管理、综合协调。目前，反观其他组织单位、企业等也都实行类似的管理体制。双重管理有利于政府对体育社团的监督管理与培育发展。传统体育社团目前是多重管理，"都在管，都不在管"，以至于才有本研究的自发的民间传统体育社团的出现。本着降低成本、提高效率、简政放权的原则，对双重管理的内容应进行部分调整。调整的思路是加强宏观调控，弱化微观控制；加强培育服务，简化管理手续；强化管理部门职能，调整业务主管单位职能。具体思路如下：

首先，各级业务主管部门不应过多干涉传统体育社团的发展，应为其尽可能多地多亮"绿灯"。根据《社会团体登记管理条例》第七条规定："成立全国性的社会团体，向民政部门申请登记。成立地方性的社会团体，向其办事机构所在地相应的民政部门申请登记。成立跨行政区域的社会团体，向所跨行政区域的共同上一级民政部门申请登记。"① 第八条规定："有关业务主管部门和登记管理机关应当对核准登记的社会团体进行日程管理。"② 我们知道，传统体育社团是以健身和丰富生活为根本目的的群众性体育组织，是联系广大健身爱好者、全民健身工作者的纽带和桥

---

① 参见民政部《关于〈社会团体登记管理条例〉有关问题的通知》（民社发〔1989〕59号）。

② 同上。

梁，应该是隶属体育行政部门领导、协调、监督。不管是政府注册的、社区主导的，还是自发的，都应该属于这种性质。而根据我国的《社会团体登记管理条例》规定，传统体育社团成立必须向民政部门"申请登记"，应隶属民政部门对其进行"日常管理"。这种管理模式就导致了传统体育社团缺乏引导和管理，缺乏应有的保障管理机制，很多自发的民间传统体育社团想向政府登记注册，但不知是去民政部门、体育部门，还是去老年体协等。在这种模式下，政府有全民健身活动，需要联系和发动各社团积极参与的时候也是极难协调。

其次，应降低门槛、简化手续，取消登记前业务主管部门的登记审查。传统体育社团属于公益性事业，公益性事业是高尚的事业，而参与社会的公益性事业是每个公民的基本权利和基本义务，因此，传统体育社团的管理体制应有利于公民权利和义务的行使与实现。而反观我国社团申请成立的程序，登记—核准—审批三步骤后，还要对社团的成员情况、思想政治工作、党的建设、人事管理、部门设置、政策研讨、对外交往、财务管理……进行审查。而在实际工作中，公民参与传统体育社团的根本目的就是强身健体、娱悦身心，社团只是一个桥梁，把他们都连接起来，社团在运行中根本不需要这些烦琐的管理程序，在调研和访谈中我们也发现，民间自发成立的社团不愿意向社区办事处申请注册，更不愿意向政府部门登记注册，主要原因就是程序复杂、烦琐，"懒得去做这些事，没有什么意义"，再加上政府在经费方面扶持的力度又不够，缺少经费的吸引力，一些民间社团更懒得去注册。

最后，转变管理方式，强化协调，分清职责。登记管理机关与业务主管单位尽管各有分工，但在实际操作中，许多工作重叠交叉，很难界定清楚，导致政府职能部门出现重复管理，双重管理的本意是"简化管理"，社团注册后，在工作开展中，只出现一个职能部门，对社团的工作开展就会极其方便。因此，应尽可能将职责分工划分清楚，简政放权，提高行政效率。由于社团的业务主管部门众多，仅仅做到"谁的孩子谁领走，谁的孩子谁管理"是远远不够的，必须有一个核心部门统筹管理，综合协调。具体来讲，登记管理机关与业务主管单位不能分开，应集中在一起，才能形成合力，方便协调工作。

（二）管理策略：包容性发展

传统体育社团的管理不仅涉及城市管理和城市社区的治理，也涉及社会建设和发展的多元融合。针对当前存在的三种传统体育社团类型，政府不仅要大力扶持和发展政府主导的社团，也要支持社区指导的社团，更要关注和包容民间自发成立的传统体育社团。特别是针对社区主导的社团和民间自发成立的社团的管理策略，不应受到传统封闭性社会体制的制约，在社团治理和社团建设中应引进包容性社会政策理念，促进社团的开放性和多元性的融合，这也是社会福利社会化的大势所趋。健康福利的形成在社会的空间环境中有不同的方式，传统体育社团在其中发挥着相当不同的作用，在体育社团力量强大，类型丰富，形式多样，行动能力强的社会中，势必会对社会健康福利体系的形成起到明显的推动作用和促进作用。在1993年中共十四届三中全会通过的《中共中央关于建立社会主义市场经济体质若干问题的决定》第二条中提出："建立多层次的社会保障制度，为城乡居民提供我国国情相适应的社会保障，促进经济发展和社会稳定。"由此看来，在20多年前，国家福利只能保障社会公民的基本生活，而对于社会公民多方面、多层次的需求和需要是很难保障的，但是，当时政府就已经提出了建立各种非制度化的保障措施，为我国公民提供"国情相适应的社会保障"。随着中国社会保障体系的逐步完善和健全，中国迈入"大福利"社会，对于当前存在的三种不同类型的传统体育社团建设发展也应采用包容性发展的保障管理策略，包容性发展的核心价值在于倡导社团成员权利均等化、增进社团自治权、社会福利分配权、社团文化的包容性，通过包容性传统体育社团的动员作用，可为落实社团成员权利平等的宪政价值提供文化基础，在包容性发展的基础上实现社会和传统体育社团的联动。

对于发展不均衡和社会发展分化严重的三种不同类型的传统体育社团，包容性的核心价值所表达的促进社会公正，保障社团成员权利均等，消除社会基础之间的裂隙与隔阂，使自发的民间体育社团和社区自治的体育社团回归社团发展主流无疑具有明显的针对性和强大的吸引力。包容性发展的核心，其基础就是现代国家"大福利"的责任，既要彰显国家"大福利"的公共性和公平性，同时也要彰显社会福利的现代性，在追求平等的基本人权、排斥社会特权等方面达成共识。在中国建设包容性传统体育社团发展仅有宏大的福利政策是远远不够的，如何在国家和社团之间的互动过程中形成良好的社会基础，达成共识，才是发展的根本。

鉴于此，在这种模式和动力下，通过传统体育社团提供社会福利，社团就会开始成为推动社会发展的重要行为主体，也就会被赋予帮助公民实现社会权利的责任。把传统体育社团纳入建设包容性社会的范畴，通过社团建设来促进社会包容，应当成为社会包容性发展战略的基础环节。

第四节 论民族传统体育公共服务体系的建构

民族传统体育是中华传统文化的重要组成部分，有着浓厚的文化积淀和鲜明的个性特征，深受广大人民群众的喜爱。从当前全国多元化全民健身公共服务体系的发展来看，构建结构完善、功能完备、运转顺畅，以及亲民、便民、利民的社会化服务体系，是民族传统体育为民服务的保障。本研究通过对民族传统体育公共服务体系构建的必要性、战略环境的可行性分析入手，提出构建山东省健身气功服务体系的战略构想：以"科学发展观"和构建"社会主义和谐社会"为统领思想，完善政策法规体系，夯实制度基础；消除体制障碍，落实"全民健身工程"，以创新的姿态构建新型、和谐的管理组织体系；推进展示、交流、竞赛活动，壮大人才队伍体系建设等。

1995年《全民健身计划纲要》提出，"到2010年在我国建成较为完善的全民健身服务体系"。2002年中共中央8号文件强调："要逐步改善群众性体育运动条件，为广大人民群众提供必要的体育设施和体育服务；坚持体育服务的多元化，保障广大人民群众享有基本的体育服务。"2012年国务院再次颁发了《国务院关于印发国家基本公共服务体系"十二五"规划的通知》（以下简称《通知》），《通知》要求："……建立健全基本公共服务体系，促进基本公共服务均等化……着力增强服务供给能力，着力创新体制机制，不断深化收入分配制度改革，加快建立健全符合国情、比较完整、覆盖城乡、可持续的基本公共服务体系……"与此同时，2012年12月26日，国家体育总局局长刘鹏在全国体育局长会议上全面总结了我国全面建设服务体系的现状：全民健身公共服务体系逐步建立和完善，体育设施遍布城乡，全国各类体育场地已超过100万个，建成

"农民体育健身工程" 34.8 万个、"全民健身路径" 26.1 万条。雪炭工程、全民健身活动中心、体育公园、体育健身广场、全民健身户外营地、社区运动场、健身步道等遍布全国。全民健身组织化水平不断提高,各级各类体育社团、体育指导站、全民健身活动站点、城市街道和农村乡镇体育组织、青少年体育俱乐部等逐年增多并日益活跃。社会体育指导员、全民健身志愿服务队伍不断壮大。全民健身活动广泛开展,全国经常参加体育锻炼的人数比例达到 28.2%。可见,多元化的全民健身服务体系已经成熟。

中国民族传统体育是中国体育文化的重要组成部分,是由历史上中国各民族共同创造,并经历了长期的生产、生活实践,不断融合产生,以技击、保健养生、娱乐表演为基本表现形式,汲取了中华民族传统文化之精髓,以崇尚人的内在气质、品格与精神修养为价值取向的一种竞技体育活动。[①] 近年来,随着我国多元化全民健身服务体系的快速发展,民族传统体育在全国的传承、普及与推广也取得了长足进步。但是,在民族传统体育深入发展的同时,相对全国多元化全民健身服务体系,民族传统体育公共服务体系建设滞后的问题也越来越显现、突出。而理论界对民族传统体育公共服务体系建设的研究,也非常薄弱。因而,结合全民健身公共服务建设的理念和我国民族传统体育发展的现实需求,探讨我国民族传统体育公共服务体系建设的问题与方向,应是当前一项紧迫任务。

一 "民族传统体育公共服务体系"的内涵

(一) 体育公共服务

2010 年时任总理温家宝"两会"上提出了"大力发展公共体育事业"新要求,这也是政府工作报告中第一次提出"公共体育事业"概念,展示了发展体育公共服务的宽广的新领域。体育公共服务这一概念出现的时间并不长,该概念现在也没有形成统一和权威性的界定。[②]

从现有专家和学者对该概念的界定和解释来看,主要集中在两个方

---

① 尹海立等:《民族传统体育的困境与出路》,人民体育出版社 2012 年版,第 12 页。

② 肖林鹏等:《我国体育公共服务体系概念开发及其结构探讨》,《天津体育学院学报》2007 年第 6 期。

面，一方面是从体育公共服务供给的主客体关系，即体育公共服务应当由谁提供、向谁提供。由公共服务型政府建设理论可知，政府和体育行政部门在体育公共服务供给中一直占主导地位，而享有体育公共服务权利且具有体育公共服务需求的社会公民均是体育公共服务的对象。同时，随着人们对体育公共服务认识的不断加深，也逐渐意识到准政府组织、非政府组织、企业甚至个人也都可以成为体育公共服务的供给主体。①另一方面是从体育公共服务的供给目标和内容来看，由于供给是以需求为导向，体育公共服务所提供的内容包括有形产品和无形服务，因此体育公共服务的供给目标即是满足人们对公共体育产品和服务的需求。体育公共服务的供给主客体与供给的目标、内容构成了体育公共服务概念的核心内容，通过对它们的探究有助于把握体育公共服务概念。② 由此可见，公共性、公益性是体育公共服务的根本属性，贯穿于体育公共服务体系的全过程。由此及彼，公民的体育权利是体育公共服务体系的理论基点和终极目标，体育公共服务体系则是公民体育权利的实现方式和有效保障。在剖析体育公共服务时一定要以公共性作为基础，而在体育公共服务的实践中也一定要以公共性作为指导。

（二）民族传统体育公共服务

定义是通过一个概念明确另一个概念内涵的逻辑方法。在"服务"的概念与认识平台上开始研究民族传统体育公共服务体系，从逻辑上看才具有严密性和连贯性。相对于本课题的研究，从山东全民健身角度的基本属性和实用价值出发，本研究将服务定位为：服务是一个在不同活动过程中形成相互交织起来的网络，它具有该网络的完整性、目的性、层次性、结构性以及关联性，同时还具有鲜明的时代性。③

到目前为止，在理论上民族传统体育公共服务的概念还没有表述。但是，加强民族传统体育的公共服务职能，是党和国家在新的历史条件下赋予各级体育部门的一项重要任务。根据本研究的需要，结合民族传统体育的特性及功能以及服务的特性，本研究将民族传统体育公共服务定义为：

① 郇昌店、肖林鹏：《我国体育公共服务发展述评》，《体育学刊》2009 年第 6 期。
② 王巍、牛美丽：《公民参与》，中国人民大学出版社 2009 年版，第 13—14 页。
③ 舒新成：《辞海》，上海辞书出版社 1989 年版。

所谓民族传统体育公共服务，是指为满足不同个体或群体的民族传统体育健身养生需要，供方向其提供有关民族传统体育的组织、指导、信息、活动等内容和设施条件，并与需方接触的待定时间、地点、活动内容及其条件与相互关系形成统一。

（三）民族传统体育公共服务体系

我国民族传统体育公共服务体系是在当前或未来的社会主义市场经济条件下，建立在现有全民健身体系和国家公共服务体系基本框架基础之上，为社会各个层次的所有从事民族传统体育工作或运动健身者提供民族传统体育健身环境和条件，满足人们的各种民族传统体育需求，提高人们的生活质量，从而使我国国民体质与健康水平得到普遍提高并进而弘扬民族传统文化的亲民、便民、利民的公益性社会服务系统。构建起的民族传统体育公共服务体系其最大特点应是：要求社会各个民族的人民群众广泛参与民族传统体育健身活动，使人们获得生理、心理和社会适应能力的健康发展，从而形成稳定、和谐、文明的社会氛围。

综上所述，民族传统体育公共服务体系应是以开展中华民族传统体育运动、提供民族传统体育运动服务为主要目的，使人民群众享有基本的民族传统体育锻炼的权利和服务，它应具备结构完善、功能完备、运转顺畅，以及亲民、便民、利民的社会化服务功能。

二　民族传统体育公共服务体系建构的必要性

（一）提高人们精神文化生活品质的需要

目前，我国正处在从"总体小康"向"全面小康"发展的进程中，经济的发展和收入水平的稳步提升，必然会促进人们的物质生活水平和质量的提高，使人们不仅在物质生活方面得到改善，更重要的是在精神文化生活方面也有所提高。此外，我国也早已对城市居民和农村进行了医疗制度和养老制度改革，为减少个人医疗费用的支出，"与其花钱买药，不如花钱健身"的消费观念悄然兴起，同时，居民各种时尚消费和休闲消费纷至沓来，又带动健身养生消费的快速发展。众所周知，民族传统体育项目是中华民族所特有的传统体育运动项目和优秀文化遗产，有着深厚的文化内涵。数千年来我国人民以它来强健体魄，陶冶性情，丰富生活，培育精神，扬我国威。在长期的历史发展过程中，民族传统体育融汇了丰富的中国传统哲学、伦理学、中医学、美学、养生学等多种文化思想和观念，形成了自己独特而精深的养生、健身理法，成为我国最具有群众基础的民族传统健身项目之一。[①]因此，构建和完善便民、亲民、利民的民族传统体育公共服务体系，是人们更好更多地参与全民健身需要，是丰富群众精神文化生活、提高人民生活品质、促进和谐社会健康发展的需要。

（二）促进国民体质健康的需要

有研究表明，我国国民体质总体水平相对 2000 年略有提高，但隐患犹存：幼儿身高略有增长但呈肥胖趋势；肺活量、速度、爆发力、力量耐力和耐力素质等方面呈下降趋势；成人三围增大，脂肪堆积严重等。虽然导致这种体质状况的原因是多方面的，但这显然与人们参与体育健身意识和健康养生意识不强有关。基于此，探讨如何构建民族传统体育公共服务体系，可更好、更协调地利用民族传统体育运动推动全民健身运动的开展、提高人民的健康素质和生活质量、促进国民体质健康的提高。

（三）建设小康社会的需要

党的十六大报告指出，"当今世界，文化与经济和政治相互交融，在综合国力竞争中的地位和作用越来越突出。文化的力量，深深熔铸在民族的生命力、创造力和凝聚力之中。全党同志要深刻认识文化建设的战略意义，推动社会主义文化的发展繁荣"[②]。构建民族传统体育公共服务体系应属文化大发展大繁荣的范畴，是社会主义精神文明的重要组成部分，无论是形式多样、内容丰富的中华民族传统体育还是西方现代体育，都有着丰厚的文化内涵。马克思曾说，"在不同的占有形式上，在社会生存条件上，耸立着由各种不同的、表现独特的情感、幻想、思想方式和人生观构成的整个上层建筑"。健康文明的民族传统体育活动不仅有利于增强人的体魄，而且有利于建立健康科学的生活方式、提高生活质量，有利于创造文明进步、友好和谐的社会环境，有利于增强国家和民族的向心力和凝聚力，使广大人民群众在全面建设小康社会征途中，始终保持奋发有为、昂扬向上的斗志，为推动经济发展和社会进步提供强大的动力。"生活奔小

---

① 白晋湘：《从全能政府到有限政府——市场经济条件下政府体育职能转变的思考》，《体育科学》2006 年第 5 期。

② 缪建东：《生活体育——社区教育新视角》，《体育与科学》2011 年第 3 期。

康，身体要健康"，"靠健康奔小康"等说法就通俗地说明了身体健康和建设小康社会之间的关系。通过广泛开展全民健身运动，建设小康体育，使广大人民群众有健康的身体和健康的心态，这是整个社会保持和谐健康的前提，是全面建设小康社会的目标顺利实现的基本条件。

(四) 传统体育养生时代的来临

以中国职工为例，一年中法定休息日为 114 天，中国城市居民终身的时间分配是这样的：正规学习时间为全部的 7%；工作时间仅占人生的 10%；闲暇时间竟占人生的 30% 以上。同时，脑力劳动不断增加，体力劳动不断减少，人类逐渐由运动状态的体力劳动者向安静状态的脑力劳动者转化。当今的中国，随着生产力方式和生活方式的急速转型，随着城乡居民物质生活水平的迅速提高，随着人们价值观念的深刻转变，对中国传统文化的认可，体育养生的发展速度将令我们难以预料。而民族传统体育是中华传统文化的精华，中华武术、健身气功、民族民间体育、少数民族体育等都具有广泛的群众基础，在全民健身运动中发挥着不可替代的作用。因此，伴随传统体育养生时代的来临，无论是从增强人民体质而言，还是从建设社会主义精神文明而言，构建民族传统体育公共服务体系，是一项功在当代、利在千秋的事业。

三 民族传统体育公共服务体系建构之战略环境可行性分析

(一) 政治及政策制度环境可行性

《中华人民共和国宪法》第二条就明确规定："中华人民共和国的一切权力属于人民，人民依照法律规定，通过各种途径和形式，管理国家事务，管理经济和文化事业，管理社会事务。"[①]可见，我国的基本社会制度为公民参与公共事务提供了可能。公民参与虽然是宪政秩序下民主价值的体现，是民主宪政体制下公民民主权利的重要内容，但是更需要政府在制度方面予以不断完善。全民健身事业作为政府公共服务之一，政府对公民参与公共体育政策的制定和管理是大力支持的。

我国《体育事业发展"十二五"规划》明确提出："十二五"期间要以建设体育强国为目标，以转变体育发展方式为主线，以建立完善符合

---

① 《中华人民共和国宪法》，第五届全国人大第五次会议通过，1982 年。

国情、广覆盖、合理水平、可持续发展的公共体育服务体系为重点。而对于民族传统体育,《国务院关于进一步繁荣发展少数民族文化事业的若干意见》中明确指出,"繁荣发展少数民族文化事业,是一项长期而重大的战略任务",国家应"鼓励民族文化产业多样化发展,促进文化事业与教育、体育、旅游、休闲等领域联动发展"。《体育法》《全民健身计划纲要》、《全民健身计划 2010—2015》《全民健身条例》以及 2012 年国务院颁发的《通知》和刘鹏局长讲话等相关体育法规、文件都明确提出要积极发展民族传统体育文化,在民族地区广泛开展以民族传统体育项目为主的体育健身活动。我国具有民族的丰富性和地域的差异性,也造就了我国民族传统体育文化的丰富多彩与独特价值。当然,在以后的工作中,也建议政府在实践中不断健全公民参与的民族传统体育相关制度和法律法规,规范程序和规定,为公民提供一个畅通的利益表达渠道。

(二) 社会环境可行性

世界文化是由全人类各民族文化的交汇、融合而形成的。因此,各民族人民都是人类物质与精神文化财富的创造者和享受者,即人类社会的每个群体和个体成员都应享受体育文化的合法权利。在我国,党和政府极为重视和关怀各族人民体育事业的发展,使全国各民族人民都能平等地享受到体育文化的权益。《中华人民共和国宪法》第二十一条规定:"国家发展体育事业、开展群众性的体育活动、增强人民体质。"①在各民族关系一律平等的前提下,奠定了发展民族体育事业的社会基础、社会环境以及法制基础。近年来,随着市场经济的发展壮大,各省市甚至县市都相继建设了一批文化馆、健身中心等面向社会公众的文化体育设施,并积极开展了具有地域和民族特色的各类传统文化、体育健身活动,为民族传统体育的发展创建了优良的社会环境和条件。

值得一提的是,党和政府根据民族传统体育与现代体育之间存在的差异,根据我国民族传统体育传承、发展的实际需要,创造性地组织和举办四年一届的全国民族传统体育运动会。这是人类体育文化多样性发展模式的重大创举,也是符合中国民族传统体育发展最有效的机制与形式。在运动会项目设置中,也是根据民族传统体育固有的文化特质和多样性的运动

---

① 《中华人民共和国宪法》,第五届全国人大第五次会议通过,1982 年。

特征，除设置具有现代竞技体育特征的民族体育竞赛项目，还设置大量具有丰富民族风格与地域特色的体育表演项目，使各民族都能够登台表演、荟萃一堂，彰显出中华民族传统体育繁花似锦的绚烂光彩，极大地调动了各族人民继承、发展本民族优秀体育文化的积极性。一些民族传统体育运动在改革和提高中已超出本民族地域文化的界限，被全国各民族所认同、所参与，使之成为既有浓郁民族特色又有完善竞技规则、较为科学规范的体育竞赛活动，有力地促进了我国民族传统体育向多元化、多形式、多层次的方向发展。

（三）经济环境可行性

为促进民族传统体育事业的共同繁荣，党和政府对发展民族传统地区体育事业，在人力、物力、财力等方面都予以充分支持，为民族传统体育快速健康的发展打下经济后盾。

当社会经济发展到一定的水平，体育、文化、经济等之间相互依存、相互支持、相互促进的关系就变得更加紧密而不可分割。随着我国综合国力的不断提高，国家适时地调整政策，为体育大发展创造好的经济环境。2009年7月颁布的《国务院关于进一步繁荣少数民族文化事业的若干意见》指出，"鼓励民族文化产业多样化发展，促进文化产业与教育、体育、旅游、休闲等领域联动发展"。当前，民族传统体育文化公共产品和服务的供给能力不断增强，体育公共服务体系的覆盖程度不断扩大，国家相关部门也在加大协调制定鼓励社会力量建设体育公共设施的优惠政策，加大民族传统文化市场开放力度与深度，并对开展民族传统体育活动提供积极引导、鼓励与支持。

（四）相关工作基础环境可行性

民族传统体育公共服务体系的构建不能简单重复其他体育类运动的经验，而要依照自身特点和所在区域特点走自身特色之路。尤其在资源开发方面，更要立足自身的特色优势资源，因地制宜开发当地喜闻乐见的民族传统体育健身特色产品与服务，并形成民族群众体育健身的区域优势。为此，国家体育总局对民族传统体育工作的组织领导有力，注重建章立制，不断推进规范化建设；注重管理网络和活动站点建设，逐步夯实工作基础；注重多层次培训骨干，努力加强管理干部和社会体育指导员队伍全面素质；注重抓展示推广活动，积极营造良好的健身氛围；注重与多方各界的交流互动，主动促成齐抓共管的局面。目前，在全国各地市都有了民族传统体育工作专门机构或专人管理，特别是武术和健身气功这两个项目，各省市都成立了管理中心，也培养了一批管理干部队伍、科研专家队伍、教练员队伍、裁判员队伍，以及国家级社会体育指导员和一级社会体育指导员，引导民族传统体育的快速稳妥发展，既丰富活跃了群众体育工作，也有效推动了全民健身运动的开展，为进一步构建民族传统体育公共服务体系的工作扩展了广度和深度。

四　构建民族传统体育公共服务体系的几点设想

第一，以"科学发展观"及构建"社会主义和谐社会"为统领思想，完善政策法规体系，夯实制度基础。科学发展观是我党立足历史和时代高度，统筹国内国际两个大局，借鉴人类文明积极成果，认真应对严峻挑战而提出来的重大战略思想，构建社会主义和谐社会是我国在新时期的新的历史使命。构建民族传统体育公共服务体系，首先，应该以树立科学发展观和建设社会主义和谐社会为统领思想，完善政策法规体系，进一步推进公共体育事业领域的立法工作，加快推进与基本公共体育服务相关的新法律法规的制定进程，如探索制定《公共体育事业发展条例》、《关于加快推进民族传统体育公共服务体系建设的指导意见》等专项法规。其次，清理、整合、完善现有的关于民族传统体育领域的法律法规和规章，尝试制定和进一步完善规范政府公共体育服务职责的法规，保证公共体育设施公益性的法规等。再次，将公共体育服务体系建设中的一些有益的经验、做法以制度的形式固定下来，使公共体育服务某些系统和领域有法可依，有目的地扶持民族传统体育公共服务体系的建设。最后，明确各级政府之间、政府与市场之间、政府与事业单位之间以及政府与社会之间在民族传统体育公共服务体系中的权责关系，以制度化的形式确定下来。同时，要切实做好依法行政工作，完善部门联合执法机制，坚持依法管理，强化执法力度，实施规范管理，为民族传统体育服务体系的健全发展和高水平运行提供良好的制度环境。

第二，消除体制障碍，落实"全民健身工程"，以创新的姿态构建新型、和谐的管理组织体系。目前，我国经济和社会快速发展，人们追求健康的愿望日益强烈，参与"全民健身"的热情不断高涨。按照"二级政府，三级管理，四级网络"的城市管理体制，民族传统体育要形成以国家体育总局、省体育局、地市级体育局和街道（乡镇）四级管理网络，实现一级抓一级、层层有管理的工作方法。①同时，还要合理界定政府、市场、社会在民族传统体育公共服务供给中的功能与定位，优化公共服务市场化、社会化的制度环境，形成民族传统体育公共服务的职责体系。另外，还应通过政府与社会之间的合作，利用竞争机制、价格机制、供求机制与约束机制，调动社会资源参与服务的供给过程，灵活采取授权、特许、合同外包、购买服务、志愿者服务、竞赛、展示、表演等多种模式提供民族传统体育公共服务，从而实现政府以较少的资源与较低的成本来实现提供数量更多、质量更高的服务目的。省体育局在其中要扮演重要角色，省体育局相关主管部门要对省民族传统体育协会、站点等以宏观管理为主，各地市职能部门则要调动气功爱好者的积极性，为他们提供信息咨询、组织动员等服务，逐步架起民族传统体育组织管理体系。

第三，推进展示、交流、竞赛活动，壮大人才队伍体系建设。民族传统体育要不停地开展展示、交流比赛、竞技比赛等深化竞赛表演建设活动，可以吸引更多的民众目光。深化竞赛表演路径建设，还可进一步扩展活动的商业化和产业化。一是要充分利用自然景观资源和传统节假日，开发更多的商业性民族传统体育竞技表演活动，通过在自然景观和传统节庆日举办各种单项或多项赛事活动，打造多种区域性、全国性甚至国际性赛事精品。二是要加强传统的民族运动会、农民运动会的举办力度，在举办期间，还要积极挑选竞技性和观赏性比较强的运动项目开展商业化活动，从而吸引广大民众的参与度，调动广大民众的积极性。三是要充分发挥一些中介结构的助推作用，中介结构是深化竞赛表演路径建设和扩大民众参与的桥梁，如民营资本投资体育中介、体育经纪公司、体育经纪人等，充分发挥他们在赛事推广和人才包装以及人才流动和国际化发展方面的优势和才能，促进本项目的体系化建设。

第四，加强民族传统体育与体育、文化、教育、卫生等的沟通与共享，扩展壮大自身公共服务职能。由于民族传统体育具有多元文化特征，

---

① 白晋湘：《从全能政府到有限政府——市场经济条件下政府体育职能转变的思考》，《体育科学》2006 年第 5 期。

并分属体育、文化、教育、卫生、旅游、医疗等不同主管部门，造成了其相关政策的制定与实施难以协调，也造成资源的空闲与浪费。①在发展民族传统体育公共服务体系的构建中应树立大局观与统筹视野，这就要求民族传统体育公共服务体系建设要与人的发展结合，与社会的发展结合，打破部门的界限、行业的壁垒、区域的封锁，融政治功能、文化功能和经济功能于体育之中。从而做到整合公共文化服务资源，促进公共文化资源的共建共享。在宏观统筹中，可以以国家在民族地区的实施公共文化服务体系示范区建设为抓手和契机，以地方政府为主导，突破体制障碍，加大跨部门、跨领域、跨系统的民族传统体育文化项目的共建共享力度，加强基层民族传统体育资源的整合。

　　部门的协作机制中可以从两方面进行运行：首先是充分发挥各级协会、工会、社会团体和社会各界开展民族传统体育运动的积极性，在政府的统一规划统筹下，加强各级体育部门与社会各有关部门和组织的合作，扎实有效地开展群体健身活动。其次是建立民族传统体育资源共享的机制。如，体育、文化与教育部门可以拿出来的文化活动资源很多，文体人才、文化活动场地、交流平台、活动器材和各种相关的技术设备都可作为为共享的资源。②这种机制一旦建立，通过多方协作，体育部门可以将文化、教育部门的文化活动资源纳入民族体育健身资源，教育部门可以将民族传统体育文化资源当成素质教育的资源；文化部门可以将学校的人力和其他资源转化为公共文化事业的资源，从而摆脱资源不足对各自事业的束缚。从而真正做到民族传统体育公共服务体系容纳教育、体育、旅游、休闲、健身养生等领域，做到联动发展。

---

①　高尚全：《完善公共服务体系加快服务型政府建设》，《中国改革》2007 年第 12 期。

②　缪建东：《生活体育——社区教育新视角》，《体育与科学》2011 年第 3 期。

第七章　结　论

　　长期以来，关于传统体育社团社会功能的相关研究主要集中在的两个议题上，一个议题是传统体育的社会功能是什么？另一个议题是体育社团的社会功能是什么？实际上，这是两个完全不同的问题，前者关注的是一种社会活动自身，如活动的内容、项目、组织及其成效等；后者关注的则是社会活动的组织形式——培育、发展、结构、运行等。而关于这两个问题的综合回答就是本研究所关注的问题：传统体育社团的社会功能是什么，这种社会功能是如何发挥的？传统体育社团在内容上开展的传统体育活动，在形式上采取的是社团生活，正如本书的开头所指出的，上述两个问题都存在一些争议，有些问题悬而未决，而本研究所得出的结论则能在很大程度上试图回答这些问题。

一　关于传统体育社会功能研究方面的问题

　　总体而言，中国传统体育包含传统武术、养生气功、民俗体育和少数民族体育四种基本形式。目前国内关于传统体育的功能研究有两个明显特点：一是较多关注各少数民族的独特传统体育形式所具有的文化意义。认为推动少数民族传统体育活动，对提高国民素质，增强民族体质，加速经济发展，加强民族团结，增强民族自信心、自豪感等方面具有重要的现实意义，而对当前普遍流行的民俗体育、武术健身和气功养生等传统体育类健身活动的社会功能却不够重视。二是已有的研究往往只注意到传统体育的那些显在的功能，如增强群众体质，丰富文化生活。这些研究大都认为传统体育健身活动对于社会具有积极意义，包括健身、娱乐、教育、竞赛、人文和经济价值等，但对其潜在的社会影响关注较少。例如，有人指出了传统武术在文化传承和弘扬，知识传播，健身养生，表演审美，促进旅游和武术经济等方面的功能。但也有人指出，少林寺这样属于家族式宗法制度的寺院，设立子孙堂，具有很强的封闭性。这种宗族性和封闭性对于与现代社会的自由、平等、开放等观念不相容。而且，还有人认为，传统武术的练习常常与各种宗族利益和私人恩怨纠缠在一起，不利于公民社会的发展。实际上，传播的内向性、封闭性、私人性和对宗族观念的推崇，几乎是所有传统武术项目所面临的问题。那么，传统武术的这些承自传统的特征会不会为现代社会生活带来不利影响？就像明清以来很多封闭性的秘密组织都与某种传统武术项目联系在一起。再比如，气功对社会功能的影响历来争议比较大。针对气功的健康功能就分成了挺气功派和反气功派。在20世纪八九十年代的气功热时期，多数人认为气功是健身养生的有效方式，值得学习和推广；但从90年代中后期开始，人们发现气功练习对人的健康带来不少负面的影响。另外，社会上气功门派林立，真伪难辨，一些保健品商以气功名义坑害消费者，这都给人造成了对气功比较混乱的印象。更严重的情况，如邪教组织也会打着气功修炼的幌子发展势力、危害社会，王林等人以气功修炼为名坑蒙拐骗，种种现象使气功的声誉一落千丈。在民俗体育方面，民俗体育具有鲜明的地方文化特色，常常兼具娱乐和健身功能。但是，很多传统民俗体育也带有"客观唯心主义"的神秘性。一些传统民俗体育也是伴随着古人拜祭上天、鬼魂、神仙迷信等活动发展而来的。例如角抵和百戏都是头戴面具、与猛兽和鬼魂崇拜有关。这些民俗所蕴含的巫术因素是否会对现代生活产生影响？当然，传统民俗体育在今天得到了新的发展，也获得了新的形式，很多新的民俗体育代替了传统的民俗体育。这就需要我们研究和考察传统民俗体育与新民俗体育之间的功能差别，以及何以产生这种差异，这也有助于揭示民族传统体育的历史发展规律。

国外相关研究主要关注中国传统体育对练习者生理和心理方面的调节作用。由于历史原因，海外华人群体将传统体育项目带到国外，影响了当地社会；同时，对外开放以来，传统体育项目作为中华文化的重要构成部分受到西方人的青睐，特别是传统武术和气功练习备受他们喜爱，一时间传统体育几乎成了西方人眼中中国文化形象的代名词。所以，各种中国武术和气功练习活动在西方国家并不少见。对这一现象西方学术界也给予了一定的关注，历年来相关研究主要关注在中国武术和气功对人体健康的作用，大都证实了武术对人体生理和心理调节有积极的影响。当然，也有少数研究并未发现中国传统武术对人的生理和心理健康有直接作用。这些研究说明，在国外中国传统武术往往被理解为一种纯粹的健身活动，作为一种体育练习，武术多数情况下有助于增强体质，进而也会增强练习者的信心，有利于社会生活。但没有研究发现中国功夫与该国主流文化之间产生冲突和对抗。原因可能是，中国传统体育的"精髓"在于其文化内涵，这些文化内涵对于国外的练习者和研究者而言可能很难领会到，也就很难产生文化意义上的潜功能。

所以，综上观之，传统体育中含有一些隐性的、不易被察觉的社会功能，而且不同传统体育项目之间也可能存在功能差异。但以往研究并没有关注到传统体育的文化属性与传统主义意识形态之间的关联性，从而忽略了传统体育的文化意义与现代社会的主流文明之间发生冲突的可能性和现实性。实际上，传统体育项目并非一种纯粹的形体健身运动，而是生长于传统农业经济基础和宗法社会基础之上，既蕴含着中国社会独特的哲学理念和文化价值观念，又与一些宗教意识密不可分。比如传统武术和气功与儒、释、道紧密关联，这使传统体育带有浓厚的宗教和哲学色彩。传统体育与传统文化之间的天然联系，使它在形成民族共同心理特征和人的社会化方面发挥着"潜移默化"的作用，并可能进一步对经济、政治、社会和文化方面产生间接影响，这就是其社会潜功能。回答传统体育健身活动在经济、政治、社会和文化方面的功能是什么？是"正功能"还是"反功能"？有些功能又是如何"潜在"地发生作用？以及对这些功能如何进行优化和拓展？这些问题都值得学术界进行深入探讨。

二　关于体育社团社会功能研究方面的问题

从以往的研究来看，都基本上肯定了其正面的社会功能。作为众多社会组织中的一种，被官方界定为社会治理的主体之一。党的十八大报告将"社会协同治理"作为我国社会治理总体格局中的重要组成部分。十八届三中全会提出"激发社会组织活力"是推进国家治理体系和治理能力现代化，实现全面深化改革总体目标的重要举措。此后关于社会组织参与社会治理的研究迅速增多。在社会治理的理论体系中，多元共治是社会治理区别于国家治理和政府治理的基本特征，是推动政府职能转变、推进体制创新的重心和突破点，也是进行社会体制改革，增强社会发展活力的必然选择，其主体、目标和方法均不同于社会管理，强调共治、善治和法治。有的研究注重其实现路径，认为社会治理需要打破政府本位，确立起"他在性"原则，与多元社会治理主体共同开展行动。有学者提出了"推位让治"的参与路径，认为政府应采取"推典型让项目"、"推模式让空间"、"推规范让职权"等方式让渡空间和职能，培育和推动社会组织参与社会治理，实现多元共治。民间体育社团作为社会组织的重要组成部分，与社会生活紧密相关，本课题选择民间体育社团参与社会治理的路径和机制作为研究论题。国内方面，许多研究指出了民间体育社团在社会治理中的积极作用。在宏观治理层面，民间体育社团能促进政治参与，辅助社会管理，维护社会秩序和社会信任。民间体育社团通过赋予参加者体育社团身份，推动了公共参与和公民社会的发展，有利于社会质量的提高。在中观治理层面，民间体育社团能促进社会资本的现代转型，推动人们社会交往方式从传统的封闭型转向现代的开放型，有效增强参与者规则意识和普遍信任，拓展社会交往结构。在微观治理层面，民间体育社团，特别是一些以传统体育项目为活动内容的民间体育社团，促进了社会交往和社会融入，进而使参与者精神振奋，身心舒适，增强自信。有关民间体育社团参与社会治理的路径和机制研究较少，有人概括性地指出民间体育社团参与社会治理的方式主要包括组织赛事、专业培训、公益活动、体育社团实体化、新媒体互动平台等五个方面。总之，国内研究基本上认可民间体育社团在各个层面的社会治理方面功能，但是，民间体育社团通过何种路径和机制参与社会治理并没有深入的研究。

国外方面，社会组织参与社会管理是"有限政府"治理模式中比较普遍的做法，源于西方的共治（co‑governance）理论传统，以"共同制定"和"伙伴关系"为特征。在共治模式中，政府的功能转变为公民参与管理的促进者、协调人、咨询者和辅助者，让渡出某些权利。普特南研究了包括民间体育社团在内的意大利民间团体，指出公民参与民间社团培育了规范意识，促进了社会交往和信息沟通，并且形成了强烈的规则意识，推动了公众之间的普遍信任，为国家的民主政治奠定了民间基础。此后各国的实证研究都发现了类似的结论。学者们对南非、加拿大、欧洲、英国、挪威、澳大利亚、俄罗斯、捷克等地区和国家研究发现，体育俱乐部与社会信任度、互惠水平、凝聚力、公共参与程度、社区融合水平、社会网络拓展、社会资本培育等方面存在积极影响。当然也有一些研究指出，民间体育社团对社会治理的某些方面发挥着负面作用。例如，民间体育社团较容易受到与宗教、种族、性别、阶级和地域等有关的价值因素影响，导致社会排斥。可见，国外相关研究还存在不少分歧。

总之，民间体育社团参与社会治理被国内外普遍认为是社会治理机制和社会治理能力现代化的要求，是创新社会治理的重要路径，但是，民间体育社团参与社会治理发挥的功能是什么？其实践路径和功能路径是什么？推动民间体育社团参与社会治理的作用机制和保障机制是什么？这些问题都是悬而未决，而又亟须解决的问题。

三　本研究的结论

（一）本研究的第一个结论是传统体育社团在个体层面、社会层面和关系层面发挥着全方位的福利功能

本研究对烟台地区的居民和传统体育社团进行了考察，发现传统体育社团的复兴，在当前社会发挥了重要的福利功能。在"大福利"的视域下，传统体育社团是一种重要的福利资源。"大福利"将社会保障体系建设中"碎片化"制度有机整合起来，总的来说，传统体育社团在"大福利"视域确定的三个基本福利方向上具有积极作用：对个人的微观福利，对社会的宏观福利，以及对个人—社会之间关系促进的中观福利。研究发现，传统体育社团有面向个人的身体健康与愉悦功能，面向社会整体的社会质量提升功能，面向个人与社会关系的现代社会资本培育功能。

首先，传统体育社团的运行机制对社会福利产生积极影响。传统体育社团的运行机制主要包括经费筹备机制、竞赛筹备机制、评比激励机制。具体说来：运行机制，强调遵守规则，重视集体参与，产生了积极的作用。经费筹备过程中，能够提升社团成员的系统信任水平，使其更能理解制度设计的用意和初衷，从而有利于制度融合，也就是缓和了个人与制度之间的关系。传统体育社团的经费筹备，还能强化社团成员的公共责任意识，提高社团成员的主体能力感，调整社团成员的社会心态，从而增进其群体融入水平和社会接纳程度。这些说明，仅是一个经费筹备过程，对于社会和社团成员而言，就已经产生了广泛的福利功能；在传统体育社团的

竞赛筹备过程中，社团成员的公共责任意识、群体融入程度、社会接纳程度、社会赋权程度、公共参与意识，乃至其身体、心理、情绪、精力等方面的状况都有很明显的改善；传统体育社团的评比激励机制还会增强社团成员的主体能力感和自我认同，调整社团成员的心态，增强其公共参与意识，提升生命质量。

其次，传统体育社团的参与机制对社会福利产生积极影响。传统体育社团的参与机制，灵活出入而不失组织纪律性，对于社团成员的公民意识等有很好的培育功能。传统体育社团的参与机制主要包括参与准则、参退方式和参与过程。具体说来：参与准则有明确的规定，尤其强调作为社会公民的责任意识和权利意识，没有超越公民权利的特殊规定，提高了社团成员的公共责任意识，公共参与意识，提高了普遍信任程度、拓展了社团成员的社会网络结构；传统体育社团的参退方式自由，没有强制性，对于社团成员的主体能力感、社会心态有积极的调节作用，对于其现代社会资本的培育也起到了积极的推动作用；传统体育社团的参与过程，主要依靠社团成员的主动性，在参与社团过程中，其身体、心理、情绪和精力等方面的生命质量得到了大幅度的提高。

最后，传统体育社团的活动机制对社会福利产生积极影响。传统体育社团的活动机制主要包括公益活动、比赛活动和展演活动。这些活动也是自主自愿参与，但是其组织纪律性没有受到影响。具体说来：传统体育社团的公益活动，对于社团成员的公共责任意识、公共参与意识都有很积极的作用，同时，对社团成员的社会赋权，即社会心态的调整和主体能力感也都有很明显的提升作用；传统体育社团的比赛活动，也对社团成员的公共责任意识和公共参与意识产生积极影响，同时对社团成员的社会心态和社会融入有调整作用，并且能够推动社会的普遍信任程度；传统体育社团的展演活动，结合了比赛、表演和宣传等各方面的因素，也产生了多方位的社会福利作用。展演活动对社会凝聚（公共责任、群体融入）、社会赋权（主体能力感、社会心态），以及参与者的生命质量（身体状态、心理状态、情绪状态、精力状态）的提升均具有显著影响。

（二）本研究的第二个结论是传统体育和社团生活两个因素分别发挥着不同的福利功能

传统体育社团的社会福利功能是多元的。当进一步考察了传统体育社团的福利作用机制时，发现传统体育社团的福利机制是复杂的。在重点分析了烟台市的传统体育社团"社团之家"的成立过程、组织结构、规章制度和活动开展情况之后。我们发现传统体育社团的运行机制、参与机制和活动机制是其福利功能得以发挥的作用机制。具体说来，传统体育社团的运行机制，包括经费筹集机制、竞赛筹备机制、评比激励机制；传统体育社团的参与机制，包括参与准则、参与方式和参与过程；传统体育社团的活动机制，包括公益活动、比赛活动、展演活动，都在不同层面帮助传统体育社团发挥着社会福利功能。也就说，传统体育社团的福利功能是通过其内在的各种机制发挥出来的，即不同方面的机制对应着不同层面的福利功能。

　　再仔细分析发现，传统体育和社团生活在福利功能的发挥上有所偏重，传统体育社团的运行机制、参与机制、活动机制，都属于社团生活的范畴，也就是传统体育社团的"形式"，其所包含的经费筹备、竞赛筹备、评比激励、参与准则、参退方式和参与过程，以及开展的公益活动、比赛活动和展演活动的形式对社会质量、社会资本和生活质量均产生不同程度的影响。而作为内容的传统体育，主要蕴含在活动机制之中，其发挥的作用主要集中在个体层面的生命质量方面，也会间接地影响主体能力感和社会心态，这就是说，传统体育对于宏观和中观层面的社会福利并没有非常明显的作用。

　　从这个意义上讲，传统体育社团的福利功能，主要是通过其社团生活的形式实现的，而传统体育为社团生活提供了内容和载体，在此基础上产生和丰富了社团生活。社团成员通过参与社团生活的各个组织环节，享受到社会福利的效果。从社会学的意义上，传统体育社团提供的是一种集体生活，而在涂尔干看来，集体生活是道德的土壤和源泉，没有集体生活就不会产生任何社会规范。集体生活是一种社会系统，有自己的目标、需求和意识，并通过各种形式将自身的要求施加在个体身上，从而塑造着个体。集体生活需要纪律和规则的支持，同时又生产着纪律和规则。所以，我们可以断定，一种有秩序的集体生活会不断地生产和再生产社会所需要的规范和秩序。传统体育社团正是提供构造这样的集体生活，在参与者身上建立了规则意识、参与意识、接纳意识和普遍信任，而这些恰恰是更大范围的社会生活所需要的。也就是说，一种有组织的集体生活，对社会而言就是一个不可或缺的福利要素。

（三）本研究的第三个结论是传统体育和社团生活两个因素的功能耦合会产生更大的福利效应

如前所言，对于传统体育社团而言，传统体育是内容，社团生活是形式，其中作为形式的社团生活所起的社会福利功能是主要的，作为内容的传统体育，其功能相对有限。但是，这并不意味着，传统体育是可有可无的，它在今天的社会生活中发挥着不可替代的作用。在当前的社会，传统体育是传统社会留给我们的宝贵财富，通过传统体育项目，能够整合集体生活。我们看到，传统体育项目更能引起人们的广泛参与，相比现代的竞技体育，传统体育项目更适合集体参与，在竞技体育中，绝大多数的参与者只是观众，而传统体育项目中，每个参与者都是运动者。传统体育社团也能涵盖更多的人群，不像竞技体育那样需要充沛的体能和年轻的身体。这就决定了，对于创造集体生活而言，传统体育项目有非常明显的优势。在现实生活中，我们也能够很容易地发现，在街头巷尾最常见的群体生活恰恰是传统体育的社团生活。

与此同时，在本章第一部分提到的传统体育的文化潜功能问题，即传统体育蕴含着传统的文化要素，存在封闭性、家族化等倾向，这些倾向是否会给传统体育社团的参与者带来消极的影响，不利于市民社会的构建。而事实上恰恰相反，我们的研究非常清楚地指出，所谓传统体育的消极功能不但没有出现，反而比没有参与传统体育社团的人在人格上更加趋向于现代化，在信任上更加开放，家族化的倾向更弱。这是什么原因呢？我们发现，正是社团活动的形式会改造了体育项目的内在结构，打破其封闭性，将其转变为开放性的文化要素。也就是说，在传统社会中，传统体育主要是以师徒相传的家族化形式传播和传承的，在形式上存在设立"子孙堂"、"传男不传女"等较为极端的家族化和封闭性特征，这些因素显然强化了练习者的封闭意识，而今天情况已经完全不同。传统体育不再通过封闭的形式传播，而走向了社团化的开放道路。所以说，开放式的、同时有组织的社团生活有效克服了传统体育原先所具有的非现代化的要素，使其积极的社会功能被发挥出来，修身养性、强身健体。

当然，二者结合产生的功能耦合也是有条件的。正如前所言，社团生活只有保证其开放性和民主性才会产生积极的功能。例如本研究所调查的

"社团之家"，其经费筹备强调的是公益性，竞赛活动注重的是公平性，参与机制遵守的是自主性，这些特点都是开放式的，并没有明显的社团特殊利益，这种集体生活，既有秩序又能灵活调节，对社会秩序而言是一种正向作用。反过来，当社团神秘化、宗教化、甚至家族化，所谓的社会福利功能将烟消云散，其所产生的效果将是反社会的和破坏性的。这就是有些神秘化组织打着传统体育健身的幌子，在特殊利益的驱动下进行秘密活动，对社会的危害是显而易见的。

所以我们说，传统的体育内容和现代的社团形式实现了很好的功能耦合，对社会福祉产生了不可忽视的重要贡献，但同样需要重视社团的管理和引导。

四　余论

本研究所完成的主要任务就是揭示了其福利功能和作用机制。然而，我们进一步的研究发现，今天传统体育社团的发展也很不均衡，在管理水平和资源配置方面存在很大的差距，从而限制了传统体育社团福利功能的全面发挥。注册健身社团在机构设置、社团规章、人员配置、经费运转、场地设施和社会关系等方面具有较大的优势，而社区体育社团在社团的宣传方面有一定优势，民间体育社团则在各个方面都处于较为落后的局面。具体说来，注册健身社团在管理收评方面，一般拥有较规范的机构设置，较充分的社团宣传，较为完善的社团章程在，在资源配置方面配有体育指导员、医务人员，还有经费支持和足够的活动场地，并受到政府的支持；社区体育社团在机构设置、社团宣传和社团章程方面也比较完善和规范，在资源配置方面主要来自于社区资源的支持，而不是政府机构的支持；而占总数大约1/3的民间体育社团，在管理水平和资源配置方面还存在很多的差距。具体说来，民间体育社团的机构设置不规范，社团宣传不充分，社团章程不完善，人员配置不到位，没有体育指导员和医务人员，自筹经费，借用室外活动场地，缺少政府或者社区的支持。这些不足状况，在很大程度上限制了民间草根体育社团福利功能的发挥。

上述的差距需要引起社会的重视，正如我们已经明确指出的，社团生活是其福利功能的主要来源，在资源不能有效提供，管理水平不能有效提升的情况下，传统体育社团的福利功能是无法发挥出来的。社团章程不完善，人员配置不到位，经费匮乏，甚至没有一块合适的活动场地，这意味着社团的集体生活也就无从谈起，这样的社团更多的是临时拼凑起来的当地居民，平时的活动非常少，社会参与度比较低，其社会福利功能有待进一步挖掘。只有对草根社团进行必要的支持和管理，才能有效防止其被反社会力量利用，维护社会的稳定。

总而言之，从大福利的视角考察传统体育社团的社会功能，其对于构建福利多元化的现代社会具有重要的现实意义。但是，也应看到，传统体育社团的发展还存在一些问题，这就需要在一些社会政策的制定和实施过程中，加大对传统体育社团的支持。

附　录

附录1　调查问卷

调查问卷一：烟台市传统体育社团状况调查

问卷编号：

□□□□

* *
* *
* * * * * *

（注：对于客观性的问题，请在"□"内打"√"，对于需填数字的，请根据贵单位实际如实填写，如本问卷中未设计出您希望的选项，请选择"其他"，必要时请附加简要说明；编码框内的数字由我们统一填写。）

* *
* *
* * * * * * *

调查地点：

（访问员：请记录当前时间　　月　　日　　时　　分　　）

社团名称：　　　　　　　　　　　　　　　　负责人：

成立时间：　　　　　　　　　　　　　　　　联系电话：

所在市、区（县）：   网络联系方式：

1. 贵传统体育社团会员基本状况：贵社团会员总数_____人。

2. 贵传统体育社团的会员性别比例状况：

☐ 男性比例大   ☐ 女性比例大   ☐ 男女比例均衡

3. 贵传统体育社团管理机构设置（可多选）：

☐ 财务部门   ☐ 秘书部门   ☐ 组织部门   ☐ 宣传部门

☐ 训练部门   ☐ 其他

4. 贵传统体育社团管理层人员是否定期接受培训：

☐ 经常   ☐ 偶尔   ☐ 从不

5. 贵传统体育社团通过什么方式进行自我宣传（可多选）：

☐ 口头传播   ☐ 社区广告栏   ☐ 报纸   ☐ 电视   ☐ 广播

☐ 传单   ☐ 条幅   ☐ 其他

6. 贵传统体育社团的会员入会方式：☐ 书面   ☐ 口头 ☐ 其他

7. 贵传统体育社团是否有社会体育指导员：☐ 有   ☐ 无

8. 贵传统体育社团成员每周参加健身活动的次数：_____次

9. 贵传统体育社团组织体育活动或比赛的频率：_____次/年

10. 最近一年内，本社团成员间正式或非正式的聚会、交友或旅游等的频率：_____次

11. 贵传统体育社团成员通常在什么时间参与社团活动（可多选）：

☐ 清晨 ☐ 上午 ☐ 中午 ☐ 下午 ☐ 傍晚 ☐ 晚饭后 ☐ 其他

12. 贵传统体育社团成员每次进行健身活动的强度情况：

☐ 大（大出汗或者大汗淋漓）   ☐ 中（微出汗或中等出汗）   ☐ 小（微微发热）

13. 贵传统体育社团会员每次锻炼的时间是：_____分钟/次

14. 贵传统体育社团是否设有体质健康检测：☐ 有   ☐ 无

15. 贵传统体育社团是否有医务人员：☐ 有   ☐ 无

16. 贵传统体育社团开设的主要项目情况（可多选）：

☐ 八卦   ☐ 螳螂   ☐ 形意   ☐ 通背   ☐ 八极   ☐ 太极   ☐ 健身气功   ☐ 其他导引养生   ☐ 其他

17. 贵传统体育社团多数会员选择几个项目进行锻炼：_____个

18. 影响贵传统体育社团成员参与体育活动的因素有（可多选）：

□ 闲暇时间不足　　□ 体育健身知识技能缺乏　　□ 本体育社团数量少且组织能力不强　　□ 缺乏较高层次的展示平台　　□ 可用体育场地设施不足　　□ 活动场地不适于开展体育活动　　□ 对体育健身活动功效认识不足　　□ 活动场所距离住所太远，不方便　　□ 缺乏必要的体育消费能力　　□ 患有不宜运动的疾病　□其他

19. 贵传统体育社团属于哪种性质？

□ 市体育局注册　　□ 社区（街道办事处）组织　　□ 民间组织
□ 其他

20. 贵传统体育社团是否有成文的社团章程？

□有　□ 无成文章程，但有口头或约定俗成的规定　□ 无

21. 贵传统体育社团是否有专门政策？　　□ 有　　□ 无

22. 贵传统体育社团是否有活动计划？　　□ 有　　□ 无

23. 贵传统体育社团是否有主要项目规则？　　□有　　□ 无

24. 贵传统体育社团现采用的评比形式（可多选）：

□ 会员间的评比　　□ 管理层人员间的评比　　□ 无　　□ 其他

25. 贵传统体育社团的场地设施是否有专人或部门管理：□ 有
□ 无

26. 贵传统体育社团拥有的体育场地设施类型（可多选）：

□ 综合文体活动室　　□ 室外活动广场　　□ 室外健身路径　　□ 篮球场（含社区学校）　　□ 排球场（含社区学校）　　□ 乒乓球场（含社区学校）　　□ 田径场（含社区学校）　　□ 游泳池（含社区学校）　　□ 羽毛球场（含社区学校）　　□ 武术馆（含社区学校）　　□ 市区公园　　□ 无　□其他

27. 贵传统体育社团周边学校的体育场地设施是否对外开放？

□ 是　□ 否

28. 贵传统体育社团经费来源状况（可多选）：

□ 国家财政拨款　□ 企业或事业捐赠　□ 个人捐赠　□ 会员缴纳会费

□自筹　　□ 无　　□ 其他

29. 贵传统体育社团平均年经费支出：　　　　　　元

30. 贵传统体育社团经费支出的主要方面（可多选）：

☐ 训练   ☐ 宣传   ☐ 场地   ☐ 竞赛   ☐ 福利   ☐ 其他

31. 贵传统体育社团成员参加传统体育锻炼的消费主要花在哪些方面（可多选）：

☐ 购买练功服装、器械   ☐ 书籍、影像资料   ☐ 学费   ☐ 进公园或场馆   ☐ 参加比赛   ☐ 交通费   ☐ 其他

32. 贵传统体育社团与周边社团是否有交流：☐ 有   ☐ 无

33. 贵传统体育社团的主要活动形式（可多选）：

☐ 训练   ☐ 展演   ☐ 比赛   ☐ 大众普及   ☐ 娱乐健身
☐ 商业开发   ☐ 其他

34. 贵传统体育社团获取体育信息的渠道（可多选）：

☐ 体育健身知识讲座   ☐ 通过体育社团健身宣传栏   ☐ 通过网络、电视、报纸、杂志等媒体渠道   ☐ 跟其他社团的交流和学习   ☐ 其他

35. 贵传统体育社团在运行中发挥的功能（可多选）：

☐ 对社团整体的指导和管理   ☐ 举办、承办或协办体育竞赛活动
☐ 与各体育组织沟通和交流   ☐ 宣传和推进全民健身运动
☐ 维护会员合法权利   ☐ 沟通社会与会员   ☐ 开展各类咨询和培训
☐ 组织会员进行体育理论、运动技术的学习研究   ☐ 其他

36. 贵传统体育社团的特色：

☐ 传统文化氛围浓厚   ☐ 开设项目多   ☐ 活动次数多   ☐ 活动内容丰富   ☐机构设置完善   ☐ 其他

37. 贵传统体育社团对政府支持传统体育社团发展现状的满意度：

☐ 非常满意   ☐ 比较满意   ☐ 满意   ☐ 一般   ☐ 不太满意   ☐ 非常不满

38. 贵传统体育社团会员退出形式：☐ 口头   ☐ 书面   ☐ 无
☐ 其他

39. 贵传统体育社团得到的社会支持有（可多选）：

☐ 政府或社区提供的政策   ☐ 政府或社区提供的设施
☐ 政府或社区提供的场地   ☐ 政府或社区提供的资金   ☐ 个人或企事业单位的资助   ☐ 得到高校或其他专业机构的支持   ☐ 得到社区居民的认可   ☐ 志愿者的帮助   ☐ 其他

40. 贵传统体育社团当前存在的主要问题（可多选）：

□ 政策不健全　□ 设施不完善　□ 资金短缺　□ 活动场地缺乏　□ 公众认可度低　□ 管理人才缺乏　□ 指导员缺乏　□ 宣传力度不够　□ 自主能力不足　□ 其他

41. 贵传统体育社团最需要帮助的地方是什么？

□ 提供财政经费支持　□ 提供办公场所　□ 提供开展活动的设备、器材　□ 提供有关体育的政策和法律　□ 提供体育社团发展的体制和机制　□ 建立和完善体育社团评价体系　□ 建立对体育社团的激励机制　□ 对体育社团组织活动进行宣传　□ 对体育社团组织能力培训　□ 给予体育社团组织各种活动的自主权　□ 给予社团自己选举领导的权利　□ 给予社团使用工作人员的权利　□ 其他

（访问员：请记录当前时间　　月　　日　　时　　分　　）

调查问卷二：社会信任和社会发展调查（2014 年度调查问卷）

问卷编号：

□□□□

＊ ＊

（注：对于需填数字的，请根据您的实际如实填写，如本问卷中未设计出您希望的选项，请选择"其他"，必要时请附加简要说明；编码框内的数字由我们统一填写。）

＊ ＊

调查地点：

（访问员：请记录当前时间　　月　　日　　时　　分　　）

共同模块

A1. 你的性别：1. 男   2. 女

A2. 你的出生日期是（记录公历年）：年   月

A3. 你的民族是：1. 汉   2. 其他（请注明：   ）

A4. 您目前的最高教育程度是（包括目前在读的）：

1. 没有受过任何教育 2. 小学   3. 初中   4 职业高中   5. 普通高中

 6. 中专   7. 技校   8. 大学专科   9. 大学本科   10. 研究生   11. 其他

（请注明：_ _ _ _ _ _ _ _ ）

A5. 您的宗教信仰是：

1. 不信仰宗教 2. 佛教   3. 道教   4. 回教/伊斯兰教 5. 天主教

6. 基督教 7. 其他（请注明：_ _ _ _ _ _ _ ）

A6. 您目前的政治面貌是：   1. 共产党员   2. 民主党派   3. 共青

团员   4. 群众

A7. 您目前工作的单位或公司的类型是：

1. 党政机关   2. 企业   3. 事业单位   4. 社会团体   5. 无单位/自

雇/自办（合伙）企业   6. 其他（请注明：   ）

A8. 你是否参与社团活动：   1. 是→   2. 否

社会质量模块

一   社会经济保障问题

B10. 在过去的一年，您的家庭属于以下哪种情况？

1. 有余款可储蓄   2. 勉强维持生活   3. 需动用储蓄   4. 需要借款

维持生计

B11. 您个人全年的总收入是（记录具体数字，并高位补零）：

百万位   十万位 万位   千位   百位   十位   个位

| _ _ _ _ | | _ _ _ _ | | _ _ _ _ | | _ _ _ _ | |

_ _ _ | | _ _ _ _ | | _ _ _ _ | 元

B12. 您拥有所居住房屋的所有权吗？

1. 有   2. 没有

二　社会凝聚问题

B13. 一般来说，您认为大部分人都值得信任还是需要很小心？

1. 大部分人都值得信任　　2. 需要小心

B14. 您对以下各类人员的信任程度如何？

人群类别	完全不信任	不太信任	一般	比较信任	完全信任
家人					
邻居					
朋友					
医生					
专家					
警察					
律师					
雇主					
银行人员					

B15. 您对以下机构的信任程度如何？

机构类别	完全不信任	不太信任	一般	比较信任	完全信任
报社					
电视台					
司法机关					
地方政府					
中央政府					
人大					

B16. 如果现在有一个计划，是从您的收入中扣除 10% 去帮助改善一些人的生活状况，您是否愿意支持该计划？

帮助对象	非常不愿意	不愿意	愿意	非常愿意
失业者				
残疾人				
老年人				
穷人				
孤儿				
灾民				

三 社会包容问题

B17. 过去的一年，请您选择您与下列人员直接或者间接保持联系的情况（见面、电话、通信、电子邮件、网络聊天等等）。

联系人员	从不	一年几次	至少每月一次	至少一周一次	一天多次
家庭成员/亲属					
朋友					
同事（非工作时间联系）					
邻居					

B18. 您在日常生活中是否感到孤独？

1. 是　2. 否

B19. 在过去的 12 个月，您是否因以下因素而受到歧视？

	有	没有
社会地位低（例如没有固定工作、低收入）		
身体残疾		
年龄		
性别		
外表		
出生地		
学历		
疾病		
户籍		
信仰		
其他		

B20. 在过去的 12 个月，您和您的家人是否经历过下列事情？

事项	有	没有
对自己家庭不利的政策		
与政府干部发生过冲突		
在政府机构办事时受到不合理拖延、推诿		
在政府机构办事时受到不合理收费		
与所在小区保安发生过冲突		
被强制性捐款		
医患纠纷		
不当执法		

四　社会赋权问题

B21. 您觉得一个人是否有可能通过自己的努力获得更高的社会或经济地位？

1. 非常有可能　2. 有可能　3. 中立　4. 不大可能　5. 非常不可能

B22. 您觉得能否公开自主表达个人意见？　（按程度从 1—10 打"√"）

1	2	3	4	5	6	7	8	9	10

B23. 您对以下五种情况分别持何种态度？

	非常不同意	不同意	中立	同意	非常同意
我感觉被社会遗弃					
要获得成功，我被迫去做不正确的事					
有些人轻视我					
我对未来不乐观					
现实与理想之间差距较大					

社会资本模块

一　社会风气观

C24. 您认为现在的公共道德秩序如何：1. 好　　2. 一般　　3. 差　4. 很差

C25. 您认为目前危害社会公民道德的最大问题是？

1. 人们缺乏责任心　2. 领导干部的不正之风　3. 重利忘义　4. 其他

C26. 跟改革开放之前相比，您认为人们现在对集体或公共事情的关心程度如何？

    1. 提高   2. 下降   3. 无变化

二　公共参与

C27. 近 5 年来，您是否有以下情况？

1. 参与本单位或地方的选举   2. 参与本单位或地方的决策、提建议   3. 参与志愿性活动   4. 参与其他集体活动

    C28. 您对当地公共事务（比如修路、建设公共娱乐场所等）的态度是：

1. 不参与，认为是领导的事，与己无关

2. 积极参与，认为应当由当地人共同协商决定

3. 想参与，但缺乏参与的正当渠道和条件

    C29. 您是否了解当地的一些民间自发组织（如专业协会、互助组织等）？

1. 非常了解   2. 基本了解   3. 不清楚

三　处世之道

C30. 您认为为人处世的首要原则应是：

    1. 利益 2. 情义 3. 信赖 4. 原则 5. 其他

C31. 您更喜欢合伙做事还是独立做事？

    1. 合伙   2. 独立

C32. 您家庭中的重大事务一般由谁决定？

    1. 丈夫 2. 妻子 3. 夫妻双方共同商定

C33. 您希望将自己晚年生活寄托于

    1. 子女 2. 自己 3. 组织、单位或政府

四　信任安全感

C34. 您是否曾遇到过上当受骗的情况？   1. 遇到过   2. 没有

C35. 您认为目前大多数人都是可信的吗？   1. 可信   2. 不可信

C36. 请您对下列人的信任度打分。

	1	2	3	4	5	6	7	8	9	10
家庭成员										
亲戚										
同学										
同事										
领导										
邻居										
一般朋友										
生意伙伴										
不熟悉的人										

五　关系网络

C37. 您认为对你工作生活各方面帮助最大的关系网络是：

1. 宗亲网络　2. 姻亲网络　3. 朋友（同学、同事、邻居等）网络 4. 其他网络

C38. 您同意"要办事、靠关系"这句话吗？　1. 同意　　2. 不同意 3. 不确定

C39. 跟改革开放之前相比，您认为目前的人际关系：　1. 密切了 2. 疏远了　3. 无变化

生命质量模块

一　健康状况

D40. 总体来讲，您的健康状况是：

1. 非常好　2. 很好　　3. 好　　4. 一般　　5. 差（权重或得分依次为 5、4、3、2、1）

D41. 跟 1 年以前比您觉得自己的健康状况是：

1. 比 1 年前好多了　2. 比 1 年前好一些　3. 跟 1 年前差不多 4. 比 1 年前差一些

5. 比 1 年前差多了（权重或得分依次为 5、4、3、2、1）

二　健康和日常活动

D42. 以下这些问题都和日常活动有关。请您想一想，您的健康状况是否限制了这些活动？如果有限制，程度如何？

1. 重体力活动。如跑步举重、参加剧烈运动等：

①限制很大　②有些限制　③毫无限制（权重或得分依次为 1，2，3；下同）

2. 适度的活动。如移动一张桌子、扫地、打太极拳、做简单体操等：

①限制很大　②有些限制　③毫无限制

3. 手提日用品。如买菜、购物等：　①限制很大　②有些限制③毫无限制

4. 上几层楼梯：①限制很大　②有些限制　③毫无限制

5. 上一层楼梯：①限制很大　②有些限制　③毫无限制

6. 弯腰、屈膝、下蹲：①限制很大　②有些限制　③毫无限制

7. 步行 1500 米以上的路程：①限制很大　②有些限制　③毫无限制

8. 步行 1000 米的路程：①限制很大　②有些限制　③毫无限制

9. 步行 100 米的路程：①限制很大　②有些限制　③毫无限制

10. 自己洗澡、穿衣：①限制很大　②有些限制　③毫无限制

D43. 在过去 4 个星期里，您的工作和日常活动有无因为身体健康的原因而出现以下这些问题？

1. 减少了工作或其他活动时间：①是　②不是（权重或得分依次为 1，2；下同）

2. 本来想要做的事情只能完成一部分：①是　②不是

3. 想要干的工作或活动种类受到限制：①是　②不是

4. 完成工作或其他活动困难增多（比如需要额外的努力）：①是②不是

D44. 在过去 4 个星期里，您的工作和日常活动有无因为情绪的原因（如压抑或忧虑）而出现以下这些问题？

1. 减少了工作或活动时间：①是　②不是（权重或得分依次为 1，2；下同）

2. 本来想要做的事情只能完成一部分：　①是　②不是

3. 干事情不如平时仔细：①是　②不是

D45. 在过去 4 个星期里，您的健康或情绪不好在多大程度上影响了您与家人、朋友、邻居或集体的正常社会交往？

1. 完全没有影响　2. 有一点影响　3. 中等影响　4. 影响很大 5. 影响非常大（权重或得分依次为 5，4，3，2，1）

D46. 在过去 4 个星期里，您有身体疼痛吗？

1. 完全没有疼痛　2. 有一点疼痛　3. 中等疼痛　4. 严重疼痛 5. 很严重疼痛（权重或得分依次为 6，4.75，3.5，2.25，1.0）

D47. 在过去 4 个星期里，您的身体疼痛影响了您的工作和家务吗？

1. 完全没有影响　2. 有一点影响　3. 中等影响　4. 影响很大 5. 影响非常大（如果 46 无 47 无，权重或得分依次为 6，4.75，3.5，2.25，1.0；如果为 46 有 47 无，则为 5，4，3，2，1）

三　个人感觉方面

D48. 以下这些问题是关于过去 1 个月里您自己的感觉，对每一个问题所说的事情，您的情况是什么样的？

1. 您觉得生活充实：

①所有的时间　②大部分时间　③比较多时间　④一部分时间　⑤小部分时间　⑥没有这种感觉（权重或得分依次为 6，5，4，3，2，1）

2. 您是一个敏感的人：

①所有的时间　②大部分时间　③比较多时间　④一部分时间　⑤小部分时间　⑥没有这种感觉（权重或得分依次为 1，2，3，4，5，6）

3. 您的情绪非常不好，什么事都不能使您高兴起来：

①所有的时间　②大部分时间　③比较多时间　④一部分时间　⑤小部分时间　⑥没有这种感觉（权重或得分依次为 1，2，3，4，5，6）

4. 您的心里很平静：

①所有的时间　②大部分时间　③比较多时间　④一部分时间

间 ⑤小部分时间 ⑥没有这种感觉（权重或得分依次为6，5，4，3，2，1）

5. 您做事精力充沛：

①所有的时间 ②大部分时间 ③比较多时间 ④一部分时间 ⑤小部分时间 ⑥没有这种感觉（权重或得分依次为6，5，4，3，2，1）

6. 您的情绪低落：

①所有的时间 ②大部分时间 ③比较多时间 ④一部分时间 ⑤小部分时间 ⑥没有这种感觉（权重或得分依次为1，2，3，4，5，6）

7. 您觉得筋疲力尽：

①所有的时间 ②大部分时间 ③比较多时间 ④一部分时间 ⑤小部分时间 ⑥没有这种感觉（权重或得分依次为1，2，3，4，5，6）

8. 您是个快乐的人：

①所有的时间 ②大部分时间 ③比较多时间 ④一部分时间 ⑤小部分时间 ⑥没有这种感觉（权重或得分依次为6，5，4，3，2，1）

9. 您感觉厌烦：

①所有的时间 ②大部分时间 ③比较多时间 ④一部分时间 ⑤小部分时间 ⑥没有这种感觉（权重或得分依次为1，2，3，4，5，6）

10. 不健康影响了您的社会活动（如走亲访友）：

①所有的时间 ②大部分时间 ③比较多时间 ④一部分时间 ⑤小部分时间 ⑥没有这种感觉（权重或得分依次为1，2，3，4，5）

四 总体健康情况

D49. 请看下列每一个问题，哪一种答案最符合您的情况？

1. 我好像比别人容易生病：

①绝对正确 ②大部分正确 ③不能肯定 ④大部分错误 ⑤绝对错误（权重或得分依次为1，2，3，4，5）

2. 我跟周围人一样健康：

①绝对正确　②大部分正确　③不能肯定　④大部分错误　⑤绝对错误（权重或得分依次为5，4，3，2，1）

3. 我认为我的健康状况在变坏：

①绝对正确　②大部分正确　③不能肯定　④大部分错误　⑤绝对错误（权重或得分依次为1，2，3，4，5）

4. 我的健康状况非常好：

①绝对正确　②大部分正确　③不能肯定　④大部分错误　⑤绝对错误（权重或得分依次为5，4，3，2，1）

（访问员：请记录当前时间　　月　　日　　时　　分　　）

附录2 受访者基本情况简介

1. 杨＊波，男，65 岁，退休干部，社团之家的积极分子，芝罘屯站点负责人，擅长螳螂拳表演。

2. 牟＊兰，女，59 岁，退休职工，大世界第二站点负责人，与子女一起生活。

3. 盛＊美，女，63 岁，退休教师，新桥第二站点负责人，单身，女儿在外地工作。

4. 王＊香，女，65 岁，退休工人，儿女在外地。

5. 郭＊隶，男，67 岁，独居，退休干部，大世界站点负责人。

6. 王＊英，女，67 岁，退休职工，2011 年被评为优秀站点负责人。

7. 谷＊亭，男，62 岁，退休中学教师，优秀社团成员，七门炮站点负责人。

8. 张＊玲，女，56 岁，刚退休不久，家住小黄山社区。

9. 于＊珠，女，69 岁，退休职工，社团之家的老成员，家住华信家园社区。

10. 王＊明，男，75 岁，行政级别较高的退休干部，有文采，大润发辅导站负责人，安立盛的得力助手。

11. 张＊智，男，67 岁，退休工人。

12. 段＊芬，女，66 岁，西炮台站点负责人。

附录3 入会申请表

表4—1 　　　　　西炮台社区"社团之家"会员入会申请表

姓名		性别		出生年月		照片
民族		籍贯		职　称		（1寸免冠）
文 化 程 度			健康状况			
特　　　长			身份证号码			
工作单位及职务						
通信地址						
邮箱或QQ			电　话			
个人简历						
审批单位意见				盖章日期：		

附录4　志愿者信息登记表

表 4—4　　　　　　　　西炮台社区志愿者信息登记表

姓名		性别		出生年月		照　片
健康状况						（1寸免冠）
身份证号						
工作单位						
通信地址						
邮　箱			电　话			
个人简历						
志愿服务经历						
个人意见	我宣誓： 　　我志愿加入"　　　　"志愿者行列，我已了解此次志愿者招募工作的相关信息，成为志愿者后，参加培训、服从安排，尽职尽责，服务他人。 　　　　　　　　　　　　　　　　　本人签字：					

参 考 文 献

一 著作

（一）译著

[1]［美］默顿：《社会理论和社会结构》，唐少杰等译，译林出版社2008年版。

[2]［美］亚历山大：《新功能主义及其后》，彭牧等译，译林出版社2003年版。

[3]［美］罗伯特·D. 帕特南：《使民主运转起来》，王列、赖海榕译，江西人民出版社2001年版。

[4]［美］詹姆斯·科尔曼：《社会理论的基础》，邓方译，社会科学文献出版社1999年版。

[5]［德］斐迪南·滕尼斯：《共同体与社会》，林荣远译，北京大学出版社2010年版。

[6]［德］维尔纳·桑巴特：《奢侈与资本主义》，王燕平、侯小河译，上海世纪出版集团2005年版。

[7]［德］马克斯·韦伯：《经济行动与社会团体》，康乐等译，广西师范大学出版社2011年版。

[8]［英］安东尼·吉登斯：《第三条道路——社会民主主义的复兴》，郑戈译，北京大学出版社2000年版。

（二）中文著作

[1]程大力：《中国武术：历史与文化》，四川大学出版社1995年版。

[2]尹海立、刘晓黎、车艳丽：《民族传统体育的困境与出路》，人民体育出版社2012年版。

［3］林聚任：《林聚任讲默顿》，北京大学出版社 2010 年版。

［4］郑功成：《中国社会保障改革与发展战略：理念、目标与行动方案》，人民出版社 2008 年版。

［5］张海东：《社会质量研究：理论、方法与经验》，社会科学文献出版社 2011 年版。

［6］林聚任等：《社会科学研究方法》，山东人民出版社 2004 年版。

［7］周良才：《中国社会福利》，北京大学出版社 2008 年版。

［8］孙光德、董克用：《社会保障概论》，中国人民大学出版社 2000 年版。

［9］康晓光：《NGO 扶贫行为研究》，中国经济出版社 2001 年版。

［10］俞可平等：《中国公民社会的制度环境》，北京大学出版社 2006 年版。

［11］尹海立：《民族传统体育的困境与出路》，人民体育出版社 2012 年版。

［12］体育学院通用教材编写组：《体育史》，人民体育出版社 1989 年版。

［13］赵静冬：《中国少数民族传统体育研究》，云南民族出版社 2001 年版。

［14］胡小明：《体育人类学》，广东人民出版社 1999 年版。

［15］卢元镇：《体育社会学》，高等教育出版社 2001 年版。

［16］中国体育博物馆：《中华民族传统体育志》，广西民族出版社 1990 年版。

［17］任海等：《国外大众体育》，北京体育大学出版社 2003 年版。

［18］时蓉华：《社会心理学》，上海人民出版社 1986 年版。

［19］林聚任等：《社会信任和社会资本重建》，山东人民出版社 2007 年版。

［20］陈银娥：《社会福利》，中国人民大学出版社 2004 年版。

［21］尹海立等：《民族传统体育的困境与出路》，人民体育出版社 2012 年版。

［22］周长城：《社会发展与生活质量》，社会科学文献出版社 2001 年版。

［23］包亚明：《布尔迪厄访谈录——文化资本与社会炼金术》，上海人民出版社 1997 年版。

［24］刘锦藻：《清朝续文献通考》（四），商务印书馆中华民国二十五年版。

［25］桑兵：《清末新知识界的社团与活动》，生活·读书·新知三联书店 1994 年版。

［26］《大清德宗景皇帝实录》（八），中华书局影印本 1987 年版。

［27］孙保良：《中国的社与会》，浙江人民出版 1996 年版。

［28］李新：《中华民国史》，中华书局 1982 年版。

［29］谭华：《体育史》，高等教育出版社 2005 年版。

［30］胡绳：《中国共产党的七十年》，中共党史出版社 1991 年版。

［31］毛礼锐：《中国教育通史》（第六卷），山东教育出版社 1989 年版。

［32］上海体育志编纂委员会：《上海体育志》，上海社会科学院出版社 1996 年版。

［33］傅砚农、曹守和：《新中国体育指导思想研究》，人民出版社 2012 年版。

［34］周伟良：《中国武术史》，高等教育出版社 2003 年版。

［35］中国武术西科全书编纂委员会编：《中国武术百科全书》，中国大百科拳术出版社 1998 年版。

［36］郝勤：《体育史》，人民体育出版社 2006 年版。

［37］杜鹏：《中国人口老龄化过程研究》，中国人民大学出版社 1994 年版。

［38］王名：《非营利组织管理概论》，中国人民大学出版社 2002 年版。

［39］陈萌生、陈安槐：《体育大词典》，上海辞书出版社 2000 年版。

［40］中华人民共和国体育运动文件汇编：《中共中央关于加强人民体育运动工作的指示》第一辑，人民体育出版社 1957 年版。

［41］中国大百科全书编委会：《中国体育百科全书》，人民体育出版社 2001 年版。

［42］周恩来：《为祖国锻炼身体》，人民出版社 1984 年版。

［43］国家体委政策研究室：《中共中央批复全总党组和国家体委党组关

于全国第一次职工体育工作会议的报告》，人民体育出版社 1982 年版。

[44] 国家体委武术研究院：《中国武术史》，人民体育出版社 1997 年版。

[45] 国家体委政策研究室：《体育运动文件汇编，（1949—1981）》，人民体育出版社 1982 年版。

[46] 国家体委：《中国体育年鉴（1949—1991）》（精华本）上册，人民体育出版社 1993 年版。

[47] 邓小平：《邓小平文选》（第三卷），人民体育出版社 1993 年版。

[48] 中国体育博物馆编：《中华民族传统体育志》，广西民族出版社 1990 年版。

[49] 季浏：《体育与健康》，华东师范大学出版社 2000 年版。

[50] 王颖、折晓叶、孙炳耀：《社会中间层——改革与中国的社团组织》，中国发展出版社 1993 年版。

[51] 卢曼、瞿铁鹏、李强译：《信任》，上海人民出版社 2005 年版。

[52] 费孝通：《乡土中国——生育制度》，北京大学出版社 2000 年版。

[53] 郭星华：《漂泊与寻根：流动人口的社会认同研究》，中国人民大学出版社 2011 年版。

[54] 雷开春：《城市新移民的社会认同——感性依恋与理性策略》，上海社会科学出版社 2011 年版。

[55] 景天魁、毕天云等：《从小福利迈向大福利：中国特色福利制度的新阶段》，中国社会出版社 2011 年版。

[56] 郭士征：《社会保障学》，上海财经大学出版社 2009 年版。

[57] 王巍、牛美丽：《公民参与》，中国人民大学出版社 2009 年版。

[58] 舒新成：《辞海》，上海辞书出版 1989 年版。

二 论文

（一）期刊论文

[1] 艾伦·沃克、张海东：《社会质量取向：连接亚洲与欧洲的桥梁》，《江海学刊》2010 年第 4 期。

［2］白晋湘：《从全能政府到有限政府——市场经济条件下政府体育职能转变的思考》，《体育科学》2006年第5期。

［3］毕天云：《论大福利视阈下我国社会福利体系的整合》，《学习与实践》2012年第2期。

［4］边燕杰：《城市居民社会资本的来源及作用：网络观点与调查发现》，《中国社会科学》2004年第3期。

［5］边燕杰：《社会资本研究》，《学习与探索》2006年第2期。

［6］蔡睿、李然、张彦峰等：《中国居民参加体育锻炼的区域差异比较》，《体育科学》2009年第7期。

［7］曾小玲、王岐富、吴真文、宋平等：《城镇化进程中失地农民体育的社会融入研究》，《邵阳学院学报》（自然科学版）2013年第3期。

［8］陈健民、丘海雄等：《社会资本与社会发展》，《社会学研究》1999年第4期。

［9］陈黎黎、薛林峰：《高校学生社团参与对大学生社会化的影响研究》，《河北广播电视大学学报》2008年第5期。

［10］陈星桥：《邪教及其危害》，《中国宗教》1998年第3期。

［11］陈义平：《关于生活质量评估的再思考》，《社会科学研究》1999年第1期。

［12］崔凤、曾东：《"大福利"视角下的社会保障体系重构》，《中共青岛市委党校·青岛行政学院学报》2010年第2期。

［13］单怀海：《气功所致精神障碍的临床资料与诊断》，《中国神经精神疾病杂志》1999年第3期。

［14］党挺：《延安体育建设及其对新中国体育的影响》，《西安体育学院学报》2010年第3期。

［15］风笑天：《生活质量研究：近三十年回顾及相关问题探讨》，《社会科学研究》2007年第6期。

［16］傅砚农：《"文革"中农村体育"兴盛"现象的思考》，《成都体育学院学报》1990年第7期。

［17］高力翔、陆森召、孙国友、王步：《我国市民社会发展滞后与非营利性体育组织异化的相关性》，《上海体育学院学报》2008年第1期。

［18］高亮、孙庆平：《我国武术社团发展的历程回顾与展望》，《军

事体育进修学院学报》2007 年第 1 期。

[19] 高尚全：《完善公共服务体系加快服务型政府建设》，《中国改革》2007 年第 12 期。

[20] 郭慧珍：《关于我国居民生活质量指标体系的探讨》，《经济科学》1987 年第 6 期。

[21] 贺翀：《论物质生活的价值尺度》，《中国人民大学学报》1999 年第 3 期。

[22] 贺春临、周长城：《福利概念与生活质量指标——欧洲生活质量指标体系的概念框架和结构研究》，《国外社会科学》2002 年第 1 期。

[23] 胡荣、李静雅：《城市居民信任的构成及影响因素》，《社会》2006 年第 6 期。

[24] 胡荣、王晓：《社会资本与城市居民对外来农民工的社会距离》，《社会科学研究》2012 年第 3 期。

[25] 胡荣：《社会资本与中国农村居民的地域性自主参与：影响村民在村级选举中参与的各因素分析》，《社会学研究》2006 年第 2 期。

[26] 胡三嫚、刘明前：《大学生就业能力实证研究：基于社团参与的视角》，《宁波大学学报》（教育科学版）2011 年第 6 期。

[27] 胡依心：《球迷社团参与球迷骚乱治理的社会学分析》，《广州体育学院学报》2013 年第 5 期。

[28] 宋学功：《当代邪教现象及控制模式初探》，《甘肃社会科学》2001 年第 6 期。

[29] 李静雅：《城市居民信任的构成及影响因素》，《社会学研究》2006 年第 6 期。

[30] 李林：《中国民间传统体育锻炼对心境状态的影响及其与心理健康的关系》，《北京体育大学学报》2000 年第 2 期。

[31] 李凌江、张亚林等：《社区人群生活质量研究》，《中国心理卫生杂志》1995 年第 4 期。

[32] 李明：《闲暇时间与健康体育》，《南京体育学院学报》2002 年第 2 期。

[33] 李培林：《流动民工的社会网络和社会地位》，《社会学研究》1996 年第 4 期。

[34] 李茜:《休闲娱乐类民族传统体育的基本范畴及其特征》,《北京体育大学学报》2008 年第 4 期。

[35] 林聚任、刘翠霞:《山东农村社会资本状况调查》,《开放时代》2005 年第 4 期。

[36] 林卡:《走向福利社会?——"福利社会"概念辨析及其蕴意》,《人民论坛》2009 年第 20 期。

[37] 林南等:《生活质量的结构与指标——1985 年天津千户调查资料分析》,《社会学研究》1987 年第 6 期。

[38] 林南、卢汉龙:《社会指标与生活质量的结构模型探讨——关于上海城市居民生活的一项研究》,《中国社会科学》1989 年第 4 期。

[39] 林南:《社会资本:争鸣的范式和实证的检验》,《香港社会学学报》2001 年第 2 期。

[40] 林小美、苏欣、杨建营:《论太极拳和谐思想与当今和谐社会》,《体育科学》2007 年第 11 期。

[41] 刘次琴:《市场经济条件下我国行业体育协会发展研究》,《北京体育大学学报》2007 年第 4 期。

[42] 刘吉昌:《论中国少数民族传统体育的特点及功能》,《贵州民族研究》1999 年第 2 期。

[43] 刘林平:《企业的社会资本:概念反思和测量途径——兼评边燕杰、丘海雄的"企业的社会资本及其功效"》,《社会学研究》2006 年第 2 期。

[44] 刘明前、胡三嫚:《大学生社团参与状况对其主观幸福感的影响》,《重庆文理学院学报》(社会科学版)2012 年第 4 期。

[45] 刘旺才:《21 世纪中华民族传统体育的价值取向》,《西北师范大学学报》(自然科学版)2009 年第 4 期。

[46] 刘远航等:《民族传统体育文化的现代化价值》,《武汉体育学院学报》2006 年第 4 期。

[47] 卢元镇:《论中国体育社团》,《北京体育大学学报》1996 年第 1 期。

[48] 罗时铭:《试论近代中国民族传统体育与奥林匹克文化的抗争与融合》,《成都体育学院学报》2006 年第 3 期。

［49］马申、马云霞、朱伟：《大学生体育锻炼行为分阶段干预效果的动态观察》，《中国行为医学科学》2006 年第 12 期。

［50］苗大培：《论体育生活方式》，《天津体育学院学报》2000 年第 3 期。

［51］缪建东：《生活体育——社区教育新视角》，《体育与科学》2011 年第 3 期。

［52］倪依克：《论中华民族传统体育的发展》，《体育科学》2004 年第 11 期。

［53］丘海雄等：《社会支持结构的改变：从一元到多元》，《社会学研究》1998 年第 4 期。

［54］任海：《体育与"乡—城移民"的社会融入》，《体育与科学》2013 年第 1 期。

［55］孙丽雯、章思琪：《体育对低收入群体不良心态的疏导机制研究综述》，《辽宁体育科技》2010 年第 3 期。

［56］汤国杰、丛湖平：《社会分层视野下城市居民体育锻炼行为及影响因素的研究》，《中国体育科技》2010 年第 1 期。

［57］田北海、钟涨宝：《社会福利社会化的价值理念——福利多元主义的一个四维分析框架》，《探索与争鸣》2009 年第 8 期。

［58］田祖国：《新农村建设中民族传统体育的功能、价值及运用》，《南京体育学院学报》2010 年第 4 期。

［59］宛丽、罗林：《体育社团的合法性分类及发展对策》，《北京体育大学学报》2001 年第 8 期。

［60］王春光：《流动中的社会网络：温州人在巴黎和北京的行动方式》，《社会学研究》2000 年第 3 期。

［61］王岗：《太极拳对现代人心理调节的作用》，《武汉体育学院学报》2001 年第 1 期。

［62］王汉生、陈智霞：《再就业政策与下岗职工再就业行为》，《社会学研究》1998 年第 4 期。

［63］王沪宁：《中国：社会质量与新政治秩序》，《社会科学》1989 年第 6 期。

［64］王晖：《信任的影响因素分析》，《经济研究导刊》2011 年第

24 期。

［65］王京龙、李志向：《战国百家争鸣与中华传统体育精神构架》，《北京体育大学学报》2009 年第 6 期。

［66］王涛、吾守尔·皮牙孜：《新疆少数民族传统体育社会功能新论》，《新疆社会科学》2013 年第 5 期。

［67］王晓红、李春泽：《我国公民体育身份的社会认同及其提升路径研究》，《南京体育学院学报》2014 年第 4 期。

［68］沃克·艾伦、张海东：《社会质量取向：连接亚洲与欧洲的桥梁》，《江海学刊》2010 年第 4 期。

［69］吴忠民：《论社会质量》，《社会学研究》1990 年第 4 期。

［70］肖林鹏等：《我国体育公共服务体系概念开发及其结构探讨》，《天津体育学院学报》2007 年第 6 期。

［71］谢军、林荫生：《南少林与反清复明运动》，《福建体育科技》2010 年第 1 期。

［72］郇昌店、肖林鹏：《我国体育公共服务发展述评》，《体育学刊》2009 年第 6 期。

［73］尹海立：《城市社团发展与社会资本培育》，《山东社会科学》2015 年第 12 期。

［74］尹海立：《体育社团参与与现代社会资本培育》，《南通大学学报》（社会科学版）2015 年第 4 期。

［75］于善旭：《论〈全民健身条例〉对体育公共服务的制度推进》，《天津体育学院学报》2010 年第 4 期。

［76］岳颂东：《市场经济条件下的社会团体组织》，《中国青年科技》1999 年第 3 期。

［77］张海东：《从发展道路到社会质量：社会发展研究的范式转换》，《江海学刊》2010 年第 3 期。

［78］张建云：《主体意识与人的全面发展》，《中共四川省委省级机关党校学报》2002 年第 4 期。

［79］张其仔：《社会网与基层社会生活——晋江市西滨镇跃进村案例研究》，《社会学研究》1999 年第 3 期。

［80］张伟兵：《发展型社会政策理论与实践——西方社会福利思想

的重大转型及其对中国社会政策的启示》,《世界经济与政治论坛》2007年第 1 期。

[81] 张文宏、阮丹青、潘允康:《天津农村居民的社会网》,《社会学研究》1999 年第 2 期。

[82] 张新平:《胃癌患者生命质量的测定与评价》,《同济医科大学学报》1997 年第 6 期。

[83] 赵连保、栗胜夫:《从结构功能角度看中华民族传统体育的价值》,《中国体育科技》2006 年第 3 期。

[84] 周鹤鸣:《论体育教学中评比与激励的应用》,《健身俱乐部理论研究》2009 年第 3 期。

[85] 周进国、周爱光:《体育社团社会资本的概念与功能》,《体育学刊》2015 年第 1 期。

[86] 朱奇志:《广西少数民族传统体育文化的社会功能》,《武汉体育学院学报》2012 年第 3 期。

（二）学位论文

[1] 李少杰:《传统武术拳种社团化管理研究》,河南大学硕士学位论文,2008 年。

[2] 黄亚玲: 《论中国体育社团》,北京体育大学博士学位论文,2003 年。

[3] 宋雅琦:《我国城市社区自发性群众体育组织研究——以回龙观足球联赛为例》,北京体育大学硕士学位论文,2011 年。

[4] 王凯珍:《社会转型与中国城市社区体育发展》,北京体育大学博士学位论文,2004 年。

[5] 于振东:《山西省民间武术社团的现状与发展对策》,山西大学硕士学位论文,2006 年。

[6] 范延波:《北京市民间武术社团组织的现状调查及发展对策研究》,首都体育学院硕士学位论文,2010 年。

[7] 王凯珍:《社会转型与中国城市社区体育发展》,北京体育大学博士学位论文,2004 年。

[8] 刘润芝:《我国体育社团的社会责任研究》,北京体育大学博士学位论文,2013 年。

［9］郭守靖：《齐鲁武术文化研究》，上海体育学院博士学位论文，2008 年。

［10］傅明华：《当代中国企业发展的外部环境研究》，西南财经大学博士学位论文，2005 年。

三 英文文献

［1］Anne W. , Nola J. , Cathy L. , David L. , Changes in Physical Activity Beliefs and Behaviors of Boys and Girls across the Transition to Junior, *High School Journal of Adolescent Health*, Vol. 22, No. 5, 1998.

［2］Atherley K. , *The Social Geography of Sport in Small Western Australian Rural Communities：A Case Study of Brookton and Pingelly*, 1947—2003. Unpublished B. Sc. （Honours）Thesis, The University of Western Australia, Perth, 2006.

［3］Beck W. , Laurent J. G. , Vander M. , Fleur T. and Alan W. , Social Quality：A Vision for Europe, *Kluwer Law International*, Vol. 3, No. 1, 2001.

［4］Beck, Wolfgang, Laurent J. G. Vander Maesen, Fleur Thomese and Alan Walker, Social Quality：A Vision for Europe, *Kluwer Law International*, No. 4, 2001.

［5］Bian Yanjie, Bringing Strong ties Back In：Indirect Ties, Network Bridges, and Job Searches in China, *American Sociological Review*, Vol. 62, No. 3, 1997.

［6］Bian Yanjie, Guanxi Capital and Social Eating in Chinese Cities：Theoretical Models and Empirical Analyses, *Theory and Research*, 2001.

［7］Bourdieu P. , Wacquant D. , *An Invitation to Reflexive Sociology*, Chicago and London：Umversity of Chicago Press, 1992, p. 35.

［8］Bradbum N. , *The Structure of Psychological Well – being*, Chicago Alding, 1969, p. 34.

［9］Brown, Sport, Civil Society and Social Integration, *Journal of Civil Society*, Vol. 1, No. 1, 2008.

［10］Burnett, Building Social Capital through An Active Community Club, *International Review for the Sociology of Sport*, Vol. 41, No. 1, 2006.

[11] Christopher J. Armitage, Can the Theory of Planned Behavior Predict the Maintenance of Physical Activity? *Health Psychology*, Vol. 24, No. 3, 2005.

[12] Cindy S. , John H. K. , Irene F. , Wong, Motives for and Barriers to Physical Activity Participation in Middle – aged Chinese Women, *Psychology of Sport and Exercise*, Vol. 9, No. 3, 2008.

[13] Coleman J. , Social Capital in the Creation of Human Capital, *American Journal of Sociology*, Vol. 9, No. 3, 1988.

[14] Delaney L. , Keaney E. , *Sport and Social Capital in the United Kingdom*: *Statistical Evidence from National and International Survey Data*, London: IPPR, 2005, p. 15.

[15] Doherty A. , Misener K. , *Community Sport Networks*, Oxford: Elsevier, 2008, p. 45.

[16] Y. Bian, Guanxi Capital and Social Eating in Chinese Cities: Theoretical Models and Empirical Analyses, *Social Capital Theory and Research*, 2001: pp. 275—296.

[17] Harvey J. , Levesque M. , Donnelly P. , Sport Volunteerism And Social Capital, *Sociology of Sport Journal*, Vol. 24, No. 2, 2007.

[18] Haughton M. N. , Matthew W. K. , Subramanian S. V. , Social Environment and Physical Activity: A Review of Concepts and Evidence Social Science, *Medicine*, Vol. 63, No. 4, 2008.

[19] Kerry S. Courtney, A Understanding Readiness for Regular Physical Activity in Older Individuals, *An Application of the Theory of Planned Behavior Health Psycholohy*, Vol. 14, No. 1, 1995.

[20] Kooiman Jan, *Governing as Governance*, London: Sage, 2003, p. 13.

[21] Lai Gina, Social Support Networks in Urban Shanghai, *Social Networks*, Vol. 23, No. 1, 2001.

[22] Lin Nan, Building a Network Theory of Social Capital, *Connections*, Vol. 22, No. 1, 1999.

[23] Lin Nan, *Social Capital*: *A Theory of Social Structure and Action*, Cambridge University Press, Vol. 576 – 577, No. 2, 2001.

［24］Lindstrom M. , Bertil S. , Ostergren H. , Socioeconomic Differences in Leisure – time Physical Activity: The Role of Social Participation and Social Capital in Shaping Health Related Behavior Social Science, *Medicine*, Vol. 52, No. 1, 2008.

［25］Loy J. , Sociology of Sport and The New Global Order: Bridging Perspectives and Crossing Boundaries, 1*st World Congress of Sociology of Sport Proceedings*, 2001.

［26］Mustian K. M. , Palesh O. G. , Flecksteiner S. A. , Tai Chi Chuan for Breast Cancer Survivors, *Med Sport*, Vol. 52, 2008.

［27］Nahapiet J. , Social Capital, Intellectual Capital, and the Organizational Advantage, *Academy of Management Review*, Vol. 23, No. 2, 1998.

［28］Numerato D. Czech, Sport Governing Bodies and Social Capital, *International Review for the Sociology of Sport*, Vol. 43, No. 1, 2008.

［29］Parsons T. , *The Structure of Social Action*, New York: The Free Press, 1949, p. 20.

［30］Priestman T. J. , Baum M. , Evaluation of Quality of Life in Patients Receiving Treatment for Advanced Breast Cancer, The Lancet, Vol. 7965, 1976.

［31］Putnam, Robert D. , The Prosperous Community: Social Capital and Public Life, *American Prospect*, Vol. 13, No. 13, 1993.

［32］Seippel, Sport and Social Capital, *Acta Sociologica*, Vol. 49, No. 2, 2006.

［33］Sik Hung N. , Ping Kwong Kam, Raymond W. M. , People Living in Ageing Buildings: Their Quality of Life and Sense of Belonging, *Journal of Environmental Psychology*, Vol. 25, No. 3, 2005.

［34］Smith J. , Ingham A. , On the Waterfront: Retrospectives on the Relationship between Sport and Communities, *Sociology of Sport Journal*, Vol. 20, No. 3, 2003.

［35］Suzanne C. L. , Antoni M. H. , Lydston D. , Stephen Weiss, Cognitive – Behavioral Interventions Improves Quality of Life in Women with AIDS, *Journal of Psychosomatic Research*, Vol. 54, No. 3, 2003.

［36］Tonts M. , Competitive Sport and Social Capital in Rural Australia,

Journal of Rural Studies, Vol. 21, No. 2, 2005.

[37] Walter O. S. , Annette J. D. , Jane H. , Catch Love Measuring the Quality of Life of Cancer Patients: A Concise QL – Index for Use by Physicians, *Journal of Chronic Diseases*, Vol. 34, No. 12, 1981.

[38] Woodward T. W. , A Review of the Effects of Martial Arts Practice on Health, *State Medical Society of Wisconsin*, Vol. 108, No. 1, 2009.

[39] Yeh G. Y. , Wayne P. M. , Phillips R. S. , Tai Chi Exercise in Patients with Chronic Heart Failure, *Med Sport*, Vol. 52, No. 8, 2008.

[40] Zhang Wenhong, and Ruan Danching, Social Support Networks in China: An Urban – Rural Comparison, *Social Sciences in China*, No. 2, 2001.

后　记

　　传统体育社团的福利功能研究是一个复杂困难的过程，它使我在持续地挖掘与释放自身学术潜能的同时，也深刻体验着学术探索的艰辛和困难。从最初的模糊选题到最终的论文付梓，这期间所经历的一切都历历在目，记忆犹新。我自己始终认为，在现代社会，在迈向"大福利"社会的背景下，通过营造健康和谐的传统体育社团，建立起自上而下的、草根的民间社会生活体系，对于保证经济、政治在内的宏观社会的正常运行，具有深远的现实意义。也正基于此，基层民间组织要多一些"接地气"的研究成果，这样才能为社会治理研究带来活力。

　　本书是在我博士论文的基础上修订而成的。回顾我在山东大学哲学与社会发展学院读博求学的生活，许多人和事值得追忆和提及。我的导师林聚任教授，睿智儒雅，宽厚平和，对由体育学跨入社会学的我提点鼓励、包容有加，这使我对社会学研究增添了理论自觉与自信。尤其文中许多关键之处，浸透着导师的心血与期望。先生在学术上深厚的造诣及渊博的学识，也使我受益颇多，终生难忘。在三年的在职求学过程中，由于自身的工作繁忙和专业的跨学科幅度之大，遇到的困难可想而知，如问卷初稿的拟定花了不少时间，更为困难的是问卷的发放和回收，以及在写作过程中对社会学理论的把握、理解与运用等，面对所有的这一切，自己的畏难情绪和惰性也随之表现出来。每到关键时候，是导师给了我无穷的动力，他和蔼可亲的为人风格，循循善诱的为师风范，严谨勤奋的治学态度以及全身心投入的敬业精神，使我难以用语言来表达对导师的崇敬和谢意，无论是做人还是做学问，导师都是我人生的楷模。借此机会，再次向导师表示感激之情！

本文从选题到撰写过程中，先后得到众多专家、教授、老师的帮助与支持，在此向他们表示深深的谢意。他们有社会学界的南开大学赵万里教授、山东大学孙晋海教授、马广海教授、宋全成教授，还有我的同门刘翠霞师姐，马光川师兄、陆影和王文静两位小师妹等；体育界的北京体育大学朱瑞琪教授、上海体育学院的虞定海教授、国家体育总局武术运动管理中心的陈国荣副主任、国家体育总局武术运动管理中心研究发展部的王立峰部长、国家体育总局健身气功管理中心的黄陵海书记、国家体育总局健身气功管理中心科研部部长崔永胜博士、国家体育总局健身气功管理中心国内发展部王涛博士、武汉体育学院武术学院院长石爱桥教授、天津体育学院武术学院副院长杨祥全博士、天津体育学院武术学院李永明博士、鲁东大学体育学院院长于军教授和副院长靳小雨教授等等；以及在实地调查中给予了大力支持与帮助的烟台市体育局、烟台市教育局、烟台市民政局、烟台市芝罘区民政局、烟台市老年体协、烟台市芝罘区老年体协、烟台市芝罘区西炮台街道办事处、烟台市芝罘区通伸办事处、烟台市芝罘区黄务办事处等；及在实地访谈中西炮台办事处传统体育社团负责人安立盛老师、社团各站点负责人张爱丽、盛玉美、陈静、王秋香、张华珠、洪丽君、高培荣等。没有诸位领导、学者、专家及同仁的关怀和帮助，我很难按时完成博士论文的写作。再一次向他们表示衷心的感谢！

此外，还要感谢在我身后默默支持我学习和工作的家人们。感谢我的岳父岳母大人，感谢二老对我的帮助和支持，二位老人年事已高，由于我和爱人工作繁忙，可每当我和爱人天南地北时，二老都会及时伸出无私的双手替我们照顾着家，陪伴着爱子。正是二老的无私付出使我能够执着于学业追求和学术研究，自甘于清苦。还要感谢我的夫人郭艳贞女士和爱子尹露润同学，感谢夫人和爱子对我学业的鼎力支持，由于有了他们的理解、关心和呵护，才使我顺利完成学业，才使我能够在清苦的学术道路上跋涉前行，我将永远铭记这人世间最真诚的、最美好的亲情。

感谢山东大学哲学与社会学院为我提供良好的学习和科研环境。

感谢鲁东大学及体育学院为完成学业给予有力的帮助。

感谢我在研究中曾引用过的论文和著作的作者们！

该研究尚存在很多不足之处，笔者愿将它呈现给各位同人，请同仁们批评指教。

　　路漫漫其修远兮，吾将上下而求索！

尹海立

2016 年 6 月 6 日